大夏教育文存

孟宪承卷

主　　编　杜成宪
本卷主编　屈　博

华东师范大学出版社

图书在版编目(CIP)数据

大夏教育文存·孟宪承卷/杜成宪主编. —上海:华东师范大学出版社,2016
ISBN 978-7-5675-5919-6

Ⅰ.①大… Ⅱ.①杜… Ⅲ.①教育史-世界 Ⅳ.①G4

中国版本图书馆 CIP 数据核字(2016)第 291904 号

本书由上海文化发展基金会图书出版专项基金资助出版

大夏教育文存 孟宪承卷

主　　编　杜成宪
本卷主编　屈　博
策　　划　王　焰
责任编辑　金　勇
责任校对　时东明
装帧设计　高　山

出版发行　华东师范大学出版社
社　　址　上海市中山北路 3663 号　邮编 200062
网　　址　www.ecnupress.com.cn
电　　话　021-60821666　行政传真 021-62572105
客服电话　021-62865537　门市(邮购)电话 021-62869887
地　　址　上海市中山北路 3663 号华东师范大学校内先锋路口
网　　店　http://hdsdcbs.tmall.com

印 刷 者　上海中华商务联合印刷有限公司
开　　本　787×1092　16 开
印　　张　19
字　　数　289 千字
版　　次　2018 年 11 月第 1 版
印　　次　2018 年 11 月第 1 次
书　　号　ISBN 978-7-5675-5919-6/G·9964
定　　价　90.00 元

出版人　王　焰

(如发现本版图书有印订质量问题,请寄回本社客服中心调换或电话 021-62865537 联系)

《大夏教育文存》编委会、顾问名单

编委会
顾问　孙培青　陈桂生
主任　袁振国
委员　叶　澜　钟启泉　陈玉琨　丁　钢
　　　任友群　汪海萍　范国睿　阎光才

孟宪承先生(1894年—1967年)

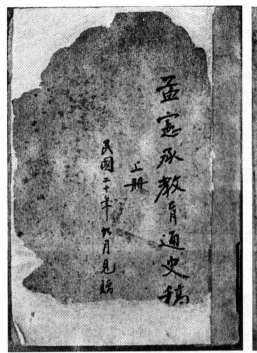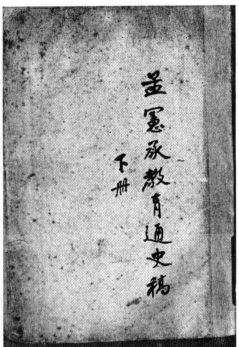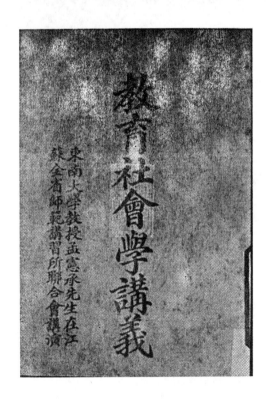

前言

一

1951年10月华东师范大学建校时，也成立了教育系，这是华东师范大学教育学科之源。当时教育系的教师来自大夏大学、复旦大学、圣约翰大学、光华大学、沪江大学等高校教育系科，汇聚了一批享誉全国的著名学者，堪为当时中国教育理论界代表。如：国民政府在20世纪40年代曾实施部聘教授制度，先后评聘两批，各二三十人，集中了当时中国学术界各个学科的顶尖学者。两批部聘教授里均只有一位教育学教授，分别是孟宪承、常道直，后来都在华东师范大学教育系任教，孟宪承还为华东师范大学建校校长；抗日战争期间，国民政府出于"抗战建国"、保证中学师资培养的考虑，建立了六所师范学院，其中五所附设于大学，一所独立设置，独立设置的即为建于湖南蓝田的国立师范学院，院长为廖世承，后来成为华东师范大学副校长、上海师范学院（后为上海师范大学）院长；中国第一代社会学家、奠定中国社会事业研究的基础的言心哲，曾为复旦大学社会学系系主任，后转入华东师范大学教育系从事翻译工作；华东师范大学成立后教育系第一任系主任曹孚，后为支持中央政府成立中央教育科学研究所和人民教育出版社奉调入京；主持撰写新中国第一本《教育学》、后出任华东师范大学校长的刘佛年……就是他们，共同奠定了中国现、当代教育理论发展的基础，也奠定了华东师范大学教育学科60多年的发展基础。

然而，由于历史的原因，这批著名学者当年藉以成名并影响中国现、当代教育学科发展的代表性成果大多未能流传于世，他们中的很多人及其著作甚至湮没不闻，以至今天的人们对中国教育学科的由来与发展中的诸多重要环节所知不详，尤其是对华东师范大学教育学科对于中国现、当代教育理论和实践发展的重要性知之甚少，而这些成果中的相当部分实际上又可以看成是教育理论和实践中国化探索的代表作。因此，重新研究、整理、出版这些学术成果，对于华东师范大学教育学科的学术传承、对于中国的教育学术传承，都具有十分重要的意义。

二

华东师范大学建校之初，在教育系教师名册上的教授共有27位，包括教育学和心理学两个学科。当时身任复旦大学副教务长的曹孚被任命为教育系主任,但由于工作原因晚一年到职,实际上教育系就有教授28位。除个人信息未详的二位外,建系教授简况见下表。

出生年代	姓名(生卒年)	建校时年岁	学历、学位
1890—1899	赵迺传(1890—1958)	61	大学肄业
	廖世承(1892—1970)	59	博士
	张耀翔(1893—1964)	58	硕士
	高君珊(1893—1964)	58	硕士
	欧元怀(1893—1978)	58	硕士
	孟宪承(1894—1967)	57	硕士
	谢循初(1895—1984)	56	学士
	黄觉民(1897—1956)	54	硕士
	萧孝嵘(1897—1963)	54	博士
	黄敬思(1897—1982)	54	博士
	常道直(1897—1992)	54	硕士
	沈百英(1897—1992)	54	五年制中师
	言心哲(1898—1984)	53	硕士
	陈科美(1898—1998)	53	硕士
	方同源(1899—1999)	52	博士
1900—1909	赵廷为(1900—2001)	51	大学预科
	左任侠(1901—1997)	50	博士
	谭书麟(1903—?)	48	博士
	萧承慎(1905—1970)	46	硕士
	胡寄南(1905—1989)	46	博士
	赵祥麟(1906—2001)	45	硕士
	沈灌群(1908—1989)	43	硕士
	朱有瓛(1909—1994)	42	学士
1910—1919	曹孚(1911—1968)	40	博士
	刘佛年(1914—2001)	37	学士
	张文郁(1915—1990)	36	学士

(本表参考了陈桂生《华东师范大学初期教育学习纪事(1951—1965)》一文)

可见华东师范大学教育系初建、教育学科初创时的教授们,出生于19世纪90年代的15人,20世纪00年代的8人,10年代的3人;60岁以上1人,50—59岁16人,40—49岁7人,40岁以下2人,平均年龄50.73岁,应属春秋旺盛之年。他们绝大部分都有留学国外的经历,有不少美国哥伦比亚大学学生。其中博士8人,硕士11人,学士4人,大学肄业1人,高中2人。他们大体上属于两代学者,即出生在19世纪90年代、成名于20世纪二三十年代的一代(五六十岁),出生在20世纪、于二三十年代完成学业的一代(三四十岁)。对于前一代学者而言,他们大多早已享有声誉且尚未老去;对于后一代学者而言,他们也已崭露头角且年富力强。相比较而言,前一代学者的力量又更为强大。任何一个高等院校教育系,如能拥有这样一支学术队伍都会令人感到自豪!

三

令后人感到敬佩的还在于这些前辈教授们所取得的业绩。试举其代表论之,以观全豹。

1923年,将及而立之年的孟宪承撰文与人讨论教育哲学的取向与方法问题,提出:教育哲学研究是拿现成的哲学体系加于教育,而将教育的事实纳入哲学范畴?还是依据哲学的观点去分析教育过程,批评现实教育进而指出其应有价值?他认为后者才是可取的。理由是:教育哲学是一种应用哲学,应用对象是教育;教育哲学研究导源于实际教育需要,是对现实教育的反思与批评,而其结论也需要经过社会生活的检验。这样就倡导了以实际教育问题为出发点的教育哲学,为中国的教育理念和教育理论的转型,即从以学科为出发点转向以问题为出发点,转向更为关注社会、关注生活、关注儿童,从哲学层面作出了说明。之后,不刻意追求体系化知识,而以问题研究为主、从儿童发展出发思考教育问题成为一时潮流。1933年,孟宪承出版《教育概论》,就破除了从解释教育和教育概念出发的教育学理论体系,而代之以从"儿童的发展"和"社会的适应"为起点的教育学叙述体系。在中国,以儿童发展为教育学理论的起点,其首倡者很可能就是孟宪承。1934年,教育部颁布《师范学校课程标准》,其中的《教育概论》纲目与孟宪承著《教育概论》目录几乎相同。而孟著自1933年出版至1946年的13年里共印行50版,是民国时期发行量最大的教育学教科书之一。可以看出孟宪承教育学思想对中国教育学理论转型、教育学学科建设、课程建设、专业人才培养和理论研究的深刻影响。

1921年,创始于美国、流行于欧美国家的一种新教学组织形式和方法道尔顿制传入中国,因其注重个别需要、自主学习、调和教学矛盾、协调个体与群体等特点,而受到中国教育理论界和中小学界的欢迎,一时间,诸多中小学校纷纷试行道尔顿制,声势浩大。东南大学附中的道尔顿制实验是其中的典范。当时主持东南大学附中实验的正是廖世承。东南大学附中的道尔顿制实验与众不同之处就在于严格按照教育科学实验研究方法与程序要求进行,从实验的提出、实验的设计、实验的实施、实验结果分析各个环节都做得十分规范,保证了实验的信度和效度,在当时独树一帜。尤其是实验设计者是将实验设计为一个与传统的班级授课制进行比较的对比实验,以期验证两种教学组织形式的长短优劣。在实验基础上,廖世承撰写了《东大附中道尔顿制实验报告》,报告依据实验年级各科实验统计数据、实验班与比较班及学生、教师的问卷调查结果,分析了实施道尔顿制的优点与缺点,得出了十分明确的结论:道尔顿制的特色"在自由与合作",但在中国的现实条件下很难实行;"班级教学虽然有缺点,但也有它的特色"。廖世承和东南大学附中的实验及报告,不仅澄清了人们对道尔顿制传统教学制度的认识,还倡导了以科学研究解决教育问题的风气,树立了科学运用教育研究方法的楷模,尤其是帮助人们正确认识了如何对待和学习国外先进教育经验,深刻影响了中国教育的发展。此外,廖世承参与创办南京高师心理实验室首开心理测验,所著《教育心理学》和《中学教育》,在中国都具有开创性。

1952年曹孚离开复旦大学到任华东师范大学教育系主任,是教育系第一任系主任。1951年,在其博士学位论文基础上撰成的《杜威批判引论》出版。书中,曹孚将杜威教育思想归纳为"生长论"、"进步论"、"无定论"、"智慧论"、"知识论"和"经验论",逐一进行分析批判。这一分析框架并非人云亦云之说,而是显示出他对杜威教育思想的深刻理解和独到把握,超越了众多杜威教育思想研究者。他当时就指出杜威教育思想的主要缺陷,即片面强调活动中心与学生中心,忽视系统知识的传授和教师的主导作用。对杜威教育思想有深入研究的孟宪承曾称道:"曹孚是真正懂得杜威的!"后来,刘佛年在为《曹孚教育论稿》一书所做的序中也评价说:"这是我国学者对杜威思想的第一次最系统、最详尽的批判。"曹孚长于理论,每每有独到之论。50年代的中国教育理论和实践界,先是亦步亦趋地照搬苏联教育学,又对包括教育学在内的社会学科大加挞伐,少有人真正思考教育学的中国化和构建中国的教育学问题。曹孚在其一系列论文中提出了自己的主张。他认为,教育学的学科基础包括哲学、国家的教育方针政策、教育工作经验、中国教育遗产和心理学五方面;针对当时否定教育继承性的观点,他提出继承性适用于教育,因为教育既是上层建筑,也是永恒范畴;对教育历史人物评价问题,他批评以唯物主义或唯心主义为标准,从哲学、政治立场出发的评价原则,主张将哲学思想、政治立场和教育主张区别而论,主要依据教育思想来评价教育人物;他认为,即使是资产阶级教育思想也不是一无是处,不能"一棍子打死",也有可以吸取和改造的。在当时环境下,曹孚之言可谓震聋发聩。

1979年,刘佛年主编的《教育学》(讨论稿)由人民教育出版社正式出版。这是"新时期"全国正式出版的第一本教育学教材。之前,从1962年至1964年曾四度内部印刷使用,四度修改。"文革"中还被作为"大毒草"受到严厉批判。1961年初,刘佛年正式接受中宣部编写文科教材教育学的任务。当年即撰写出讲授提纲,翌年完成讨论稿。虽然这本教育学教材在结构上留下明显的凯洛夫《教育学》痕迹,但也处处体现出作者对建设中国教育学的思考。教材编写体现了对六方面关系的思考和兼顾,即政策与理论、共同规律与特殊规律、阶级观点与历史观点、历史与理论、正面论述与批判、共性与特性。事实上这也可以作为教育研究的一般方法论原则。在教材编写之初,第二部分原拟按德育、智育、体育分章,但牵涉到与学校教学工作的关系,出现重复。经斟酌,决定按学校工作逻辑列章,即分为教学、思想教育、生产劳动、体育卫生等章,由此形成了从探索教育的一般规律到研究学校具体工作的理论逻辑,不失为独特的理论建构。1979年教材出版至1981年的两年间,印数近50万册,就在教材使用势头正好之时,是编者主动商请出版社停止继续印行。但这本教育学教材的历史地位却并未因其辍印而受到影响,因为它起到了重建"新时期"中国的教育学理论和教材体系的启蒙教材作用。

不只是以上几位,华东师范大学教育系的创系教授在各自所从事的研究领域都有开风气之先的贡献。如,常道直对比较教育学科的探索与开拓,萧承慎对教学法和教师历史及理论的独到研究,赵廷为、沈百英对小学各科教学法的深入探讨,沈灌群对中国教育史叙述体系的重新建构,赵祥麟对当代西方教育思想的开创性研究,等等,对各自所在的学科都产生了重要影响而被载入学科发展的史册。还有像欧元怀,苦心经营大夏大学二十多年,造就出一所颇有社会影响的著名私立高等学府,为后来华东师范大学办学创造了重要的空间条件。所有前辈学者们的学术与事业,都值得我们铭记不忘。

四

基于以上认识,我们将此次编纂《大夏教育文存》视为一次重新整理和承继华东师范大学教育学科优良学术传统的重要契机。

我们的宗旨是:保存学粹,延续学脉,光大学术。即,将华东师范大学教育学科历史上最具有代表性的学术精华加以保存,使这些学术成果中所体现的学术传统得以延续,并为更多年轻一代的学生和学者能有机会观览、了解和研究前辈学者的学术、思想和人生,激发起继承和发扬传统的自豪感和使命感。希望通过我们的工作实现我们的宗旨。

就我们的愿望而言,我们很希望能够将华东师范大学教育学科一代代前辈学者的代表作逐步予以整理、刊布,然而工程浩大,可行的方案是分批进行。分批的原则是:依据前辈学者学术成果的代表性、当时代的影响和对后世影响的实际情况。据此,先确定了第一辑入选的11位学者,他们是:孟宪承、廖世承、刘佛年、曹孚、萧承慎、欧元怀、常道直、沈灌群、赵祥麟、赵廷为、沈百英。

《大夏教育文存》实际上是一部华东师范大学建校后曾经在教育学科任教过和任职过的著名学者的代表作选集。所选入的著作以能够代表作者的学术造诣、能够代表著作撰写和出版(发表)时代的学术水平、能够为当下的教育理论建设和教育实践发展提供借鉴为原则。也有一些作品,我们希望能为中国的教育学术事业的历程留下前进的脚步。

《大夏教育文存》入选者一人一卷。所收录的,可以是作者的一部书,也可以是若干部书合为一卷,特殊情况下也可以是代表性论文的选集,还包括由作者担任主编的著述,但必须是学术论著。一般不选译著。每一卷的选文,先由此卷整理者提出方案,再经与文存总主编共同研究商定选文篇目。

每一卷所选入著述,在不改变原著面貌前提下,按照现代出版要求进行整理。整理的内容包括:字词和标点符号的校订,讹误的订正,专用名称(人名、地名、专门术语等)的校订,所引用文献资料的核实及注明出处,等等。

每一卷由整理者撰写出编校前言,内容包括:作者生平、学术贡献、对所选代表作的说明、对所作整理的说明。每一卷后附录作者主要著作目录。

五

编纂《大夏教育文存》的设想是由时任华东师范大学教育科学学院院长的范国睿教授提出的。他认为,作为中国教育学科的一家代表性学府,理应将自己的历史和传统整理清楚,告诉后来者,并使之世世代代传递下去。实现这一愿望的重要载体就是我们的前辈们的代表性著述,我们有责任将前辈的著述整理和保护下来。他报请华东师范大学校长办公会议批准,将此项目立项为"华东师范大学优势学科建设项目",获得资助。还商得华东师范大学出版社支持和资助,立项为出版社重点出版项目。可以说,范国睿教授是《大夏教育文存》的催生人。

承蒙范国睿教授和时任教育科学学院党委书记汪海萍教授的信任,将《大夏教育文存》(第一辑)的编纂交由本人来承担,能与中国现、当代教育史上的这些响亮名字相伴随,自是莫大荣耀之事。要感谢这份信任!

为使整理工作能够顺利进行,我们恳请孙培青、陈桂生两位先生能够担任文存的顾问,得到他们的支持。两位先生与入选文存的多位前辈学者曾是师生,对他们的为人、为学、为师多有了解,确实给了我们很多十分有价值的指点,如第一辑入选名单的确定就是得到了他们的首肯。对两位先生我们要表示诚挚的感谢!

文存选编的团队是由教育学系的部分教师和博士、硕士生所组成。各卷选编、整理工作的承担者分别是:孟宪承卷,屈博;廖世承卷,张晓阳;刘佛年卷,孙丽丽;曹孚卷,穆树航;萧承慎卷,王耀祖;欧元怀卷,蒋纯焦、常国玲;常道直卷,杨来恩;沈灌群卷,宋爽、刘秀春;赵祥麟卷,李娟;赵廷为卷,王伦信、汪海清、龚文浩;沈百英卷,郭红。感谢他们在选编和整理工作中所付出的辛劳和努力!研究生董洪担任项目秘书工作数年,一应大小事务都安排得井然有序,十分感谢!

尤其是要感谢入选文存的前辈学者的家属们!当我们需要了解前辈们的生平经历和事业成就,希望往访家属后人,我们从未受到推阻,得到的往往是意料之外的热心帮助。家属们不仅热情接待我们的访谈,还提供珍贵的手稿、书籍、照片,对我们完成整理工作至关重要。谢谢各位令人尊敬的家属!

感谢华东师范大学出版社对文存出版的大力支持!也感谢资深责任编辑金勇老师的耐心而富有智慧的工作,保证了文存的质量。

感谢所有为我们的工作提供过帮助的人们!

杜成宪

2017年初夏

编校前言

一

孟宪承(1894—1967),字伯如,一作百如,又字伯洪。江苏武进(今常州武进区)人。著名教育家,华东师范大学首任校长。1900年入私塾,1908年毕业于常州府小学堂,考入南洋公学中院;毕业后考入清华学校,后改入圣约翰大学外文系;毕业后任清华学校英语教员。1918年入美国乔治·华盛顿大学主修教育学,获教育学硕士学位,后赴英国伦敦大学教育学院深造。1921年回国后,历任东南大学、圣约翰大学、清华大学、第四中山大学(中央大学前身)、中央大学、浙江大学、江苏教育学院、北平师范大学、光华大学、国立师范学院教授;先后任第四中山大学秘书长、浙江省立民众教育实验学校校长、国立中央大学教育学院院长、浙江大学校务委员会委员和文学院院长等。1933年中国教育学会成立,被选为理事。1942年被国民政府教育部聘为第一批部聘教授。中华人民共和国成立后,先后出任华东军政委员会文化教育委员会委员、浙江省人民政府委员、华东军政委员会委员、华东军政委员会教育部长、华东行政委员会委员、华东行政委员会教育局长等。1951年主持华东师范大学建校,1952年起任华东师范大学校长直至去世。1956年被评为一级教授;在华东师大首开中国教育史专业研究生班,亲自任教并为导师。同年,任上海市教育学会首任会长。从1954年起,连任第一、二、三届全国人民代表大会代表;从1962年起,连任第三、四届上海市政协副主席。因"文革"开始后连遭迫害,于1967年7月19日夜病逝。1978年,中共华东师范大学委员会为其恢复名誉,次年,骨灰安放仪式在上海龙华革命公墓举行。2006年入选"共和国老一辈教育家"名单。

孟宪承一生共出版著、编、译作品二十多种,发表各种论文及通信约170篇,涉及文、史、哲、教等学科领域。孟宪承长期从事教育科学的教学研究和教育管理工作,对教育学、教育哲学、教育社会学、教育心理学、高等教育、师范教育、语文教学法、教育史、比较教育等均有钻研。比如,在教育学研究方面,孟宪承在1933年出版的《教育概论》一书当中,明确提出了要以儿童发展为教育学理论起点的基本立场,对当时中国教育学的发展与转型起到了重要的推动作用。又如,在高等教育研究方面,孟宪立足于中国传统教育思想,并吸收借鉴欧美大学精神传统,提出了"智慧的创获"、"品性的陶熔"、"民族和社会的发展"的"大学三理想",为中国大学的发展指明了方向。再如,在教育史研究方面,孟宪承最早运用历史唯物主义研究中国教育史,并系统阐述中国教育史学科理论,为中国教育史学科的建设与发展奠定了坚实基础。关于孟宪承的生平与学术贡献,瞿葆奎主编的《孟宪承文集》第一卷中,有该书副主编杜成宪撰写的长篇前言,作了详细阐述。该文集第十二卷中又附有张梦倩所作《孟宪承生平与学术年表》,逐年胪列孟宪承学术贡献甚详。有兴趣的读者可以参阅,本文不再赘述。

二

本卷所收录的《孟宪承教育通史稿》与《教育社会学讲义》两本书,为孟宪承在教育史以及教育社会学研究方面具有一定代表性的著作。

（一）关于《孟宪承教育通史稿》

《孟宪承教育通史稿》一书,为孟宪承在中央大学任教时的讲稿,分为上下二卷。上卷为世界教育史,从希腊教育起,到近代欧洲教育哲学止;下卷为中国教育史,从周代教育起,到近代中国教育止。其纂辑的特点,正如作者在上卷前言中所讲,"于近代为详,而于古代为略;于思想学说为详,而于制度沿革为略"。其编纂思想,受20世纪二三十年代实证主义史学、实用主义教育等思潮的影响,追求"科学"、强调客观、注重史料,以"求因"(明其背景、探其原因、释其意义、量其价值)和"明变"(递变之迹、废兴之原、穷源竟委,以为今日教育理论与实施之考镜)为教育史研究之任务;以"广识"、"尚友"为教育史研究之文化价值;以丰富的中外史料作为教育史研究的佐证,可以说《孟宪承教育通史稿》具有重要的时代价值和学科价值。其特点有如下方面:

其一,在内容编排上,以人物为主,辅之以学校教育、社会教育等。比如世界教育史部分,专门论述人物教育思想的有七章,中国教育史部分则有十章,分别从人物生平贡献、教育基本观点以及对后世的影响等几个方面来探讨。同时该书还注重选取与教育密切相关的重要事件。比如在"世界教育史"中,除了论述苏格拉底、柏拉图、亚里士多德、卢梭、赫尔巴特、杜威等主要教育家思想、学说外,还着重论述了文艺复兴、宗教改革、科学兴起、平民政治、工业革命、国家主义等与近代社会发展、教育改革紧密联系的历史事件。同时对于在教育改革上具有代表性的国家如英、法、德、美、日等,以及具有特殊时代意义的苏俄、意大利等,从教育制度的设计与实施、重要人物的作用、对后世的影响等几个方面做了较为详细的阐述。在"中国教育史"中,着重论述教育家的学说与事迹,例如孔子、孟子、荀子、郑玄、王安石、朱熹、王守仁等;其次论述教育的制度与沿革,作者认为"凡思想制度,皆应时代之要求而产生,不察其过去及当时社会之状况,则无以见其来源。思想与制度之结果,其影响必及于社会,不察其后此之社会状况,则无以得其评价",所以,"中国教育史"部分又结合了当时哲学史、思想史的相关研究成果,如梁启超的《先秦政治思想史》、胡适的《中国哲学史大纲》以及蔡元培的《中国伦理学史》,更加细致地说明了中国历代教育制度与思想的发展变革。再次,对于在中国历史上占有重要作用的佛教教育也兼有论述。

该书还选取"对于现代教育事实和问题的了解上最有需要"的材料作为论述内容,比如"世界教育史"部分最后几章,选取近代教育科学化发展具有代表性的儿童研究、教育心理研究、智力测验、教育调查等方面,说明近世科学的发展,在教育领域中产生重要影响,现实教育应以科学为基础,形成科学合理的教育理论;而"中国教育史"部分最后附有《全国教育会议宣言》以及许崇清、陶行知、黄炎培等人关于全国教育、乡村教育、职业教育的文章,期望中国的教育研究者能及时掌握教育科学研究之理念,适应世界潮流,应对亟待解决现实中国教育之难题。

其二,在撰写体例上,史料翔实,长于考证。在世界教育史部分,作者对西方学者的论著征引颇丰,卢梭、康德、黑格尔、赫尔巴特、斯宾塞、杜威等人的思想材料都有引用,涉及有哲学、历史学、社会学、人类学、教育学、教育心理学等学科。同时,结合国人自编著作进行论证,比如,引用梁启超的《先秦政治思想史》中关于墨子的论述,来说明墨家教义与基督教义之间的异同。再如引用蒋方震的《欧洲文艺复兴史》中对于文艺复兴的评价,来说明欧洲文化从希腊思潮、基督思潮到文艺复兴的转变,对整个西方社会,尤其是对教育产生的影响。中西资料的结合,也体现出作者融通中西的意图。在中国教育史部分,人物传记选取《史记·孔子世家》、《史记·孟子荀卿列传》、《后汉书·郑玄传》、《宋史·朱熹传》、《明史·王守仁传》等正史中的记录,正史以外,则引用《洙泗考信录》、《孟子事实录》、《朱子年谱》、《宋元学案》、《明儒学案》等;历代学制选取《尚书》、《周礼》、《礼记》、《通典》、《文献通考》、《玉海》、《古今图书集成》等中的材料;社会背景则用《先秦政治思想史》、《中国哲学史大纲》、《中国伦理学史》等书中的内容加以论证。

全书阐述了古今中外教育的基本事实及其背后的经济、政治和文化状况,试图让读者能够理解特定历史时期、特殊国家情况与社会背景之间的有机关联。作为讲义,作者努力把学术通俗化,用准确的语言、翔实的事例和合理的逻辑,将整个中外教育的演化蜕变展现出来,使读者能够更清晰地看到教育演进的轨迹,更透彻地认识现代教育的内涵。

此外,该书与1932年上海中华书局出版的《新中华教育史》有密切关联。两本书同为孟宪承所著,《孟宪承教育通史稿》出版在前,《新中华教育史》出版在后;两书同为"中西合璧",即上卷为世界教育史,下卷为中国教育史。世界教育史部分,两书框架、内容大致相同,只不过后书略去前书中的"最近苏俄与意大利之教育"与"欧洲之教育哲学者"两章内容。中国教育史部分,《新中华教育史》将整个中国教育发展史分为"上古教育"、"中古教育"、"近世教育"三段,并加入近代中国教育的平民化与科学化等内容。可见,两本书具有继承和发展的关系,也体现出作者对教育史研究相关问题的逐步认识和思考。教育史研究工作者及有兴趣的读者可两书对比参看,亦有所获。

(二)关于《教育社会学讲义》

《教育社会学讲义》是1923年时任东南大学教授的孟宪承在江苏全省师范讲习所联合会讲演的演讲词。全篇两万余字,分六讲,从社会需要之适应、社会进步之动力、教育势力之联络三方面论述教育与社会的关系;从教学和训育两方面论述教育是社会的过程。其特点有如下方面:

其一,该讲义在内容编排上以论述教育与社会的诸多关系为主。比如讲义开篇提到"教育是一种社会的职能",从教育的源起开始探讨教育与社会的密切性。从希腊、罗马到中古时代,再到近代;从苏格拉底、柏拉图、亚里士多德到裴斯泰洛奇、福禄培尔、赫尔巴特,再到杜威,西方教育思想发展史上由个人观到社会观的转变,表明"教育不但期求个人的效能,也要社会的效能"。教育上的改革更须用社会学的观察法,因为教育的目的虽然常偏重在个人,但是教育制度和学科、教授法,向来都是与社会有关系。因此,作者提出教育社会学就是"社会学的精神、方法和原理之在教育研究上的应用"这一观点,后续章节则多以此观点进行论述。

其二,该讲义的理论视角主要是社会学,但在整个知识体系的构架中,则突显"教育"的功用。例如讲义除部分章节论述社会学的发展过程和教育社会学的意义、性质外,主要部分在于论述与教育有关的各种团体组织。既注意教育与社会关系的处理,也关注学校系统内部从教育目标到课程、教学方法的探讨,以及将当时中国社会中比较突出的社会教育、乡村教育等问题作为重要内容之一。比如作者认为,教育要适应社会的需要、要成为社会进步的动力。主要指学校的课程应代表社会的经验,这要借助实际的社会调查来执行。而社会的进步,要靠人的智力与性格的改良,所以作者认为"教育是社会进步根本上一种原动力"。教育既要适应现实社会的需要,也要供给将来社会的动力,同时要成为革新与改造现实社会的中心,因此,学校就成为了联结社会各种教育势力的中心,教育也就成为了社会发展中的必然过程。而教学与训育是教育的两个重要层面,教学的效能与方法要趋向于社会化,训育要用人格教育使学生理解社会、融入社会。

其三,在孟宪承的众多译著、论著中都可以看出实用主义教育思想的印记,《教育社会学讲义》也不例外。比如他在书中提出"学校课程代表社会经验"、"学校是联络各种教育势力之中心"等观点,与杜威"学校即社会"颇为相近。同时,从所引材料中可以看出,作者还受当时中外教育社会学倡导者的影响,比如文中涉及(美)斯内登的《教育社会学》(1922)、(美)克柏莱的《乡村生活与教育》、陶孟和的《社会与教育》(1934)等著作的内容。社会学自19世纪末传入中国,到20世纪二三十年代得到迅速的传播和发展。伴随着社会学的发展,教育社会学的研究也开始起步。纵观教育社会学学科发展史,中国专门的教育社会学方面的研究著作出现于辛亥革命之后,到20世纪二三十年代形成一个高潮。孟宪承的《教育社会学讲义》,就是在这样一个高潮中诞生的。虽然只是一本讲义,从篇幅上来看比较短小,但却是作者根据自己所掌握的社会学原理与教育学原理,对教育问题的深入思考,体现出早期中国学人对于中国教育社会学的认识。因此,该书在近代中国教育社会学的发展过程中占有重要的位置,也是人们了解、学习、研究近代中国教育社会学的重要资料。

三

此次编校的两本书的底本是由上海图书馆提供的馆藏珍本,由于年代久远,原书有一定程度的破损,但整体印刷整齐,字体清晰,不过仍有一些编排、印刷上的错误,需要处理的问题较多。其一,两本书中英文夹杂,文白夹杂,拼写、标点错误迭出,人名翻译缺乏规范。其二,作者国学功底深厚,广征博引,中外古今,所征引者,尝是信笔写出,未核原著,讹误颇多。因此,对两本书所做整理工作可归纳为如下方面:

1. 两本书用现代标点标出。正文间小字夹注,前后用圆括号( )括起,以区别于正文。夹注中作者又有"参见……"之语,也加括号。

2. 正文、注文(尤其是引文)中的错字,径改,不注明;漏字,一般据原书径补,不注明;作者文字中的衍文径删,不注明。

3. 原引文注有出处,但只注书名或只注篇名,补全,不注明。原引文未注任何出处,补全,不注明。原引文出处注错,改正注明。作者引西方著作,常无任何引注,或注明作者而不注明著作,等等,难以尽核,憾未补全。也有少量古籍引文未能查明所出,亦付阙如。

此外,2010年由瞿葆奎主编、华东师范大学出版社出版的《孟宪承文集》已尽收孟宪承在各领域的编、著、译等成果,《孟宪承教育通史稿》及《教育社会学讲义》因在文集出版之后获得,并未收录其中。因此,《大夏教育文存·孟宪承卷》收录二书,也是对《孟宪承文集》选编内容上所作的补充,有兴趣的读者可参看阅读,以期更加完整地了解、学习、研究孟宪承的学术思想。附录所列孟宪承著作、论文等,也是在参照《孟宪承文集》第十二卷中提供的孟宪承主要著、编、译成果目录的基础上,进行适当的调整、补充和分类,读者亦可互相参照阅读。

由于学识粗浅,编校中出现的错误缺点,敬请指正。

屈 博
2016年12月16日于江南大学

目录

孟宪承教育通史稿(上卷) ·················· 1

孟宪承教育通史稿(下卷) ·················· 117

教育社会学讲义 ························ 235

孟宪承著述目录 ························ 263

孟宪承教育通史稿
上卷

《孟宪承教育通史稿》上卷目录

绪论 ·· 4

第一章　希腊之教育 ·· 9

第二章　罗马之教育 ··· 16

第三章　中古之教育 ··· 18

第四章　文艺复兴 ·· 23

第五章　宗教改革 ·· 27

第六章　近世科学起源 ·· 30

第七章　十七世纪之教育 ······································· 34

第八章　民权运动与产业革命 ································· 38

第九章　十九世纪 ·· 40

第十章　德国之教育 ··· 45

第十一章　法国之教育 ·· 49

第十二章　英国之教育 ·· 52

第十三章　美国之教育 ·· 56

第十四章	日本之教育	59
第十五章	卢梭与其他自然主义者	68
第十六章	裴斯泰洛齐	72
第十七章	赫尔巴特	75
第十八章	福禄培尔	79
第十九章	斯宾塞	82
第二十章	杜威	85
第二十一章	战后各国教育之改造	91
第二十二章	最近苏俄与意大利之教育	103
第二十三章	教育之科学的研究	108
第二十四章	欧洲之教育哲学者	113

绪　论

　　学者称研索教育问题之途径凡三：一，科学的；根据教育的事实，以观察、测量、试验等方法，求客观与正确之结论者也。二，哲学的；超越教育的事实，以思考与批评的方法，从人生经验之全体，探究教育之根本原理者也。三，历史的；记载异时异地之教育的事实，借考订与比较的方法，资解答此时此地教育问题之借鉴者也。

　　马克凡诺(J. A. Mac Vannel)教授之言曰："教育史之职能，在推溯教育之法则与原理，如何生长，因而得一种思想方法，以适用于现在教育与社会之状况与问题，而求教育之发展。"（见所著《教育哲学纲要》，*Outline of a Course in the Philosophy of Education*, p. 78.）[1]是故教育史之能事，不止网罗记载教育之故实而已，语其任务，盖有二端：(1)求因　一种制度或学说之产生，决非凭空出现，必有其所以产生此制度或学说之教育背景。必先明其背景，探其原因，方能解释其意义，而评量其价值。例如吾国科举之制，西洋经院之学派，在彼时皆风会所趋，在此时视之，或毫无意义，溯其本原，此教育史之任务一也。(2)明变　伊古迄今，东西教育制度与思想之变迁，至繁且剧。举凡近代各国教育学说、制度、课程、方法，皆递嬗蜕变，推陈出新。吾人必了然于其递变之迹、废兴之原，穷源竟委，以为今日教育理论与实施之考镜，此教育史之任务二也。

　　论者谓"读教育史法：第一，当研究一学说之倡，其故安在。譬之治病，是宜探悉彼时代所伏之病根，与所现之病象，因而识夫治方者命意之所属，后之人于此得所准焉。第二，当研究一学说之既倡，其效奚若。譬之治病，服是方者，其病体之状态，究有何等变化，因而判定是方之价值，后之人愈于此得所准焉。是故教育重史，而治教育史，宜同时参究普通史。数千年来，教育之范围，日恢张而加广，而教育之方术，日鞭辟而近里，变嬗起灭之际，至浓厚之意味存焉"。洵知言矣。

　　如上所述，教育史在教育学术上之地位既明矣。其于吾人一般文化上之价值则如何？更析言之：(一)广识　格莱夫斯(Graves)[2]曰："教育史能扩大吾人

---

[1] 马克凡诺(J. A. Mac Vannel)系哥伦比亚大学教授，《教育哲学纲要》于1912年出版。——编校者

[2] 格莱夫斯(F. P. Graves)，美国教育史学家，著有《中世教育史》(*A history of Education During the Middle Ages*)等。——编校者

之眼光，为一种最有文化价值之学问。"盖贯串百家教育之学说，综合数十国教育之设施，为之意义焉，考其原变，而衡其得失，学者得此历史的眼光，则于今日一切新理论、新方法，自能戒竺旧，避轻浮，尽袪其固执与偏见，务推断时宜，斟酌情势，而为合理地估定其价值。故德国教育史家施密德（Schmidt）亦谓"教育史可使吾人去其傲慢之心，养成谦逊之德"云。（二）尚友　文豪如卡莱尔（Carlyle）①，如爱默生（Emerson）②，皆视历史为传记，其所记载，为英雄豪杰之生平与其伟大之事迹与影响。此未为尽历史之用也，而要亦历史之文化价值之一端。孟子云："颂其时，读其书，而不知其人可乎？"③吾人寻绎先哲之遗教，敷陈其事迹，知其人，论其世，慨然想见其为人，油然而有高山仰止之信念，则其所得于观感者，岂浅鲜哉？

自来治教育通史者，首推德人劳默尔（Raumer）④与施密德（Schmidt）。二氏殚精瘁学，名著《教育通史》四巨册⑤，允称杰作。其在英籍中，则以美人孟禄（Monroe）⑥之《教育史教本》⑦为成书最早。格莱夫斯之《教育史》三卷继之。克柏莱（Cubberley）⑧之书最晚出，皆褒奖巨帙。有志于是者，其知所问津矣。

此编为民国十六年（1927）在中央大学之讲稿。十七年（1928）重加补订。分上下二卷，上卷为世界之部，下卷为中国之部。其所纂辑，于近代为详，而于古代为略；于思想学说为详，而于制度沿革为略。夫教育史料，浩如烟海，自惟简陋，未读群书，特采撮旧闻，加以整理。粗具篇章，用资讲肄，以云著述，则未逮也。

孟宪承　十七（1928），九，十二。

---

① 托马斯·卡莱尔（Thomas Carlyle，1795—1881），英国作家、历史学家、哲学家、社会学中"唯意志论"的代表。——编校者
② 拉尔夫·沃尔多·爱默生（Ralph Waldo Emerson，1803—1882），美国思想家、文学家。——编校者
③ 出自《孟子·万章下》。——编校者
④ 劳默尔（Karl Otto von Raumer，1783—1865），德国教育史学家。著有《文艺复兴以来的教育史》（2卷）等。——编校者
⑤ 《教育通史》（History of Pedagogy），又译《教育学史》。四卷本，分别出版于1842、1843、1847、1855年。——编校者
⑥ 保罗·孟禄（Paul Monroe，1869—1947），美国教育家和教育史学家。——编校者
⑦ 即《教育史教科书》（A Text-Book in the History of Education），1905年美国纽约麦克米伦公司出版。——编校者
⑧ 克柏莱（E. P. Cubberley，1868—1941），美国教育史学家。著有《美国公共教育》（Public Education in the United States）等。——编校者

孟宪承教育通史稿
上卷

第一章 希腊之教育

希腊(Greece)位于巴尔干半岛之南。蕞尔之地,分二十余国,随山脉海湾为界画,不相统属。其人民系亚利安(Aryan),内复分伊奥利(Aeolian)、多利亚(Dorian)、爱奥尼(Ionian)诸种。伊奥利人之教育史不可考。多利亚人之最强者为斯巴达国(Sparta)。爱奥尼人之最强者,为雅典国(Athens)。斯巴达俗强劲而民勇武,战争著奇迹,然于文化少所贡献。今日西洋艺术,科学文学,哲学所自滥觞之希腊文化,盖皆指雅典文化而言,无雅典,则希腊之于现代,绝无影响可也。雅典教育,又以波斯战争(前492—前479)为一自然分界,在此期以前,为旧雅典教育,以后为新雅典教育。迨希腊为马其顿(Macedon)所灭(前358—前338),政治陵夷而文教转益远播,希腊大学,偏设诸邦。兹先述斯巴达教育,次旧雅典教育,次新雅典教育,而以希腊之大学殿焉。

一 斯巴达教育

斯巴达人,分士族、平民、奴隶三阶级。掌政权者为士族,数仅九千户,其余平民三万,奴隶则三十余万。夫以区区九千户之士族,欲内抑土民,外抗强敌,自非强健体魄,锻炼精神,舍己奉公,巩固国力不可,此其军国民教育所由来也。

儿童教育,国家掌之。其始生也,受官之检验,有尪弱者,则弃诸野。七岁入兵营。受军法部勒,学球戏、跳舞、乐歌,及五项竞技(Pentathlon 指跑、跳、掷铁饼、掷枪、角力等)。恶衣粗食,劳筋骨,饿体肤,食不得饱,则驱之山林,使自猎食,又故纵之偷窃,有被获者,责其机事不密罪。事长者必谨,毋敢多言,言以简括峭捷为上,其知识的教育,限于诵习莱库古斯(Lycurgus)①之法律与荷马(Homer)②之诗歌而已。十八岁,习战术。二十,服兵役。三十而娶,幕宿营中如故。至六十而免役。女子教育,与男子同,惟居家而不入兵营。其训练亦尚果断而不以婉娴为则。此种教育,绝对为国力之强盛,而不容个性之发展。其教育之结果,能使国民忍嗜欲,苦筋力,耐寒暑饥渴,顺于父母,敬于长上,平时

---

① 莱库古斯(约公元前9或前8世纪),传说中古斯巴达社会政治制度和教育制度的创始人。——编校者
② 荷马(约公元前9—前8世纪),古希腊著名的游吟盲诗人。著有《荷马史诗》,此书分为《伊利亚特》和《奥赛罗》两部分。——编校者

谦退,临事勇敢,甘殉国难。斯巴达人,乃历史上最早而最有荣誉之军国民也。

二　旧雅典教育

雅典人口五十余万。除十三万自由民外,皆奴隶也。地三面环海,交通便利,气候和畅,山川明秀,其民活泼而好自由,富想像而爱美术,与斯巴达不同。惟其旧时期之教育,亦崇国家主义,以体育、音乐为主要学科。儿童七岁,受两种训练:(1)在体操学校(Palaestra)①习体操及各项竞技。(2)在音乐学校(Didascaleum),习唱歌、乐器、读书、写字。义取身心平行发展,以优美之心灵,寓于健全之体魄也。儿童入学,择奴仆之老成识体节者,携书及乐器以从,谓之教仆(Pedagogue)②。十五岁,人体育场(Gymnasium)③,学强烈之运动。十八岁入兵营。二十岁为国民,则间暇从容,得究心戏剧、建筑、雕刻等艺术。其女子不受教育,静处深闺,从事家庭操作而已。

三　新雅典教育

波斯战争以后,雅典与东方民族之接触频繁,贸易发达;民治思想,继长增高。国人思想,为之一变,由国家主义,渐移于个人主义。时则伯里克利(Pericles)④执政,励精图治,教化大行。豪杰哲人,奇才异能之士,先后辈出。政治家有 Pericles 与 Themistocles⑤,艺术家有 Myron⑥ 与 Phidias⑦,历史家有 Herodotus⑧、Thucydides⑨,悲剧家有 Aeschylus⑩、Sophocles⑪、Euripides⑫,喜剧家有 Aristophanes⑬。于若是之短期间中,诞生如许不世出之奇杰,自生民以

---

① 又译角力学校。——编校者
② 原义为"儿童的指导者"。古希腊雅典侍候和伴随奴隶主儿童学习的成年奴隶。——编校者
③ 又译体育馆。——编校者
④ 伯里克利(约公元前495—前429),古希腊政治家。——编校者
⑤ 地米斯托克利(约公元前524—前460),古雅典政治家、舰队统帅。——编校者
⑥ 米隆(约公元前480—前440),古希腊雕刻家,代表作《掷铁饼者》。——编校者
⑦ 菲狄亚斯(约公元前480—前430),古希腊雕刻家、画家、建筑师。——编校者
⑧ 希罗多德(约公元前484—前425),古希腊历史学家。著有《历史》一书。——编校者
⑨ 修昔底德(约公元前456—前400),古雅典历史学家,著有《伯罗奔尼撒战争史》一书。——编校者
⑩ 埃斯库罗斯(约公元前525—前456),古希腊悲剧家。代表作为《被缚的普罗米修斯》。——编校者
⑪ 索福克勒斯(约公元前496—前406),古希腊悲剧家。代表作为《俄狄浦斯王》。——编校者
⑫ 欧里庇得斯(约公元前485—前406),古希腊悲剧家。代表作为《美狄亚》。——编校者
⑬ 阿里斯多芬(约公元前446—前385),古希腊喜剧诗人,被称为"喜剧之父"。——编校者

来，盖未有若斯之盛。史称之为"黄金时代"。是时家骋新说，人炫异才，青年多喜治修辞雄辩之术，以致身于政治之坛坫。于是诡辩学派（Sophists）①兴，而大哲苏格拉底（Socrates）、柏拉图（Plato）、亚里士多德（Aristotle）相继起而讲学。兹分述之：

诡辩家 诡辩家者，一派之教师，借公共场所，或自设讲习，号召徒众，教以文法、修辞、雄辩之学，谓能使人德应世所需，取政治上显要之地位者也。取束修甚厚，而士争趋之。诡辩学派持极端个人主义，如普罗泰戈拉（Protagoras）②谓"人为万物之权衡"（Man is the measure of all things）③，其代表也。起而纠正之者，有苏格拉底氏。

苏格拉底（前 469—前 399） 氏少习父业，为雕刻师。继乃委身于学。少时曾从军出战，以勇敢称。见国人惑于邪说，耽于浮侈，慨然忧之。常敝衣跣足，奔走市井，或立檐下，或借屋隅，讲道论学，孜孜不倦。身短而肥硕，口大，眼凸，鼻扁，须发鬖鬖然，故体貌虽丑，其灵魂之美，乃若精玉之藏于顽石者然。与人言，和衷下气，谈笑从容，无严词，无愠色。氏既抨击社会之颓靡，政俗之腐败，热讥冷嘲，不稍宽假，恨者遂多。执政者竟以破坏宗教，败乱青年道德之名，判之死罪，按律得纳锾减刑，其友亦多愿为纳金者，而氏则自谓有功雅典，国家方宜加以殊礼，醵金奉之，奈何欲罚金者？侃侃分辨，间以刺讥，生死俄顷，而从容镇定如此！会以祀事缓刑，友人或又劝其逃逸，氏则谓宁受法死，不坏法生，门人环泣不能仰，竟欣然仰乐而逝。

苏氏，百世之师也！其感人最深者，厥为其人格之伟大。而其学说亦有可得述者。氏以为民生道德之低落，皆由于无知。故倡"知识即德行"（Knowledge is virtue）之说。氏之教育，以求知为目的。惟其所求者，非个己之知，乃人类共同普遍的概念之知。彼普罗泰戈拉谓"人为万物之权衡"，不认共同之标准，驯至各是所是，各非所非，而成知识界之混乱。氏则谓个己知识之物件，尽属不同，而集个体以抽绎其共同之点，则固有普遍永久之概念也。其求之知方法，即为启发的问答，世称"苏氏法"（Socrates Method）。得以二语概之：曰破除邪执，

---

① 今作智者，原义为"哲人"或"有智慧的人"。——编校者
② 普罗泰戈拉（约公元前 481—前 411），古希腊哲学家、智者派最早的代表人物。——编校者
③ 出自普罗泰戈拉的《论真理》。——编校者

曰显示正义。举色诺芬(Xenophon)①所记一事为例：②

一少年名欧提德穆斯(Euthydemus)，晤苏氏，自命为大政法家。苏氏谓渠必知如何为公道之人，而此少年固夙以此自期者。

苏　然必有数种行为，为合于公道者。

攸　此无疑。

苏　子能告我以何种行为，为合于公道耶。

攸　然。其不合公道者，余亦能言之。

苏　甚善。假设分书相对值二行，一为公道，一为非公道，可乎？

攸　可。

苏　假伪为何行耶。

攸　属非公道行。

苏　欺骗。

攸　列于同行。

苏　偷窃？

攸　亦列同行。

苏　奴辱他人？

攸　亦同行。

苏　上所举者，无一可列于公道行内耶？

攸　余未之前闻。

苏　设一将御其国仇敌，能胜而奴辱之，此岂非公道耶？

攸　当然是公道。

苏　设此将取其仇敌之货，诱其入于陷阱，此种行为如何？

攸　此等诚属正当，第余之意，以子前所讨论者，为欺友或虐待友也。

苏　然则在某种情形，吾人将列以中行为于两行耶？

攸　余意然也。

苏　即以友朋为限。试想一将统其军，以其军颓丧无斗志，乃欺其军谓救兵将至，以振其士气，因而获胜。此亦欺其友耶，列何行耶？

---

① 色诺芬(公元前 427—前 335)，古希腊历史学家、作家，苏格拉底的弟子。——编校者
② 参见(古希腊)色诺芬著，吴永泉译：《回忆苏格拉底》，北京：商务印书馆 1984 年版，第 145—147 页。——编校者

攸　列公道行也。

苏　设子见一友神狂正剧,恐其以刃自戕,因窃其刃,此偷窃也,属何行耶?

攸　此亦当列公道行。

苏　子不尝言不可欺友乎?

攸　然。余将完全撤回余言。

苏　余尚欲有问:子以为自愿违公道者,与无心违公道者,谁为正耶?

攸　苏格拉底乎! 凭良心言,余于之答词,已不能自信。盖其全体与余所存想者,适相反也。

如此层层反诘,剥茧抽丝,使之自陷矛盾,自认无知。而有不遽下肯定之断语。卒之邪执既除,真义益显,氏以母为产婆,名其法曰"知识之产婆术"。缅想氏当日与人谈论之际,众人皆有余,而我独若遗;沌沌兮俗人昭昭,我独昏昏;俗人察察,我独闷闷。而此其极也,向之有余而昭昭察察者,每噤声结舌而不能置辞;若遗而昏昏闷闷者,反得其环中,应之无穷,(此借老子语)①此其谈话辩论之方法,所以复绝千古也!

柏拉图(前 427—前 347)　氏家世士族,丰于资财。少工文哲算数之学。年二十,学于苏格拉底。苏氏没,乃周游四方,至意大利,欲闻政事,触当道忌被捕为奴,旋被释,栖栖意雅间,终不得行其志。以公元前 387 年归雅典,设学院名阿卡特米(Academy)②,隐居教授以终。

苏氏以求概念之知为鹄,柏氏则谓世界有二,一为现象的,一为观念的。前者生灭无常,虚伪空幻;后者实体常在,真而非幻。人世之坏,端在以现象世界为真,而自绝于实体常在之观念世界。其所求共同之标准,在苏氏谓概念者,至是已成"原型观念",有形而上的客观存在矣。

氏政治与教育学说,见所著《理想国》(*Republic*)一篇中。国分三阶级:(1)农商;(2)军人;(3)哲学家。农贾出其力以供物资之需要,其美德在节制(Temperance);军人出其力以顺从命令,扞卫国家,其美德在勇敢(Courage);哲学家出其筹策,执最高之统治权,其美德在智慧(Wisdom)。三者能各守分际,则邦治可臻;三德能和谐调剂,则公道(Justice)可致。其于教育,主张青年十八

---

① 参见《老子》第二十章。——编校者
② 今译阿加德米。——编校者

岁以下,受向来体操音乐之训练。十八至二十岁,服兵役。二十以后,资才颖异者,进而学算术、几何、音乐、天文凡十年。三十而从政,其尤俊秀者,更习哲学、辩证学五年。然后出掌国政。氏说多囿于时代阶级观念,且亦昧于个性自由之发展。若其创设学院,聚众讲习,已开希腊大学之风。其于学术上之贡献,亦有不可磨灭者。

亚里士多德(前384—前322) 氏为柏氏弟子,曾受马其顿国王之聘,为王子亚历山大师傅。旋归雅典,设学院各兰辛(Lyceum)①,常与其徒逍遥于绿荫之下,讲习议论,世称为"逍遥学派"(Peripatetic School)。所著有《政治学》、《伦理学》、《论理学》,皆独创之学说。而生理、物理诸科学,亦皆有所论述,为世界第一大科学者。

氏常谓"吾爱吾师,吾尤爱真理"②。于其师现象观念世界之说,多所指摘,以为一为效实(Actuality),一为储能(Potentiality),不可歧而为二。其为学之方法,则柏氏主玄想,而亚氏重客观,亦不同也。至于人生之鹄的,前此苏氏、柏氏,均以为在求知,氏则谓在求善(Happiness of goodness),增长知识与陶冶品性,当同致其功。氏教育论未见全帙,至为可惜。其在学术上,则自上古至迄中古,几为惟一之权威。即在近代,氏之哲学科学,遗泽亦甚远也。

四 希腊之大学

马哈菲氏(Mahaffy③ 著《旧希腊教育》等书)曰:"理知的文化,不必有补于任何社会之凋残"(Intellectual culture by itself is no certain antidote decadence in any society)。黑格尔(Hegel)谓"国家当政治式微之际,即理知成熟之秋"(Nations do not ripen intellectually until they begin to decay politically)。观于希腊为马其顿所征服,而文化转益流播,其说言矣。自诡辩家兴,文法、修辞、论理等,渐成专科,浸假而修辞学派(Rhetorical Schools)以起,伊索克拉底(Isocrates,前393—前338)其领袖也。苏格拉底以后,哲学学派杂然并起,柏拉图之阿卡特米、亚里士多德之兰辛而外,芝诺(Zeno,前340—前265)之斯多噶学派(Stoic Schools)、伊壁鸠鲁(Epicurus,前341—前270)之学派,其最著者也。

---

① 今译吕克昂,原为古希腊雅典城邦的一个公共体育设施,后亚里士多德在此设学。——编校者
② 原句为 Amicus Plato, sed magis amica veritas. 也可直译为"柏拉图是朋友,但是真理是更大的朋友。"——编校者
③ 马哈菲(John Pentland Mahaffy, 1839—1919),爱尔兰历史学家、古典学家。——编校者

此诸学派渐结合而为一雅典大学。其在小亚细亚之 Pergamum① 与 Tarsus②，在 Rhodes③ 岛，在埃及之 Alexandria④ 均有大学，为传播希腊学术文化之中心，历数世纪而弥盛。亚历山地亚大学，藏书至七十万卷，尤为东西文化所荟萃。迨回教徒军起，地为所攻占（公元 640 年），书毁于火，其残篇零简，谓可供四千人公共浴池所需四个月之燃料！经此浩劫，希腊文化之声光始熠然也。

---

① 古希腊城市，今译珀加蒙。——编校者
② 古希腊城市，今译塔尔苏斯。——编校者
③ 今译罗兹岛。——编校者
④ 今译亚历山地亚。——编校者

第二章 罗马之教育

戴维森曰:"吾人自希腊以观罗马,犹舍诗词而读散文,自美术家之辟克匿克①(Picnic)以入商贾之廛肆"(Cavidson, *A History of Education*, p. 106.),有味乎其言之也。希腊人求知爱美,崇于人生之乐利,罗马人刻实、勤苦,宁为将来牺牲其现在之乐利。前者富想像,后者务实行;前者尚理知,后者尊权利。盖罗马人者,最具体、最实际的民族也。凡坚定(Constantia)、果敢(Fortitudo)、严毅(Gravitas),尽忠爱国,皆罗马人之美德;其于玄妙之理想精深之艺术,则阙如也。其先国家,蔑个性,服从约束,忍苦耐劳也,与斯巴达人同;而其行之也,初因严厉之纪律,而若出于自由之意志,则又与斯人异。罗马所贡献于世界者,非哲理,非文学,非艺术,而在其法律制度,于政治组织,其民族性则然也。

罗马(Rome)据地中海之大半岛,建国于公元前 754 年,由一小国,而力征经营,兼并沿地中海之各国;由王政,而共和(前 509),而帝治(前 31)。罗马帝国,统治古代世界者。垂五百年,至公元 476 年而倾覆。

罗马之教育,乃实用的教育也,以家庭为中心。儿童体格之锻炼,德性之薰陶,胥父母任之。自幼教以畏天、敬人、爱国之道;告以先祖之伟烈,与英雄之事迹;授以《十二铜标之法典》(*Laws of Twelve Tables*)。稍长,则男子随其父或治军旅,或习农商。女子随其母操家计。男二十成年,始参与公共生活。迨后有初等学校名 Ludus 者兴,多由私人设立,教读、写、算等科,然不为人所重也。

公元前 146 年,希腊尽归罗马版图,而希腊文化,寖以侵入矣,罗马诗人 Horace② 为之语曰:"罗马征服希腊,而还被希腊文艺所征服。"(Captive Greece took captive her rude conqueror, And brought the Arts to Latium.)③ 盖纪实也。故罗马教育,至帝国时代而一变,稍稍从实用而趋于文字知识。各级学校亦渐多,约可区为下列各类:

初等学校(Ludus) 教读、写、算、英雄故事、诗歌及《十二铜标法典》。文学训练仍极少,有之,则记诵翻译的希腊史诗、剧本、格言而已。校皆私人立,类

---

① 辟克匿克,即野宴。——编校者
② 贺拉斯(Quintus Horatius Flaccus,前 65—前 8),古罗马诗人,批评家。——编校者
③ 出自 Horace(贺拉斯)《书信集》(*The Epistles*)第二封信,第一节。原文为"Graecia captaferum victorem cepit et artes intulit agresti Latio."——编校者

僦人家余屋,或庙宇设之。其教师称 Literator,多残废而不能服他职者。管理教督,严酷异常,时施夏楚,其学校儿童,仅受机械的教练,无敬业乐群之精神也。

文法学校 此为较高级之学校,有希腊及拉丁二种,教师称 Grammaticus。所教为文法、语言学、文学等科;间亦附体操及军事训练。其教法之机械、管理之严峻,与初等学校同。

修辞学校 此为最高之专门学校,以养成法律或政治人材为主旨。罗马最重演说家,有辩才无碍者,群推为鸿博,立致愿违焉。故训练演说家之学校,应此需要而起。其教师称 Rhetor。教学方法,重记诵关于道德、法律,或政治问题之有名演说辞,并练习文法、语言、结构及姿势等。

大学 希腊文化既大盛于罗马,罗马人之赴雅典、亚历山地亚等大学肄业者遂多。维斯帕西安(Vespasian,于公元 69—79 年在位)建图书馆于和平神之庙,已奠罗马大学之初基。后恢扩讲舍,设法律、医药、建筑、算学、机械、拉丁及希腊文法、修辞学等科,延教授(Professor)主讲焉。

罗马学校,即甚简单,其教育学说,亦殊沉寂。有名之教育者,惟雄辩家西锡罗(Cicero,前 106—前 43)、昆体良(Quintilian,35—95),与哲学家塞涅卡(Seneca,前 3—65),历史家普鲁泰克(Plutarch,50—120)数人而已。其中,昆体良氏,著《辩论学》①十二卷,惟论演说之术,而及其之习惯。谓保姆皆应作正确之语言,秉纯良之品格。盖幼稚时期之印象,至长大而不易泯没。"如盛新器,其味常存;如染素丝,其色难变……儿童习于善者,犹流于恶,习于恶者,若何改之?"②氏又承认教育儿童,应适合其年龄程度。谓教师不可督责过急,使儿童对于所学,施生厌恶,致终身不复感兴味。氏又反对施行体罚,谓不宜以施诸奴隶者施于将来之国民,且不能诱导训诫,而骤行体罚,适以引起儿童之反感,益使陷于不善。教师果能教导有方,决无施行体罚之必要,凡此皆当时一般学校教师所未见到者也。

---

① 今译《雄辩术原理》(*Institutio Oratoria*)。——编校者
② 参见昆体良著,任钟印译:《昆体良教育论著选》,人民教育出版社 1989 年版,第 11 页。——编校者

第三章 中古之教育

自公元476（西罗马帝国之亡）至公元1453（东罗马帝国之亡），其间约千年，是时罗马受四夷侵略，戎马扰攘，簧序沦胥，文化教育，不绝如缕。欧人几全陷于蒙昧之域焉，史称为"黑暗时代"。

中古教育，操诸教会、宗教以外，几无学问。兹先述宗教教育，次经院学派，次中古大学，复次武士教育，终述市民学校，以见当时教育之一斑。

一 宗教教育

基督教者，罗马所属犹太人耶稣（Jesus）所创之教也。耶稣以公元前四年生于犹太之伯利恒。父木工约瑟，母玛利亚。幼颖悟，年三十，乃周游说教。"耶稣清腰而愤勉之人格，受近世基督教艺术失当之尊崇，致改其面目，亦如释迦之人格，由僧迦中人以袒胸跌坐之金身偶像，变其原形，真象莫睹，耶稣者，赤贫之教师也；恒往来于犹太各地间，赤日当空，风尘仆仆，资以糊口者，不过偶然之布施耳……语其性情，则极其诚恳，富于情感，易勃然生怒……语其教旨，则新颖简单而深宏，即'上帝为全世界之慈父'，'天国渐近于人境'是已……推其极，不但以上帝博爱，人类大同之名，而推倒亲族之私爱与家庭之关系已也，其教训中，更明明反对经济制度中一切阶级，一切私有财产，及个人之优先权利等。彼以为人类尽属天国，其所有者，皆系天国之所有。人类唯一之合理生活，乃竭己所有，尽己所能，以行上帝之意志……在其大放光明之天国中，无财产，无权利，无可骄，亦无可尊；无所求，亦无所报；唯爱而已矣。时人习于幽暗，一旦受此强烈之光照耀，未有不昏眩惶骇，大声反对者……无怪乎祭师等知此人与若辈，势不两立，而必欲置之死地；无怪乎罗马军士遇之，若有物焉盘旋于其思想中，将震撼其所受之训练，遂至不知所措而发为狂笑，戴耶稣以荆棘之冠冕，围以朱红之袍，戏之为凯撒，以快一时之意也"（以上摘引威尔斯：《世界史纲》，见汉译本上册，第429—437页）①。公元三十年，耶稣在耶路撒冷讲道，被执。罗马方伯彼拉多鞭之，判死刑，与盗二人同钉死于十字架上。

---

① 参见威尔斯著，梁思成等译：《世界史纲》（上册），商务印书馆1927年版，第429—437页。——编校者

耶稣教义，非数言所能尽也。然有二点，不可不注意者。（一）耶稣之教，超越知识而基于信仰。自苏格拉底倡"知识即德行"之说，哲学家之所探求，惟在正确之知识。而耶稣教人，从信仰出发，超于知识之上，甚或与知识相背驰焉。此其与希腊思想不同者也。威尔斯氏谓墨子所说："诸侯相爱则不野战，家主相爱则不篡，人与人相爱则不相贼，君臣相爱则惠忠，父子相爱则慈孝，兄弟相爱则调和。天下之人皆相爱，则强不执弱，群不暴寡，富不侮贫，贵不傲贱，诈不欺愚。"①基督教天国之说，可谓相近。抑墨子主"兼相爱，交相利"，以利己心为前提，诉诸人类之理智。（梁启超，《先秦政治思想史》，第196页。）②耶稣主博爱，以吾人对于神之爱为始基，诉诸人类之情感。彼谓由对于神之爱，而有对于人之爱。吾人在上帝前，承受其慈爱，一律平等，无有差别。上帝为全人类之父，人类皆其子嗣，本系同胞，何有人我之别？耶稣谓门弟子："最大之诫命，为尽心、尽性、尽意、尽力以爱神；其次则爱人而已"；盖但起信心，斯生爱力，此其与墨子说不同者也。要之。耶稣所说，非哲学家言，乃宗教家言，所谓"众生但应仰信，不应毁谤，以深自害，亦害他人"也。（此借《大乘起信论》语）（二）耶稣之教，重视来世而蔑视现世。其登山第一训，示人八福，曰："贫穷者福矣，以天国为其国也。哀恸者福矣，以其必得安慰也。温柔者福矣，以其将奄有世界也。慕义如饥渴者福矣，以其必得饱足也。矜恤者福矣，以其将见矜恤也。清心者福矣，以其将见上帝也。使人和睦者福矣，以其将称为上帝之子也。为义而受迫害者福矣，以天国乃其国也。"（《马太福音》第五章）盖由此以得灵魂之慰藉，使人生获一归宿。任现世如何陷入痛苦，如何走入悲惨，而以超生天国之一信念，不难"离一切苦，得究竟乐"③也。自罗马帝政，承希腊文化之绪余，而理知之敝，为怀疑；享乐之敝，为利己、纵欲。其骄奢淫逸极矣，人民之疾苦深矣，耶稣以其博爱平等，信仰来世之说，凭高一吼，浅而易知，简而易行；无论后来受若何之抨击，而在当时，则岂非救世之福音哉？

耶稣没后，有保罗（Paul）者，大昌其教，奋力宣传，广设教会。然初期教徒，受政府之迫害，其聚集也，常以夜半篝火于山林地窟间，环泣祈祷。有被捕者，则致于御苑，纵猛狮搏噬之，君臣聚观，恣为笑乐。或厚裹而夜烧之，以当庭燎。其残酷达于极度。至君士坦丁（Constantine）为帝，始于324年④定基督教为国

---

① 出自《墨子·兼爱中》。——编校者
② 梁启超：《先秦政治思想史》，商务印书馆1923年版，第196页。——编校者
③ 出自《大乘起信论述记·悬谈》。——编校者
④ 误。应为公元325年。——编校者

教,经三百年之折磨,而耶稣之教始确立。当时所以有"殉道者之血,为弘法之种子"①(The blood of martyrs is the seed of the church)之语焉。

基督教之初期,教育文化事业,极为贫乏,有数因焉。一则彼之教义,为当时西欧蛮野之人说法,不能骤几于学术之林。二则教徒在暴力迫害之下,断脰流血,艰危奋斗,既深恶痛绝希腊罗马学士之繁文诡辩矣,又未遑自建学术之基础。三则教徒冥心天国,屏绝世务,于人生所需之学识,本非所重。(见Compayre, History of Pedagogy, p. 62-63.)追势力渐强,传播渐远,乃稍受希腊学术之薰染。至二三世纪时,始于亚历山地亚有问答学校(Catechetical Schools)之组织,专事教义之辩证与宣扬。其最著之教父,则克莱芒(Clement, 150—215)与奥利金(Origen, 185—253)是也。

公元529年,查士丁尼帝(Justinian)②下令停闭一切非基督教之学校。自是中世纪之教育,完全移于教父之手。而僧院学校(Monastic Schools)大兴。僧侣所持之戒,以绝欲(Chastity)、安贫(Poverty)、服从(Obedience)为要。其大师圣本尼迪克特(St. Benedict, 480—547)制定《规约》七十三条,僧徒于忏悔祈祷之外,每日须劳动操作七小时,读书二小时。其书以圣经及宗教著述为限,古文学哲学,皆视为邪说,摈不得读。又以书不易得,各僧院皆自设抄书室(Scriptorium),命僧徒长日传抄,于中古晦盲否塞之会,此日抱遗编。摩挲传写之萧寺顾僧,隐然延文化将绝之脉,而为薪火之传焉。僧侣于修道之暇,亦招院外生,授读、写、算等科,是为僧院学校,盖当时仅有之学校矣。

公元800年,法兰克(Franks)族之查理大帝(Charlemagne)③,建神圣罗马帝国,欲普及文化教育于野蛮之条顿民族,下令推广僧院学校,强迫僧人读书。延聘英人阿尔琴(Alcuin, 735—804)为宫中侍讲。创设宫廷学校,招皇族子女,肄业其中。其时宗教之外,几无问,已如上述。其于文艺方面,惟有所谓"七科学义"(Seven Liberal arts)者。其中复分"三科"(Trivium)与"四科"(Quadrivium),三科者,文法、修辞、辩证;四科则算术、几何、音乐、天文是也。

二 经院学派

教父之神学,浸润希腊之思想,自十一世纪至十五世纪,经院学派

---

① 此句为罗马著名法学家德尔图良(约160—220)的名句。——编校者
② 即查士丁尼一世(527—565),拜占庭帝国皇帝。——编校者
③ 或称查理曼(742—814),神圣罗马帝国的奠基人。——编校者

(Scholasticism)①乃大盛。此派目的,在以哲学的方式,证明宗教的信条。盖人之理知,终不可蔽,神学者欲拥护所信,已势不得不藉理知之工具出。其方法纯取辩证术(Dialectic Method);其中心问题,普遍(Universal)与特殊(Particular)之关系若何。自诡辩家以人为万物之权衡,认特殊之个体为实在,至苏格拉底乃重普遍概念,柏拉图继之,更以原型观念为有客观的存在。今经院学派,则又歧而为二,聚讼弥极纠纷。一派承柏氏说,以普遍概念为实在,为神性中之原理,其世间现象,不过此原型之摹本,是为唯实论(Realism)②。另一派则谓普遍概念,仅属名词,而实在则具以于个体之事物,是为唯名论(Nominalism)。更有折衷之说,则谓普遍即存在于特殊之内,是为概念论(Conceptualism)。经院哲学之巨子,主唯实论者有安瑟伦(Anselm,1033—1109),主唯名论者有洛色林(Roscellinus,约1050—1125)。其主折衷说之最有名者,则罗氏弟子阿伯拉尔(Abelard,1079—1142)是也。按经院哲学派,东人亦译为烦琐学派,以其辩辞琐碎,剖析毫芒,盖贬之也。然其缜密之论理形式,犀利敏锐之质难析疑,亦有足多者。至如亚培拉特,于少年时,以英爽之姿,运其玄妙之辩,踪迹所至,多士景从,大学讲学之风,于兹肇矣。

三 中古大学

十三世纪初,意大利南部,已有萨勒诺大学(Salerno)之成立,为医学校之始祖。同时意之波隆纳(Bologna),法之巴黎(Paris),英之牛津(Oxford)、剑桥(Cambriage)先后兴起。而以波隆纳、巴黎为最盛。前者以法律著,后者则以神学哲学称焉。大学课程,由教皇之教令定之,其范围初甚狭。至十三世纪后,采亚里士多德著作为教本。教法受经院哲学影响,注重形式训练,于论理学特加研讨,此外则哲学、神学、几何、天文,亦所重视。当时大学,由政府授予种种特权,在法律、经济上,大学生得免兵役及纳税,得免普通法庭之处分。在学术上,大学有发证学位,证明师资之权。

四 武士教育③

自罗马衰乱,封建制度代兴,而武士为军事上主要之人物,王侯地主,咸倚

---

① 经院学派产生于公元八九世纪。——编校者
② 又称"实在论"或"实在主义"。——编校者
③ 即骑士教育。——编校者

重之。武士教育之理想，重服务、尚顺从、尊妇女、爱主护教。儿童七岁，即在家庭习闻古英雄之遗事，并养成顺从，恭敬诸德。七岁入王侯之宫廷，充侍者(Page)。主人出，则扈从之，并随侍其主妇。所学习者，为音乐、诗歌、各种仪节等。至十四岁，称从士(Squire)①。始得使用主人之武器，并从主人游猎战争。斯时学科，为乘马、击剑及各种战术，二十一岁，则以庄严之仪式，正式列为武士。凡武士应尽之本务，如敬神、服从官长、尊礼妇女、扶弱惩暴、翊护教徒等皆于此际宣誓焉。中古俗世之武士制度，盖犹宗教之僧侣制度，皆以固定之形式与组织，是实现其社会之理想者也。

五　市民学校

欧洲自十三世纪以后，因新商路之开辟、航业之发达、工艺制造之进步、币制之改良、汇兑之便利，工商业遂蒸蒸日盛。而其结果则为封建制度之崩坏于市府之兴起。欧洲各城市，从其受日耳曼人之侵扰而衰落者，至是均复繁荣，户口加多，财力加厚焉。商人既在社会上列于中等阶级，起而与贵族争政权；市民亦要求各种权利，并脱离地主之羁绊。因此各方之活动，遂发生知识上之新需求。人民始知重视学问，尽力提倡教育，而有下列两种学校之设立：(一)基尔特学校(Guild Schools)②，此为工会、商会所设立之初等学校，授拉丁文法及算数等科。(二)市民学校(Burgher Schools)，由市政府经营之，其课程较能适应经济上的需要。教师初由僧侣任之，后以市府之团结，市民向学之盛，渐脱离教会之势力。沉沉中古，钟漏已残，新世纪之曙光，浮于天际矣。

---

① 又称侍从。——编校者
② 即行会学校。——编校者

第四章 文艺复兴

一 总说

十五六世纪时,为中古与近代之蝉蜕。欧洲诸民族间,发生一种由复古以求对于教会的解放之运动,起源于意大利,传播于英法,终及于日耳曼焉。其在南欧,表现于文学艺术,以求复希腊之古;在北欧,表现有宗教,以复耶稣之古。一则所谓文艺复兴(Renaissance),一则为宗教改革(Reformation)二者同源而异流者也。

前此欧洲文化,其要素概分二大流:一曰希腊思潮,一曰基督思潮。希腊文化,在伯里克利时代为极盛。及雅典之衰,继以罗马,乃渐变而为极端之利己肉欲主义。其弊也,淫荡骄奢残忍之风炽。于是反动起,而耶稣福音,遂为救时之良药。耶稣既以身殉矣?经三四百年而教大盛。然一尊定而流弊起,其极也,僧侣垄断学问,以愚民为事;拘于仪文礼节之末,而根本之精神泯焉。于是反动又起,千年伏流之希腊思潮,乃乘时横决以出。所谓文艺复兴,殆如"人类精神界之春雷。一震之下,万卉齐开。佳谷生矣,莠稗亦随之以出。一方则情感理知,极其崇高。一方则嗜欲机诈,极其狞恶。此固不必为历史讳者也。惟综合其繁变纷纭之结果,则有二事可以扼其纲:一曰人之发见;一曰世界之发见。(The areat achievements of the Renaissance were the discovery of the world and the discovery of man.)人之发见云者,即人类自觉之谓。中古教权时代,人与世界之间,间之以神;而人与神之间,又间之以教会,此即教皇所以藏身之固也。有文艺复兴,而人与世界,乃直接交涉。有宗教改革,而人与神,乃直接交涉。人也者,非神之罪人,尤非僧侣之奴隶。我有耳目,不能绝聪明;我有头脑,不能绝思想;我有良心,不能绝判断。此人文主义(Humanism)之名所由起也。世界之发见云者,一为自然之享乐,动诸情者也。中世教会,以现世快乐为魔,故有旅行瑞士,以其山水之美,而不敢仰视者;而不知此不敢仰视之故,即爱好之本能,无论何时何地,均可发展者也。一为自然之研究,则动诸知者也。中古宗教教义,以地球为行星中心,有异说则力破之。然事实之不可诬也,有哥白尼之太阳系学说,有哥伦布美洲之发见。于是此世界之奇迹,在足以启发人之好奇心,而旧教义之蔽智塞聪者,益无以自存。"(以上摘引蒋方震:《欧洲文艺复兴史》,

第6—7页)①此近世科学(Modern Science)之所由兴也。

意大利古典文学之前驱,有四人焉:(一)但丁(Dante,1264—1321)虽中古诗人,而为近世思想之开山祖。其空前绝后之大著,曰《神曲》(*Divine Comedy*),中多荒唐无稽之谈。始游地狱,继入净界,终登天堂,而凡中古之政治、历史、道德、宗教,悉影照焉。(二)彼特拉克(Petrach,1304—1374),为近世抒情诗之祖。生平喜旅行,往来德法甚久。其生活之变化多,精神之动摇烈。天国之梦,与人世之欢,往往交战于中。氏大倡拉丁文学之复兴,所至摹抄残稿,搜罗古籍,为之考订、注释,能以正确华美之文字,表现古典之精神,独放异彩,人文学者推巨擘焉。(三)薄伽丘(Bocaccio,1313—1375),语言妙天下,为近世小说之祖。以上三人,皆只是从事拉丁文学,其有功于希腊文学者。(四)克里索罗拉(Chrysolaras,1350—1415),其人也。氏为希腊学者,以1397—1400年间,讲学于意大利佛罗伦萨大学(Florence),从之者甚众。迨1453年,土耳其陷君士坦丁,多数学者,挟策西来,俱受意大利之欢迎罗致。于是由拉丁以进窥希腊,搜古而及其源,荷马之诗,柏拉图之哲学,竞相译以拉丁。古典文学,遂为一时风尚矣。

与古文学竞萌而并进者,为美术。是时建筑、雕刻、绘画之天才,均奔逸驰放,呈灿烂之观,尤以绘画为特盛。如达·芬奇(Lenardo da Vinci),如米开朗基罗(Michel Angelo),如拉斐尔(Raphael),皆其时绘画之宗匠也。

文学艺术而外,独有二事,于文化运动发生极具之影响者:(一)活字版及制纸之发明也。曩者文献存于竹帛,流通仅恃传抄,书价奇昂,又不易得,读者亦少。十五世纪初,德人古登堡(Gutenberg)创木制活字版(1445),其后又有浮士德(Faust)、舍弗(Schoeffer)二人,发明金属活字版(1450)。是时东方久发明之造纸术,亦流传与欧。盖1470—1500年间,欧洲所印之书,达一万余卷云。(二)新大陆于新航路之发现也。自东西贸易频繁,欧人震于中国印度天产之饶,人文之盛久矣。意人马可·波罗(Marco Polo),以十三世纪之末,来仕于元,归而称道中华之繁昌富庶不置。故回教徒方据西亚,欧人虽欲冒险东游,往返动须五六载,势不得不另辟新航路。且磁针之用,亦自我国传入欧洲,大为航海之助。于是意人哥伦布(Columbus)执地图之说,欲西航以至印度,乃以1492年达美洲,葡人达·加玛(Vasco da Gama)则于1498年绕好望角以抵印度焉。史家纪近世时代,或以东罗马灭亡之1453年为始,或以新大陆发见之1492年为

---

① 参见蒋方震:《欧洲文艺复兴史》,商务印书馆1921年版,第6—7页。——编校者

始,而自教育与文化上言之,则即以活版印刷发明之1450年为始,亦无不可也!

二　人文主义的教育家

文艺复兴之教育,在目的上,则重张希腊文化教育(Liberal education)之帜;在课程上,则专重拉丁希腊之语言文学,谓之人文学(Humanities)。述其大师如次:

维多里诺(Vittorino da Feltre, 1378—1446),氏为意大利最著之人文教育家,初讲学帕多瓦(Padua)大学,嗣以1428年,受孟都亚(Mantua)王之聘,创宫廷学习于王之宫。此为一完全新式之学校,与中古大学颇异其趣。语言文字而外,兼课罗马文学、历史及文化。其教法重兴趣,学生生活,亦务使活泼而愉悦。读书外,有游戏、竞技、美术欣赏等作业。又本耶稣教义,过道德上之陶冶。世称之为近世第一教师。

日耳曼人文教育家,有韦塞尔(Wessel, 1420—1489)、阿格里克拉(Agricola, 1443—1485)、罗伊希林(Reuchlin, 1455—1522)等。

伊拉斯谟(Erasmus, 1467—1536),氏生于荷兰,少游学英法意诸国。中年主创剑桥讲座;复周游列邦,编撰拉丁。希腊文课本甚多。讲学通信,主一时学术上之坛坫焉。氏既尽瘁于学,又享遐龄,故其教育之影响,特为伟大。其教育论著,有《儿童之文化教育》(*Tne Liberal Education of Children*)①及《学习法》(*Methods of Study*)②等。氏排斥狭隘的古典学,以为文法仅为欣赏文学之工具;而文学而外,凡自然、历史、现代生活,亦皆学者所当究心。至宗教之修习,更不可偏废,于家庭教育及母道之重要,儿童游戏运动之宜注意,尤三致意也。

阿斯坎(Ascham, 1515—1568),氏为英国人文教育之领袖。所著有《教师论》(*Schoolmaster*)。③ 其论教育,以文雅(Culture)与德行(Virtue)为目的。课程采古文学,教法则创重译法(Double translation),由拉丁译英,复由英译拉丁,以资熟练。于管理则反对严酷之约束,而主师生之互相爱敬云。

三　人文主义的学校

大学　文艺复兴运动中,各国大学,如意之佛罗伦萨、帕多瓦、罗马;法之

---

① 今译《论儿童的文雅教育》。——编校者
② 今译《论正确的教育方法》。——编校者
③ 今译《论教师》。——编校者

巴黎；德之海德堡(Heidelberg)、莱比锡(Leipzig)、威登堡(Wittenberg)；英之牛津、剑桥，皆先后设拉丁与希腊文学之讲座。古典文学，风靡一时。

宫廷学校 意之佛罗伦萨、威尼斯、巴维亚诸市府既强盛，竞立学校，延人文学者主持之，其势力几与大学埒。至维多里诺在孟都亚所创之宫廷学校，尤推弁冕。德人效之，亦有王族学校(Furstenschulen)之设。

德之文科中学 在条顿国家中，为人文教育之中心者，有文科中学(Gymnasium)。自文艺复兴以迄今兹，尤为彼邦中学之最有声誉者。梅兰希顿始创于1526年，斯图姆继之（均详下章）。校分九级，古文学而外，希腊文之《新约》亦兼习之。

英之公立中学 其在英，有一种人文学校，独立于国家及教会之外，称公立中学。实则校皆私立，征费极昂。其中最著之九校，为 Winchester、Eton、St. Paul's、Westminster、Harrow、Charter-House、Rugby、Shrewsbury、Merchant Taylor's，①称"大公立中学"(Great Publie Schools)。

美之文法学校② 新大陆既发见，欧之旧邦，因新教信仰而不能容者，相率徙于北美。人口繁殖，学校渐兴。由英法之公立中学而移植于美者，为文法学校。其最早之波士顿文法学校，创建于1635年。

---

① 即温切斯特公学、伊顿公学、圣保罗公学、威斯敏斯特公学、赫洛公学、卡特浩斯公学、拉格伯公学、希鲁斯堡公学和泰勒公学。——编校者。
② Grammar School.——编校者。

第五章　宗教改革

一　宗教改革与文艺复兴，同源而异流，前既言之亦。二者同是对于现状有所不安，由复古而求解放。文艺复兴，在复希腊之古，离宗教而入人生与自然，崇现在，尊肉体；而宗教改革，则写未来，黜自然，以禁欲刻苦为事，而返之原始之真正教义者也。

于知识情感奔进之怒潮中，宗教改革，尚有直接之原因二：一由于教会自身之堕落，贪淫放侈，无所不为；一由于各国王侯，厌恨教会之不受统治，亟谋反抗。积薪既久，故星星之火，终以燎原也。

马丁·路德(Martin Luther, 1483—1546)者，德人。幼习法律，后攻神学，为威登堡大学教授。尝游罗马，目击教会腐败，毅然有澄清之志。1513年教皇利奥十世(Leo X)以建圣彼得教堂为名，滥售赦罪券(Indulgence)①。路德遵大学教授公开辩论之古制，以拉丁文揭其抗议之理由九十五条于威登堡教会之门；有论难者，则愿相与辩证。乃不一月而此抗议书传遍全德。教皇闻之，处以破门(Excommunication)之罪②，路德则焚其令状(Bull)，于是宗教革命之正幕遂开。路德以萨逊(Saxony)公之保护，匿于威登堡中，从事以德语翻译圣经之大众。终1555年，新教徒(Protestants，直译为抗议派)乃得自由焉。

路德既反抗教皇之假教义，而欲直探圣经之原，同时则力斥僧侣教育，而主张国家教育之普及。以为不论男女、贵贱，皆应入学，由国家颁布法令施行之。其视教育，又不仅限于学校，亦重在家庭；其视学校课程，不限于文字之传授，而主增加论理、数学、历史、科学、音乐及体育。德国教育上之重视音乐，路氏之影响也。

路德之教育同志，路德专力于宗教之改革，其同志之从事教育建设者，有梅兰希顿及布肯哈根二人。梅兰希顿(Melanchthon, 1479—1560)亦威登堡大学教授，先后主讲，凡四十二年，遂使威登堡成为宗教改革的教育中心。一时新学校教师，多出其门，如特罗岑道夫(Trotzendorf)、尼安德(Neander)、斯图姆(Sturm)，其最著者也。梅氏首创文科中学(Gymnasium)。其最大之贡献，在所

---

① 今译赎罪券。——编校者
② 即开除教籍，逐出教会。——编校者

编希腊拉丁之文法,以及伦理、物理、历史等教科书;其次则在其1528年所制定之萨逊学制(Saxony School System, 1528),实近世各国学制之滥觞也。布肯哈根(Bugenhagen, 1485—1558),为德国国民学校(Volksschule)之首创者。氏整理学校系统,当时德意志诸邦之学制,如 Brunswick①(1528), Hamburg②(1529), Pomerania③(1534), Lubeck④(1530), Schleswig-Holstein⑤(1537),皆氏所手订也。

其他宗教改革者,路德而外,同时为宗教改革之先驱者,有法人加尔文(Calvin, 1509—1564),瑞士人茨温利(Zwingli, 1484—1531),皆艰苦卓绝,以身殉道者也。

二 新教既代兴,旧教则何如乎?时则有旧教忠勇之信徒。奋起谋自身之改革,谓之"反改革运动"(Counter Reformation)。亦以新教徒派别滋繁,破坏之后,欲建设新典体,新制度,则议论蜂起,各执是非,纷呶不息;而旧教转得因以新其面目,固其壁垒焉。教皇庇护五世(Pius V)⑥,既尽费敛钱诸敝政;又力矫前行,倡节俭,崇苦行,赤足行于罗马道上,为乞丐之生活。同时各僧院亦大振宗风,汲汲焉以教育之方法,从事人心之挽救。于是各派之"教育的僧徒"(Teaching Orders)兴,而旧教之所有保其势力者,则尤以耶稣会之功居多也。

耶稣会(Society of Jesus) 此为罗耀拉(Ignatius Loyola, 1491—1556)所创。罗耀拉者,西班牙之王子,少从军旅,受伤而跛,病中则发奋读书。伤之愈也,供其武器于教堂,朝圣陵,自誓为耶稣战士。复赴巴黎习神学,得博士。又朝圣陵,1537年乃归罗马,与同志七人组耶稣会。其僧徒部勒以军法,严密之锻炼,冒险忍苦之精神,无与伦比。而发达甚速,氏死时,会员已达千五百人。其学校,以训练之严肃、教学之透彻著称,学生分若干组,组各有长,司指导监视之责。每二人为一对,使互相纠正行为,检举过失。对于教师,绝对服从。其方法注重复习。每日之始,必温习前一日之课业;每周之末,每年之终亦然。其教育成功之关键,尤在师资之训练。其教师曾受长期间大学及师范教育,而经过严格之选择,为当时其他学校所无。会中教育事业,至十八世纪之初,已有中学

---

① 即布伦瑞克,今德国中北部城市。——编校者
② 即汉堡,今德国北部城市。——编校者
③ 即波美拉尼亚,位于今德国与波兰北部。——编校者
④ 即吕贝克,位于今德国北部石荷州。——编校者
⑤ 即石勒苏益格—荷尔斯泰因,今德国北部的一个州。——编校者
⑥ 即安东尼奥·吉斯莱乌里(Antonio Ghisleri, 1504—1572),意大利籍教皇,1566—1572年在位。——编校者

612 所,师范学校 157 所,大学 24 所,宣教中心 200 处(徐家汇即其一),可谓盛矣!

波特·诺亚尔社(Port Royalists) 此为圣西朗(St. Cyran,1581—1643)在巴黎附近之波特·诺亚尔所创,故名。此派主清净生活,攻击耶稣会之非,教皇所禁,故存在之期极短(1637—1661),学校亦甚少,然其在教育学说上之影响则甚大。其教育主张学生个别之教导及感化。教师以爱之动机、善的势力,陶冶其品性,而培养其意志。教学重理解,不专事记忆,学科重内容,不仅取形式,皆新见解也。

基督教徒兄弟会(Christian Brothers) 以上二派所经营者,为中等以上教育,其专力于初等教育者,则有拉萨尔(La Salle,1651—1719)之基督教徒兄弟会。拉氏不避艰难,精诚图斗,迨其没时,会中已有学校 27 院,教师 274 人,学生 9 000 人。又为训练师资起见,设师范院。此派小学,纯以宗教为目的。拉氏创所谓"同时教学法"(Simultaneous Method),即一级学生,在同一时间、用同一教材,由一教师教授之。此种经济的方法,当时小学校,尚未之前闻也。

第六章　近世科学起源

十六世纪文艺复兴中怀疑与批判的精神,引起少数学者对于自然之好奇与探究。其精心孤诣,虽未大白于当时,而其结果,则于希腊思想、耶稣宗教而外,造成第三个原素,为欧洲文化无上之光荣焉。此原素惟何?曰近世科学。

其在古代,亚里士多德既集希腊科学之大成矣。其后亚历山地亚继雅典而为文化之中心,则有 Eucild[①] 之几何学、Aristarchus[②] 之地理学、Archimedes[③] 之动力学、Hipparchus[④] 之天文学。然多玄想之功,而无观察试验之具。希腊学术,终不以自然科学称也。罗人崇实际,其法制灿然可观。其公共建筑,以为伟迹,然于纯粹科学,罕有贡献。至基督教则更尊信仰而斥理知,不容科学思想之发展。迨宗教改革以后,自然研究,不能复遏;天算、物理,樊然并兴。近世科学,道源于此。

新天文学　公元 138 年间,有埃及天文家托勒密(Ptolemy)[⑤],创一种学说,谓地球居宇宙之中心,恒久不动,诸天体则绕之而行,成圆周运动。其说与基督教义相容,历十余世纪不废。至哥白尼出,而天文学乃起急剧之革命。

哥白尼(Copernicus,1473—1543),氏为波兰神学者而究心天算,斥托勒密之说,而以地动说代之。氏谓地球每日绕其轴自转一天,每年绕太阳公转一周。地球为太阳系六大行星之一,此六大行星之次序为水星、金星、地球、火星、木星、土星,月球则为绕地球而行之一卫星。(天王星至 1738 年始为 Herschels 氏所发见,海王星则十九世纪中叶为英人 J. C. Adams 与比人 Leverrier 二氏所同发见。)其学说详所著《天体运行之轨道》(*De Revolutionius Orbium Celestium*)[⑥],毕生心血,瘁于此书。然矜慎自持,至晚年始付剞劂。印成之日,病已垂危,左右携书榻前,抚之而没。以根本革命之学说,而为遭反抗与压迫者,亦以此也。

第古·布拉赫(Tycho Brahe,1546—1601),氏为丹麦之天文家,以丹王之

---

① 欧几里得(前 325—前 265),古希腊数学家,被称为"几何之父"。——编校者
② 阿利斯塔克(前 315—前 230),古希腊天文学家。——编校者
③ 阿基米德(前 287—前 212),古希腊哲学家、数学家、物理学家。——编校者
④ 喜帕恰斯(约前 190—前 125),古希腊天文学家。——编校者
⑤ 全名克罗狄斯·托勒密(约 90—168),古希腊天文学家、地理学家、光学家。——编校者
⑥ 今译《天体运行论》。——编校者

命,营天文台于哈芬岛(Hveen),建筑陈设,备极宏丽。居此凡二十一年,从事精密仪器之制作,及天象之长期的观察与记载,1599年,去而至波西米亚,长普布拉格(Prague)天文台,延开普勒为助手焉。

开普勒(Kepler,1571—1630),德人,少从泰科氏于普布拉格。泰氏之没也,继为台长,尽得其生平观察之记载,钻研于此者二十五年。著《哥白尼天文学概论》、《宇宙之和谐》、《彗星论》等。其最大发明,为天体运行之三定律:(一)行星绕日,遵椭圆轨道而行,太阳居椭圆之一心;(二)一行星一时间所行之路,自路之两端,作线至太阳所居之心,其所含之面积俱等;(三)二行星绕日一周,所需时间之平方,与其轨道大径之半之立方成正比例。氏生平遭遇至苦,而嗜学弥勤云。

伽利略(Galileo,1564—1642),氏为意比萨大学(Pisa)教授。初创望远镜,测出木星、土星之卫星,及太阳之斑点。哥氏天文学,至是纲举目张矣。氏以著《托勒密哥白尼两大宇宙观之谈话》,为教皇幽于法庭,迫其悔过。氏勉强承认,乃以身免。出语人曰:"余虽不再言地球之能自动,然奈其能自动何!"

物理学 伽氏某次在教堂中见悬灯往来摆动,其灯索之短者,摆动为速。忽奇趣横生,归而取无数长短不齐之绳索,悬之屋顶,下系重物。使之摆动,而计算其每分钟所动之速度,是为后来钟摆之权舆。氏又制堕体定律。于动力学、光学、声学,并有发明。

牛顿(Isaac Newton,1642—1727),少精算学,毕业于剑桥。读哥白尼以下诸天文学者之书,深讶行星何故为圆周运动,而不作直线行进。偶见苹果落地,则又问何故直下,而不向偏旁堕落。反复推究,因有万有引力之假定。谓:"宇宙间物体,互相摄引,一物体摄引他物体,其引力之大小,与此二物体品质相乘之积成比例,而与此二物体之距离之平方成反比例。"①是为万有引力之定律。其钜著《自然哲学原理》(*Philosophiae naturalis principia mathematica*),于1687年出版,科学之宝典也。氏于光学,多创获,又发明微积分。牛氏而外,英人吉尔伯特(Gilbert,1544—1603)之磁电研究,意人托里拆利(Torricelli,1608—1647)、法人帕斯卡(Pascal,1623—1662)、德人盖里克(Guericke,1602—

---

① 此段引文大意出自牛顿《自然哲学的数学原理》第三编《宇宙体系(使用数学的论述)》。参见牛顿著,王克迪译:《自然哲学的数学原理·宇宙体系》,武汉出版社1992年版,第574—579页。——编校者

1686)之空气压力试验,荷兰人惠更斯(Huygens,1629—1696)之光学发明,皆物理学上之大贡献也。

化学 爱尔兰学者波义耳(Boyle,1627—1691),证明"气体体积之大小,与其所受之压力,成反比例",是为有名之波义耳律。此外,梅奥(Mayow,1645—1679)、贝歇尔(Becher,1635—1682)之燃烧研究,亦皆近世化学之基础也。

医学与生物学 英人西德纳姆(Sydenham,1624—1689),首以科学方法,研究医术。哈维(Harvey,1578—1657),发明血液之回圈。意人马尔比基(Malpighi,1628—1694),始制显微镜,以发见毛细管。英人胡克(Hooke,1686—1735),亦借显微镜以发生物细胞之构造焉。

科学方法论 科学日新,而治学与思想之方法乃大变。其倡导科学方法最力者,有培根、笛卡儿二氏。

培根(Bacon,1561—1626),氏为英之政治家。其论学以为欲求真知,宜先除成见。此成见名之曰偶像。有所谓种族、岩穴、市廛、剧场之四偶像者,以喻拘墟守旧者之不可语学也。氏谓中古学问,不外文雅(Delicate)、怪诞(Fantastic)、争辩(Contentious)三种。此种学问,或则仅凭主观,不顾事实,其所推想,正如蜘蛛结网,丝丝胥自吐出,是曰"蜘蛛的方法"。或则注意事实,而只知积聚,不谙归纳,是曰"蚂蚁的方法"。吾人所提倡者,乃须先搜罗事实,后加整理推断,是为"蜜蜂的方法",正如蜂采蜜,加以酿造,而成芬芳甘美之质也。氏于1620年发表其所著《新方法》(*Novum Organum*)①,为新论理学之祖。其归纳方法,有三要项:(一)收罗事实;(二)分析比较;(三)发见原因。亚里士多德之演绎法,千余年奉为圭臬者,氏一举而摧毁之,其功伟矣。

笛卡儿(Descarte,1596—1650),法哲学家及算学家,首创解析几何者也。笛氏亦倡科学方法论,分四步骤:(一)有明晰的观念;(二)分析问题为若干简单因数;(三)由简单因数推究复杂现象;(四)所有因数均能解释,问题始为答复。培氏于哲学为经验派,而笛氏则理性派,然其论科学方法,则同条共贯焉。(以上参考 Sedgwiek-Tyer, *A Short Histery of Science*, p. 191 - 303.)

科学家与大学 在昔雅典盛时,柏拉图于阿卡特米、亚里士多德于兰辛,皆结集师生,研究讲学之所。十六世纪,大学尚为宗教之空气所笼罩,学说思想,不能自由,非科学之田园也。

---

① 今译《新工具》。——编校者

是时科学家大半不主讲座,其聚集讨论,则有学会之产生。波义耳氏始组织伦敦之皇家学会(Royal Society,1662),谥之曰:"无形之大学"(Invisible College),波氏而外,胡克、梅奥、惠更斯、马尔比基、牛顿皆其最早之会员也。巴黎之科学院(Academie des Sciences),于1666年;柏林之帝国科学院,亦于1706年,相继成立。

第七章　十七世纪之教育

自然科学，自十六世纪，萌蘖滋长。至十七世纪之末，已呈如荼如锦之观，在学术上开以新局面。同时古典文学，传授历二百年，其文艺复兴诸大师批评，创造的精神，寖以汨亡，仅成机械的，形式的练习。盖所谓人文主义，其敝甚矣。于是教育上之反动起，其崇尚社会与自然之实用的学问，以易人文主义者，为惟实主义。其于实用以外，另标异说，而为人文主义张目者，为训练主义。兹论次两派教育，而以宗教的教育家附焉。

一　惟实主义

惟实主义，以培根、拉德开、夸美纽斯为有力之代表。惟教育史家率以拉勃雷、弥尔顿、蒙田诸人之思想，为导其先河。拉勃雷（Rabelais，1483—1553），首讽刺人文学校之拘牵文字，肤浅空疏。弥尔顿（Milton，1608—1674），著论 *Tractate on Education*①，亦反对仅有言文之形式练习，而主张学者须由古代文献，以探知识艺术之原。二人并称人文的惟实主义者。蒙田（Montaigne，1533—1592），重人生应所需之学识，谓学问不取记诵，而贵实行，称社会的惟实主义者。至培根、拉特克、夸美纽斯等，则称感觉的惟实主义者。

培根（Bacon，1561—1626），氏所论思想方法，已如上章所述。其教育学说，见于所著《学问之改进》（*The Advancement of Learning*）②、《新理想国》（*New Atlantis*）③等书。氏志在综汇古今之学艺，而使学者贯通之，盖亦当时之泛智家（Pansophist）言也。其方法，则在以观察，试验之研究，审别与归纳自然之现象，发现其原理，以增进人类之幸福，其梦想之新社会中，有所谓梭罗门院（Solomon's House）④者，实一大学研究院。凡近世科学之研究，制驭自然，而厚生利用者，所生物种类之改良、冶金之进步、医药之新术、蒸汽机之发明、电力之传导等，在彼为理想之预言，今日则半皆事实矣。

拉特克（Ratke，1571—1635），氏采培根之说，思应用于实际的教育，惜其事

---

① 今译《论教育》。——编校者
② 今译《学术的进展》。——编校者
③ 今译《新大西岛》。——编校者
④ 今译所罗门院。——编校者

业迄未有成。其论教学原则,有可取者如:(一)一切教材,须常复习;(二)须以现代语教学;(三)学习不应强制;(四)教学须先实物而后解释;(五)学习须由直接经验搜索、试验得之。

夸美纽斯(Comenius,1592—1670),氏为奥地利之摩拉维(Moravia)①人。幼无怙恃,孤苦失学。十六岁,始习拉丁文。然秉性敏慧而坚毅,卓然有以自立。卒由大学毕业,任中学校长。值战乱后乱离,丧其妻子,己则以属新教,被放逐。自是遂不复归故乡,初投身波兰之黎撒(Lisa)地方,为文科中学校长。著教科书名《语学入门》(*Janua Linguarum Reserata*)②,又撰《大教育学》(*Didactica Magna*)③。二书出,而夸氏与黎社小城之声名,同洋溢乎全欧矣。以英国议会之召,赴英,所志不遂,转赴瑞典,编教科书数种。旋归黎社,撰《事物图形》(*Obis Picturs*)④,为教科书附插图画之始。晚年处境弥苦,卜居于荷兰。荷人哀其遇而敬其人,优礼有加焉。年八十而没。

夸氏论教育目的,以为人生最高理想,在能与神同享极乐,而教育则以助人达此目的,循序渐进,由知识(Knowledge)、道德(Virtue),以底于敬虔(Piety)。其论课程,则采泛智说,综合古今之知识,以归纳法整齐而类别之。其方法主顺自然(According of nature),摘举其精意,凡若干则:

一、教育应自婴儿期开始。其每阶段,须适应儿童之年龄及能力。

二、按照级次,编定教材;循序渐进,互相衔接。

三、分级的,附图的教科书,为教学上之必要。

四、正规的出席,应注意。

五、教学应利用每日最好之时间,疲劳须防免。

六、以团体教学,代替当时惯用之个别教学。教师应向全级儿童讲话,并应使儿童得互相观摩之益。

七、用同一教科书及练习簿。

八、读法书法,同时教学,应有联络。

九、教材先由教师口义,附图说明。

十、先示实物,后教文字符号。

十一、只教儿童有实际价值的事物。

---

① 今属捷克。——编校者
② 今译《语言入门》。——编校者
③ 今译《大教学论》。——编校者
④ 今译《世界图解》。——编校者

十二、先举事例,后教原则。

十三、先理解后记忆。

十四、提示新教材前,儿童心理上,应有准备。

十五、以温和、诱导、愉悦、兴趣,替代严厉与强制。

十六、勿行体罚。

(以上参照 Parker, *History of Modern Elementary Education*. p. 143.)

论者谓后来卢梭,裴斯泰洛齐等之学说,均受夸氏之影响,或非夸辞也。

惟实主义的学校　应用夸氏之理想于实际教育事业者,有弗兰克(Franck)之哈勒学校。其弟子黑克尔(Hecker)于1747年在柏林学校,教现代语言①、历史、地理、几何、算术、力学、建筑、宗教、伦理等,是为实科中学(Realschule)。在德国中等教育上,于与人文主义之文科中学(Gymnasium)对峙焉。在英国,亦有实科中学,名阿卡特米(Academy)之创设。在美国,则旧时文法学校,既渐变更其课程,新阿卡特米,亦多添设,其最早者,为富兰克林(Franklin)于1743年所创。其各国大学,亦渐趋重科学的研究。1694年德国创哈勒大学(Halle),以德语教各种科学,为新时代大学之一。格廷根(Gottingen)大学继之。在英国,则牛顿以1669—1702年间主剑桥讲座,自是剑桥为算学物理研究之中心矣。

二　训练主义

训练主义,视教育之要点,在学习之历程,而不在其所习学之内容;自如何学习,而不在所学之为何。以为一种特殊活动,苟选择与训练得当,即能发生一种效力,随处应用,皆得其宜。故与其教授多种科目,毋宁使学者集中精力于一二科目,俾训练之能透彻。例如古文字、算学,皆最有训练价值者也。此种见解,其心理的根据,在视心有若干官能,须受某项特殊训练而发展,其伦理的根据,则在视人类有若干恶性,须借教育而铲除之也。

洛克(Locke, 1632—1704),氏为此说之代表。其教育学说,见所著《人类悟性论》(*Essay concerning Human Understanding*)②及《教育思想》(*Thoughts concerning Education*)③等书。氏为经验派哲学者,以为人之初生,心如白纸,惟所薰染。故惟训练其习惯,斯能增长其能力。其论教育,分体育、德育、知育三

---

① 旧时文科中学教的是拉丁文。——编校者

② 今译《人类理解论》。——编校者

③ 今译《教育漫话》。——编校者

部。(一)体育——氏谓健全之精神,寓于健全之体魄,乃人生之至乐。体魄之训练,在使儿童能耐寒暑,习游泳及户外运动,衣服宜少而宽,食物宜简单而粗粝,休铺宜坚硬等等。(二)德育——氏谓:"体力之增长在耐劳苦,心力亦然。一切德性,在于嗜欲之窒遏,与意愿之拂逆。惟能服从理性之制裁者,为有德也。"(三)知育——氏论课程,以算学为最要,地理、天文、物理、历史等次之。学习之要务,在增进心的能力与活动。谓:"增长体力之原则,适用于增长心能。吾人欲写字、绘画、舞蹈之合法,必须勤练其筋腕、肢体。心力亦然,欲思想之进益,必须勤用其心思也。"又谓:"教育之任务,不在使学者精通某种学问,而在开发与运用其心灵,使能自求学问。"此形式训练效力转移之说,至今在教育思想上,犹是一聚讼之问题也。

三 宗教的教育家

绍波特·诺亚尔派(Port-Royalist)之遗绪(见第五章),而发其趣旨者有法人费纳隆(Fénelon, 1651—1715)与罗林(Rollin, 1661—1705)二氏。费氏以为教学当以愉悦而有趣为主;其方法。则先实物而后名词,先理解而后记忆。氏著《青年女子教育论》①,为女子教育之最先宣导者。然氏视女子智力之弱于男子,与其时人亦无异。氏谓:"女子天资虽羼弱,然不能以羼弱而弃之,正赖教育以扶植之也。盖女子所服之本务,关于人类生活之基础。家庭之隆污,视女子之高下。明敏、精勤,而敬虔之妇女,实家庭之灵魂,而人生幸福之所系也。"其论女子教育之课程,则先重《圣经》故事、家政、议法、书法、算术。稍深者,习历史、语言、文学。至高深专门之学术,如政治、法律、神学等,皆属男性的职业,氏认为非女子之所需。罗林著《学问论》②,预古人教育学说之精粹,亦畅论女子教育,与费氏略同其旨。

弗兰克(Francke, 1663—1705),氏为德国新教中之敬虔主义者(Pietist),任哈勒大学教授。旋悯贫民之失学,乃以如火之执心与信仰,经营慈善的教育事业者三十年。迨其没时,其所设之学校、孤儿院、书店、药局、工厂等机关,有学生工人达四千余,皆一人赤手所艰难缔造也。哈勒学校,以现代语教实用知识与技术,为德国实科中学之始基。

---

① 今译《论女子教育》(Les aventures de télémaque)。——编校者
② 今译《论教育》(Traité des etudes)。——编校者

第八章　民权运动①与产业革命②

十八世纪之上半叶,为欧洲君权最高时代,时则普鲁士腓特烈·威廉一世(1713—1740),腓特烈大王(1740—1789),先后厉行开明专制。奥地利则女主玛利亚·特利莎(1740—1780)与约瑟二世(1780—1793),相继当国,努力以恢张国权。法则路易十四世(1643—1715),路易十五世(1715—1774)之权威,如日方中,全欧震耀。独英国为世界宪政之祖,其民权运动,在三四世纪前,已寖昌寖炽矣。

一　英国宪政之发展

英之宪政,溯源于 1215 年之《大宪章》(*Magna Carta*),此为贵族与僧侣,与君主争自由与权力,而取得之约章也。1295 年,始召集国会、贵族、僧侣与平民之代表同列。1333 年,平民与贵族,始分院议政。自是下议院逐渐扩张其权力,至 1376 年,始有弹劾阁员之权。1407 年,始有制定政府预算之权,至今日而下议院实同时全英焉。十七世纪初,詹姆士一世唱君权神圣,终引起内战,克伦威尔起而专政,查理一世被杀,詹姆士二世又被放逐,自是民权神圣不可犯矣。

二　美国之建国

英人在美洲之殖民地,困于母国政府之苛税,而又无国会代议之权,于 1774 年,遂联合草定《民权宣言》③,上诸英王,求其承认。不得请,乃以 1776 年宣告独立。战争数年,至 1783 年巴黎和约,而北美合众国遂为独立之国家。1787 年,草宪法。1786 年成立政府,举华盛顿为总统。夫以绝带帝王统治之历史,特殊阶级之遗迹,凭空而建起一自由平等之国家,有史而来,美为第一,其影响于欧人思想之深可知也。其《独立宣言》之发端云:"吾人深信一切人类,生而平等;天赋以生命财产,及享有快乐等不可侵犯之权利;人民为谋取得此等权利,

---

① 即平民政治运动。——编校者
② 即工业革命。——编校者
③ 即杰弗逊(Thomas Jefferson, 1743—1826)所写《英属美洲民权概观》(*A Summary View of the Rights of British America*)。——编校者

乃建设政府，予以正当之治权，故治权实基于被治者之同意；任何政府，悖弃此目的者，人民有权变更或废止之，根据人民安全乐利之原则，另建政府，组织其治权；凡此借吾人所信为最明了之真理也。"此为民权运动中政治哲学之以表现。

三 法国之革命

法承路易十四世、十五世之专制淫威，受美国革命之暗示，更久经大思想家如孟德斯鸠(Montesquieu，1689—1755)、伏尔泰(Voltaire，1694—1778)、卢梭(Rousseau，1712—1778)等之启迪。至十八世纪后半叶，革命之高潮，已不能再遏，终以1789年7月14日，攻破巴士堤大狱，始则谋君主立宪，继又建共和政府。1789至1799之十年，占世界革命史上可惊、可愕、可歌、可泣之一页。

四 产业革命

自十七世纪，自然科学兴，至十八世纪，始应用于资生之具，而有机器之发明。其初起于纺织一业。哈格里夫斯(Hargreaves)于1767年创纺纱机，阿克赖特(Arkwright)于1769年改善而完成之。先是瓦特(Watt)已于1765年有蒸汽机之发明，至1785年，冶铁新法出，机器之制造益便。手工制造，遂日易以机器制造，家庭工业衰，而工厂兴矣。是为产业革命。

第九章 十九世纪

一 国家主义之勃兴

梁启超曰:"今欧洲诸国,其建国最古者,不过数百年,其新者或仅数十年。新者勿论矣,即其古者,当百年以前,其所以立国之具,且未大备。在国境内,而阶级与阶级相仇,地方与地方相哄。以今日严格的国家之定义绳之。虽未成国焉可耳。经十九世纪百余年之锻炼,而此数大强国者,乃始能搏其国民为一丸。以国家为单位,而所属之人民,为组成此单位之分子。国家譬则笔,人民则其所束之毫;国家譬则帛,人民则其所缫之丝,此所谓国家主义也。而以彼都百年来之经验,则以谓欲求国家机能之发达,必当建设于民族基础之上。如欲求良笔,务纯其毫勿使杂;欲求良帛,务均其丝勿使庞也。虽然,国于欧洲者,以十数,其民族大宗派三四,而小枝派亦且十数;一国中恒数族,而一族亦恒散居于各国。于是谋国之士,其国中有数族者,则思所以同化之而维系之;其一族散在数国者,则思所以联络而吸集之……既以一民族组织一国家,苟其国家之容积,与民族志容积,适相吻合,而无复有一同族之民,受治于他国,斯亦已耳。如其有之,则其外属之族姓,恒思内响,而其族之宗邦,恒思外吸,此自然之势也。"(见梁启超《欧洲大战史论》)①斯说也,可谓得十九世纪欧洲各国之国情矣。

自1807年以后,拿破仑由法国革命之疮痍中,建设其庄严灿烂之新帝国,先后侵奥、侵普,征西班牙、征俄,终乃动天下之兵,为各国联军所败,身窜孤岛。虽一度再起,亦不旋踵而大挫于滑铁卢,不能复振。彼其攻城掠地,封建王侯,曾不以各国民族历史稍动其心,而民族国家主义之伏流,乃为彼所激起,拿翁既败矣,各国开维也纳会议于1815年,其所改造之欧洲地图,又悉背民族国家之原则。如波兰之归俄,那威之归瑞典,不论矣。比荷不同族,而强合为一国。意大利北部之伦巴底、威尼斯等,则强分诸奥。普鲁士、巴威、萨逊尼、维登堡四王国,及其各州与自由市,为数凡三十九,则组日耳曼同盟,而以奥帝为盟主。此皆乱源也。果也,1830年,比人自选君主,颁宪法,脱离荷兰而独立。至1870年,则十九世纪欧洲史上最可纪念之一年,盖意大利撒丁王伊玛诺与其首相加富尔,统一全意,战胜奥军,定都罗马之年也,亦普鲁士王威廉一世与铁血宰相

---

① 参见梁启超:《欧洲战役史论》,商务印书馆1921年版,序言第2页。——编校者

俾斯麦。于战胜奥国之后，向法人修其旧怨，雪其1806年法兵入柏林之耻，开始所谓普法战争。终奏凯于巴黎，在万岁宫宣布德意志帝国完成之年也。普之胜法也，法人承认三年内纳五十万万金佛郎之赔款，其尤违反民族国家主义之原则者，则以法之阿尔萨斯、洛伦（Alsace, Lorraine）二州割让于德，此则后来欧洲大战之祸源也。

中欧以外，民族国家之运动，亦复继长而增高。其在中南美，西班牙之旧属墨西哥、委内瑞拉、秘鲁、智利等，于1810—1825年间，先后独立。其在巴尔干半岛，希腊既于1829年，对土耳其独立，而南斯拉夫诸民族志隶于土者，如塞尔维亚、门的内哥、罗马尼亚、保加利亚等，亦固波斯尼亚（Bosnia）、黑塞哥维那（Herzigovina）二州之叛土，共起而助之攻，遂引起1877年俄土战争，土则败衄。翌年，各国开柏林会议，德相俾公为议长，承认塞、门、罗之独立，保则独立而仍纳贡于土。俾公交欢于奥，更不恤违反民族国家主义之热潮，致令其首先发难之波、黑二州，不得与塞，门诸州同得独立，而反被割于奥，此又后来欧洲大战之祸源也。

其在亚东，则日本亦崛起而为世界一强国。明治天皇（1883—1912）登极后，废封建，撤藩阀，于1890年行宪政，1894年中日之役，遂夺朝鲜，至1905年日俄战争，而强欧亦不敢逼视矣。

二　民权运动之继起

自拿破仑倾覆，波旁王朝复辟，法国民权运动，屡蹶而屡起。于1848年第二度建共和之政，1870年普法战争后，第三度建共和，而民治基础，始牢固而不可拔。

1848年，全欧革命之年也，不只法人再建共和而已，奥人则一哄而推倒专制魔相梅特涅①，颁新宪法焉。匈人则奥独立，而要求宪政焉。意大利诸邦，时尚未统一也，亦纷起革命，而对奥独立焉。普人倡制宪运动焉。自是各国，无论君主民主，无不承认民权，施行宪政。

其宪政发展最早之英国则何如？在十八世纪，其国会下议院之权虽高，而议员之选举，有舞弊者，有行贿者。其选举区之规定，远在十四世纪，数百年来，土地兴废，户口变迁，而代议之额数分配如昔。腐败之市，户口虽少而占议员额

---

① 克莱门斯·梅特涅（Klemens Wenzel von Metternich, 1773—1859），奥地利外交家、政治家，1821—1848年任奥地利首相。——编校者

如故,新兴之市,户口虽繁,而无代议权,其结果则下议院议员,易为少数绅士所把持。1832年《改革法案》,始重行选举区之分配,1848年有普那运动,虽未成功,而自是选举权逐渐扩张,至1884年《改革法案》,则农村劳动者二百万人,获选举权,1917年《改革法案》,则妇女亦获选举权矣。

三　产业革命之展开

机械制造,至十九世纪益广而益新,商品销行,又以交通发达,愈扩而愈广。首先应用蒸汽机于交通者,为富尔顿(Fulton),于1807年始制汽船。火车之制,始自1814年,为史蒂芬生(Stephenson)所发明。莫尔斯(Morse)与库克(Cooke)、惠斯通(Wheastone)于1837年同时发明电报。培尔(Bell)于1876年发明电话。自后海电、无线电均发明,瀛环交通,迅捷便利。其工商业发达之国家,如英,如德,如美,如法,既繁昌富厚矣,而以省时省力之机械制造与运输,使奇巧之商品,充斥于全球;物质之享乐,生活之安舒,偏及于凡庶。非洲之土著,喜闻伦敦留声机所摄之乐音;暹罗之士女,争炫巴黎交际最新之裳服。爱迪生之点灯,照耀于墨西哥之边陬;福特之汽车,驰驱于阿拉伯之沙漠。全世界人类生活状况,无不受急剧之变化焉。

四　帝国主义

国家主义,因企业过盛,而流为帝国主义。盖商品有余剩,则谋辟国外之市场以求售;资本有余剩,则谋拓国外之产业以求利。凡以武力或经济的侵略,以开拓殖民之或市场于弱小国家者,通谓之帝国主义。十九世纪,占有最大之殖民地者,莫英国若。保护殖民地与国外贸易之海军,亦以英国为最强。而德国则为后起之劲敌,此国外市场于海权之互竞,又后来欧洲大战之祸源也。

五　社会主义

民权运动,因企业过盛,而扩大为社会运动。盖自机械兴,而工人不能有其工具,仅藉工资以为主。分工既繁,失业后无技以自给。工作之时间既长,工竣后又不能享生人之乐。其占有工具之资本家,因以为利,不劳而获,其拥资之厚,致富之豪,乃为前此所未有。于是劳资阶级,愈隔愈远,企业愈盛,而贫富愈悬殊焉。改革之理想家,以为欲谋工人之解放,而实现社会之自由平等,当先使生产工具(土地与资本)之公有,是为社会主义。其最早宣导者,为英人欧文

(Owen);而其太师,则德人马克思(Marx)也。马克思本唯物史观,推断社会革命之必至。主张各国工人之团结,从事所谓阶级的斗争。其采稳健的方法者,有伯恩斯坦(Bernstein)等之修正派学说。英人主渐进,其学者既有费边社(Fabian Society)之组织(Webb, Shaw, Wallas, Wells 等①均为社员),又有基尔特社会主义(Guild socialism)之宣传。反之,主急进者则有索拉尔(Sorel)等所倡工人采直接行动之工团主义(Syndicalism),与巴枯宁(Bakunin)、克罗泡特金(Kropotkin)等之无政府主义,至十九世纪之末,各国社会运动,无论为缓进,为急进,已万流奔放,若决江河,沛然莫之能御矣。

六 科学之进步

在十八世纪,化学经普利斯特里(Priestley, 1733—1804)、拉瓦锡(Lavoisier, 1743—1794)等之研究,而完全成立。热学则瓦特(Watt, 1736—1819)发明蒸汽机,富尔顿(Fulton, 1765—1815)发明汽船,史蒂芬生(Stephenson, 1781—1848)发明铁道之机车。电学则富兰克林(Franklin, 1706—1790)、伽伐尼(Galvani, 1737—1798)、伏打(Volta, 1745—1827),皆有重要发明。天文则拉普拉斯(Laplace, 1749—1827)创星云说,赫歇尔(Herschel, 1738—1822)发现天王星。植物学者布丰(Buffon, 1707—1788)、林奈(Linnaeus, 1707—1778),动物学者居维叶(Cuvier, 1769—1832),皆有永久的贡献。

至十九世纪,物理化学上之发明,有赫尔姆霍茨(Helmholtz, 1821—1894)之能力不灭律,伦琴(Röntgen, 1845—1923)之 X 光线,居里夫妇(Pierre Curie, 1859—1906;Marie Curie, 1867—1934)之镭,安培(Ampere, 1775—1836)、法拉第(Faraday, 1791—1867)、麦克斯韦(Maxwell, 1831—1879)等之磁电,道尔顿(Dalton, 1766—1844)之原子说,汤姆森(J. J. Thomson, 1856—1940)之电子说,李比希(Liebig, 1803—1873)之有机化学,拉姆塞(Ramsay, 1852—1916)之气体发明,皆其卓卓者也。

莱伊尔(Lyell, 1797—1875)之《地质学原理》,于1830年出版。此为空前之一巨著。盖五十年前,欧人心理,以地球存在,仅五六千年,其六日创造之经过,

---

① 即韦伯夫妇(Webb Beatrice(1858—1943) and Webb Sidney(1859—1947))、萧伯纳(Bernard Shaw, 1856—1950)、华莱士(Graham Wallas)、威尔斯(H. G. Wells, 1866—1946)等,均为费边社的代表人物。——编校者

一如《圣经》所云云。今地质学者,由地层岩石,以考证地球之年纪,至少者一万万年。即折半计。而假定为五千万年。试想像有人焉,为此五千万作一记者,以五千年为一页,则此极长之记载,将占一千一页一卷之巨籍十卷。而人类有史以后之文化,仅占第十卷第一千页之一小部分而已!

方莱氏之冥心探索地质也,生物学者达尔文(Darwin,1809—1882)正从事进化论之发明。氏积二十余年之研究,证明(1)物种之变异(Variation),(2)物竞(Struggle for existence),(3)天择(Natural selection),(4)适存(Survival of the fittest)。以为现有之物类,(包括人类)皆数千万年逐渐变异而来,书成未敢公布,来氏再三敦促,乃于 1888 年详加厘定,著《物种由来》(*Origin of Species*)①一书呈之。适华莱士(A. R. Wallace,1823—1915)自马来半岛探集标本途中,寄示所作《物种变异之趋势》一论文,其中物类繁殖竞存诸点,乃与已二十年来所穷思力索者,若合符节,大为惊叹。亟并寄来伊尔,请其刊布,云不敢专美也。莱氏感其雅量高致,为作弁言,将二氏著作,同时在林奈学会宣读之焉。自莱氏达氏之说出,旧时基督教义中上帝创造世纪及物类诸传说,根本动摇,引起思想界之巨变。至今日而进化之原则,不仅限于生物之应用,举凡社会、道德、政治、教育之发展,靡不以之解释矣。

更有须特笔者,李斯特(Lister,1827—1919)发明细菌之原理,皆现代医学上之大发明,为人类造无量幸福者也。

---

① 今译《物种起源》。——编校者

第十章　德国之教育

德意志帝国，完成于1817年；而其各邦教育之发展，则欧洲之先进也。述普鲁士教育大要，以资举隅。

一　十八世纪初叶

新大学之创建——普鲁士教育之新机，肇自1694年哈勒（Halle）大学之创建。此为第一新式大学，当时学者之不满于旧大学之宗教独断，思想束缚者，群集讲学于此。凡神学、法律、医学、科学各科之教学，一以批评与研究之精神革新之。哲学者伏尔夫（Wolff）主讲座，以"无征不信"（Nothing without sufficient cause）为教，尤为一时思想之领袖。龚特林（Gundling）于1711年，讨论大学之本务，而首倡"讲学自由"（Lehrfreit und lernfreiheit）之原则。谓教授与学生，于教学及研究上，不应受任何成见之束缚，或外力之干涉，但当以无畏之精神，探求真理，而服从之。此为大学学风上一大革命，后此学术思想之进步，胥基于此。弗兰克（Fraunck）在哈勒所营实科中学之事业，已详第七章，不赘。哈勒中科学，其新大学之重文学者，有哥廷根（Gottingen），亦于1734年创设。

初期之教育法令——腓特烈威廉一世（1713—1740）于1713年即位之始，颁布《学校管理法令》①，令父母遣其子女入学，违者有重罚。其贫寒者，学费由公家资助。数年后，小学增设，一千余所。1737年，又颁布有名之《管理规程》（*Prineipia Regulative*）②，规定校舍之建筑、教师之资格及俸给、学费、及政府补助金等项。

二　腓特烈王朝

学校统一——腓特烈大王（1740—1786），享位四十六年，励精图治，普始强大。王于1750年，集中全国教育会学校区，而以柏林区管辖之。1763年，王又采黑克尔（Heclaer，1707—1768，弗兰克之弟子）所拟《乡村学校规程》（*General Land-Schule Reglement*）而颁布之。此为普鲁士初等教育系统之始。

---

① 即《普鲁士义务教育令》，1717年由威廉一世颁布。是普鲁士第一个强迫实施的初等教育法令。——编校者
② 指《一般学校令》，又称"管辖原则"。——编校者

强迫教育——1763年规程中,明定儿童自五岁强迫入学,违者罚及父母。又规定学历、学费、毕业证书、教师资格及检定、教本、教法、学校管理等。

师资训练——海克于1738年,始创师范学校,于1747年,与其实科中学(Realschule)联络,而设师范学校(Lehreseminar)于柏林。国王亟褒赞之,拨给补助金,而改为国立学校,又令国内小学,延致其毕业生为教师。自是Hanover①(1751)、Wolfenbüttel②(1753)、Brealau③(1765)、Karlsruhe④(1768)各市,先后设师范学校,从事小学师资之训练焉。

三 1808之耻辱于普鲁士之复兴

耶拿之役以后——十九世纪之初,拿破仑极盛之时也。耶拿一役(Jena, 1806),普军覆灭,割爱尔巴河以西之地,几及国土之半与法,以乞和焉。威廉三世乃发愤求贤,谋所以雪耻图强者。于是斯坦因(Stein)、哈登堡(Hardenburg)先后为相,除奴役,废封建遗制,行地方自治,练新军,兴教育。王曰:"余将师失地,致国家损其对外之权力与光荣,今将发挥内在之权力与光荣焉。余将大致力于教育,俾失之于物质者,得之于精神也。"

国家主义的教育者——在此惨淡悲哀之空气中,拿破仑铁骑之监视下,忽来以沉痛激越之呼声,使民众感极大之兴奋。其言曰:"吾人今已被征服矣。然此后是否为正义而蒙耻辱,或并失却吾民族之荣誉与否,要在吾人之自决耳。武力之战已过。继之而起者,为主义之战,为道德之战,为品格之战。"此耶拿大学哲学教授费希特(Fichte, 1762—1814)与耶拿陷落后,驰赴柏林,作十四次公开演讲,称《告德意志国民》(Addresses to the Germam Nation)中之壮语也。氏谓民族志振起,与国权之恢复,将在于教育上之努力。必使人人去其自私之心,坚其爱国之念,启发心知,锻炼体魄,则德意志民族于文化,将为世界之领袖,不仅可能,且必然也,更有唯心派哲学者黑格尔(Hegel, 1771—1831),谓个人由国家而存在,国家非工具,而自身即为目的,故国民对于国家,只有服从。其于教育,则排斥个性发展之说,而主张儿童之克己、服从,有秩序、规律、准确之训练。亦有力之学说。其实际教育家,则有哲学者洪堡(Wilhelm von Humboldt, 1767—1835)于1809年任普鲁士教育局长。(普鲁士教育局初附设于内务部,

---

① 即汉诺威,今德国下萨克森州(Lower Saxony)首府。——编校者
② 即沃尔芬比特,位于今德国下萨克森州(Lower Saxony)内。——编校者
③ 即布雷斯劳,位于今波兰境内。——编校者
④ 即卡尔斯鲁厄,今德国南部城市。——编校者

于1817年改为独立之教育部,厉行国家主义之教育)普之文化,遂以大兴,国力随之伸展。1813年,联俄奥军大败拿破仑于莱比锡(Leipzig),越二年,复与英军大破之于滑铁卢。至1870年普法之战,奏凯于巴黎,论者咸谓斯丹(Sedan)之役,乃德国小学教师功焉。

初等教育之改造——普鲁士教育局施政之第一步,即着手培养小学师资,派遣小学教师十七人赴瑞,留学于大教育家裴斯泰洛齐(Pestalozzi)之学校。又召裴氏弟子齐勒(Zeller,1774—1847),使长师范学校。任丁德(Dinter,1706—1831),为东普教育局长,第斯多惠(Diesterweg,1790—1886),为柏林师范校长。凡他邦之良师及教育学者,靡不罗致。精选师资,严密训练,不二十年,而全国小学之精神一变。至1840年,普鲁士有师范学校三十八所,小学三万所,全国学龄儿童每六人有一人就学。其平民学校(Volksschule),遂为国民精神所自孕育矣。

中等教育之整理——先是1788年,政府已订有毕业考试(Maturitatsprufung)之办法,以统一各种中学之学科与程度。以私立学校阻力,未果行也。至1812年,乃严厉施行。凡升入大学或任文官职者,皆须得此项考试之证书。旧时文科中学、初级文科中学、实科中学等,皆因而划一编制,整齐程度。中学教员,于1810年开始受检定考试,1836年又规定检定合格者,须经一年之实习期(Probejahr),方得任用。同时大学设教育学院(Pedagogical Seminars),以训练中学师资。赫尔巴特(Herbart)于1810年在柯尼斯堡大学(Konigsberg)设教育院;自是柏林(1812)、Stettin①(1816)、Breslau(1813)②、Halle(1817)先后设立。德国中学师资,遂为世界之冠。

高深学术之鼓励——耶拿之败也,普失其疆域之半,而并失其学术中心之哈勒、哥丁拿二大学。菲希脱拟创建柏林大学,上其计划于国王。洪堡亟赞助之。1809年,内阁令拨大学基金,并指定王宫,改建学府。洪氏苦心经营,慎选教授,非于学术深造而有发明者不录。又重申讲学自由之旨,大学以内,务脱离成见之绊束,而为真理之探求。于是大师荟萃,其中如蒲柏(Bopp)之梵文学,利奇尔(Ritschl)之考古学,尼布尔(Niehuhr)与兰克(Ranke)之史学,黑格尔(Hegel)、叔本华(Schopenhauer)与洛芝(Lotze)之哲学,费希纳(Fechner)与冯特(Wundt)之心理学,史带尔(Stahl)与萨维尼(Savigny)之法律学,穆拉

---

① 即什切青,位于今波兰境内。——编校者
② 即弗罗茨瓦夫,位于今波兰西南部。——编校者

(Muralt)之病理解剖学，苏耳茨(Schultze)之动物学，李比希(Liebig)之化学，赫尔姆霍茨(Helmholtz)之物理学，皆十九世纪学术之新光，而使柏林在世界大学中独放异彩。厥后，美国、日本大学之兴，受德国大学之影响为多也。

四　德国之学制系统

德国学制，为双轨式，平民与士族，分途就学。（一）平民学校(Volksschule)，八年毕业，儿童年龄自六岁至十四岁，皆为国民强迫教育。毕业后，或就职业，或更入补习学校(Fortbildungschule)四年。（二）中学校，九年毕业，士族子弟入之，年龄九岁至十八岁，（九岁前先入中学预科 Vorsschule 三年，或即由平民学校转入）毕业后入大学四年。中学校种类复杂，大别为三：

1. 古文科中学(Gymnasium)……初级古文科中学(Progymnasium)；
2. 今文科中学(Realgymnasium)……初级今文科中学(Real Progymnasium)；
3. 实科中学(Oberrealschule)……初级实科中学(Realschule)。

第一类学生，须习希腊与拉丁文；第三类习现代语。重算学及自然科学。第二类折其中，习拉丁而无希腊文。每类上列者，为完全之九年中学；下列者，为六年之初级中学。既分科设校，又学生早习外国语，故往往苦于不能适应个性，而又无法以沟通之。1892年法兰克福(Frankfort)始有新中学(Reformschule)之设，将三类课程，混合编制。前三年，仅习现代语（法文），三年后，分拉丁、英文二组；其拉丁组二年后，复分希腊、英文二系。欧洲后，德国学制之改革，后章别论之。

第十一章　法国之教育

一　革命时代之思想家

十八世纪下半叶，法国革命者，高唱自由、平等、博爱之说，其思想家，后从革命之观点，以讨论教育者，以卢梭（Rousseau，1712—1778）、拉夏洛泰（La Chalotais，1701—1783）、罗兰（Rolland，1734—1793）、狄德罗（Diderot，1713—1784）、塔列兰（Talleyrand，1758—1838）、孔多塞（Condorcet，1743—1794）等为最著。卢梭学说，后章当专论之。罗兰主普及教育，由政府设专门委员会掌理之。为行政之集中，应设一中央大学，以管辖其他一切大学；设一高等师范学校，以训练中学师资。庶国民皆受民族精神之陶熔，而立平民政治之基础。狄德罗为有名之《百科全书》编撰者，氏于1776年，受俄女帝叶卡捷琳娜二世之委托，为草普及教育之计划。其中拟议设一俄罗斯大学，以为全国教育行政之中枢。此计划虽未实现，而后来，1808年法兰西帝国大学院之设，实肇于此。

二　拿破仑之事业

革命时代之理想，于变乱中无一能实现；然其所播之种子，至拿破仑时代而一一收获焉。

1802年，拿破仑颁布《教育法令》①分初等学校、中等学校、专门学校、军事学校等九章。规定小学由地方设立，而中央监督之。中学由中央设立，而地方筹给其设备；其经费取之于学费，及中央奖学金六千四百名额。国立中学（Lycee）外，地方得设公立中学（College），受中央之管辖。专门学校，设医校三、法校十、理校四、工校二、算学校一、史地经济学校一。法国学制，雏形具矣。

1808年，下令设帝国大学院（Universite Imperiale）。此为拿破仑最重大之教育设施，以为最适合法国民族精神之教育行政组织。所谓大学院者，与柏林大学不同，非学术研究团体，乃管理、监督之行政机关也。大学院设院长一人，评议员二十六人，均皇帝任命。院长下，设视学官若干人，分掌各级学校之视察指导。全国分二十七学区（Academie），区设学长（Rector）一人，学区评议员十人，视学官若干人，均大学院长任命。全国教育宗旨：（一）恪守基督教义，（二）

---

① 即《公共教育基本法》。——编校者

尽忠于皇帝与帝国。于前述之专门学校外,又添设高等师范学校一所,以培养中学之师资。法国教育,其行政之集中,系统之整齐划一,各国莫之与匹,自此始也。

三 1830年帝国时代

1830年七月革命以后,路易腓力为帝,基佐(Guizot,1787—1874)为教育部长,派高等师范学校校长古辛(Victor Cousin,1792—1867)赴普鲁士调查学制。古氏归国,盛称普初等教育之发达。主张推广初级小学校,并于七年级初级小学之上,增设三年期之高级小学。1833年,根据古氏报告,提出法案于国会,称《1833年法案》[①],是为法国初等教育统一与普及之路。

四 1848年之革命

1848年,革命再起,路易拿破仑为总统。然路易不久又称帝,至1870,共和始确立。

《1850年法案》,将行政系统,重加整理。前此地方小学,与中央大学之行政,尚不免歧为两橛,至是始完全统一。全国教育行政,以教育部长于最高评议会掌之。评议员二十八人,其中十一人由总统任命,余由政府及学校公选。教育部下,全国分十六学区,设学长、学区评议会如前。

五 1870年以后

1870年以后,有重要之教育法案数起。统称《费里法案》(Ferry Laws),以其为费里在教育部任内所提出者也。其最要者如下:

(一)《1882年强迫教育法案》 规定强迫教育,年龄为六至十三岁。初级小学,一律不收学费。私家就学者,应年受公家考试,以觇其合格与否。

(二)《1886年法案》 厘定行政系统。教育部及最高评议会,掌全国教育。评议员五十三人,为代表的团体,凡教育方针、课程、教法、管理等项,部长必征询评议会之意见而执行之。部长下,分初等、中等、高等教育三司办事。全国分十七学区(Paris, Aix, Besancon, Caen, Chambery, Clermont, Ferrand, Dijon, Grenoble, Lille, Lyons, Montpellier, Nancy, Poitiers, Rennes,

---

① 即《基佐教育法案》。——编校者

Toulouse，Algiers)①，区设学长及大学区评议会(Academy Council)如前。大学区评议会，为代表的团体，以本区学长为委员长，以(1)本区视学，(2)本区大学各学院院长，(3)大学各科每科教授公选代表一人，(4)中学教员公选代表共六人，(5)国立中学校长一人，(6)公立中学校长一人，(7)省政务委员二人组织之。

六　法国之学制系统

　　法国学制，亦双轨式；小学中学，乃平行而非衔接。平民与中上级社会子弟，分途就学。(一)初级小学(Ecole Primaire)七年毕业，六岁至十三岁，为强迫教育。毕业后可入三年或四年期之高级小学(Ecole Primaire Superieure)或相当年期之职业学校(Ecole Practique)，或小学附设之一年期补习科(Cours complementaires)。(二)中学，分国立中学(Lycee)及地方公立中学(College)。年龄十至十七岁，七年毕业。十岁前，可入中学附设之四年期预科。在理论上，平民子弟，入小学四年后(十岁)，可以转入中学，但实际上，则除考得官费者外，多不能入也。

---

① 即巴黎、埃克斯、贝桑松、卡昂、尚贝里、克莱蒙、费朗、第戎、格勒诺布尔、里尔、里昂、蒙彼利埃、南锡、普瓦提埃、雷恩、图卢兹、阿尔及尔等十七个学区。——编校者

第十二章　英国之教育

英之教育,与德法不同;数百年来,为迁缓而和平之演化,无急剧之改革。终十九世纪,国家教育组织,未见完成。既完成矣,亦无如德法严整之。其所以然者,厥有数因:

1. 英人认为教育为家庭与教会之事,国家不负责任。其士族之子,幼而就傅,长而入学,学优而仕;胥私人营之,固不感公家教育之需要。即平民之教育,亦由教会或慈善团体任之,认为与国家无关。

2. 民治施行最早,无开明君主,发号施令,以统一教政,凡有兴革,必待代表舆论之国会,辩论而后决定之。

3. 上议院历来守旧,以愚民保教为志。

4. 最初政府所给教育补助金,系分配于两大私人教育团体。私人教育家,以有特权,反对公家教育之统一。

本章追溯私人自由设学,渐统合而为国家教育之进程,并殿以今日之学制系统。

一　自由设学之制

在十八世纪,英国平民教育,全为"自由设学制"(Voluntary System),政府不过问也。最初各地设"慈善学校"(Charity School)。继有"日曜学校"(Sunday School)①,为印刷工雷克斯(Raikes)所始创。又有"褴褛学校"(Ragged School)②,则鞋工彭慈(John Pounds)所设。其始皆个人以热诚毅力,独自经营,终则成为全国之运动,组织会社,筹集经费,从事推广焉。

二　十八世纪之思想家

其以先知先觉,而倡国家教育论者,则有亚当·斯密(Adam Smith,1723—1790)、马尔塞斯(Malthus,1766—1834)、培恩(Paine,1737—1809)诸氏。斯密氏著《原富》(*Wealth of Nations*,1776)③,谓分工日繁,则平民之能事日简,其

---

① 即"星期日学校"或"主日学校"。——编校者
② 即"乞儿学校"。——编校者
③ 全名为《国民财富的性质和原因的研究》。——编校者

自少至老，所运其手足，用其聪明者，不出于至庸极浅一二方术之间，驯至神识卑污，襟灵浑浊，"如是之民，必不能使保其疆土。盖以其生所习之微陋，内之则隳其心德之勇，以即戎御侮之事，为抵冒艰险而可憎；外之则梏其筋力之强，以出作人息为安，无发强刚毅之有执；使非先知先觉之俦，为之君师，神鼓舞之术，以谨持其敝，则虽有文物之世，富庶之民，其经数传而不至于涣散者，古及今未尝有也"①。当时政家，多以愚民为易治。氏则以为平民知识弥高，则不为偏见谰言所惑，而其致治也弥易。"被教有道之民，常乐循理而好洁清。人人自好，重其上而亦为其上之所重。善政治行也，如流水，不崇朝而治已成。即有朋党相阿，与上为忤，彼民亦有以辨其是非之真，审其公私之实，而奸民无自煽。故自由之国如吾英政府之不倾，视国民之共喻其法意。则求民智之日开，而毋以轻心叕言论政者，固吾国家最切之事也。"（见严复译《原富》部戊上篇四）②马尔塞斯《人口论》(Essay on Population, 1708)，谓食物之增加，为数学的比例，而人口之增加，则为几何的比例。人口自然之限制，为贫穷罪恶与饥荒。慈善事业，无所补也。将欲裕民生而增幸福，不如移救死恤贫之资，为劝学育才之用。培恩《人权论》(Rights of Man)，盛唱法国革命之政治学说，亦主张移慈善经费，以施行强迫教育。凡十四岁以下之儿童，政府当年给以补助金四镑，使得就学。以上诸说，常时未见能行惟其潜在之势力，则甚伟耳。

三　十九世纪初之慈善教育

十九世纪初，贝尔(Bell, 1753—1832)与兰格斯特(Lancaster, 1778—1838)同创教生制(Monitorial Instruction)③。其法将学生十人为一组，择其聪颖者为教生。授课之始，教师先集教生教之，然后教生各集其组之同学教之。如是一教师在以讲堂，同时可教三四百人，较之旧时个别教学，省时省费。估计每一学生，行此制后，每年仅占费四先令半，此为教育上一大经济。一时教生制，遂大盛。二氏所属教会派别不同：培氏为国教派，国教中坚分子多拥护之，组国教平民教育促进会(National Society for Promoting the Education of the Poor in the Principles of the Established Church Throughout England and Wales)。一月之间，捐款至15,000镑；各地多设分会，创师范学校以训练师资，竭力推广。兰氏

---

① 亚当·斯密著，严复译：《原富》，商务印书馆1929年版，第27—28页。——编校者
② 亚当·斯密著，严复译：《原富》，商务印书馆1929年版，第37页。——编校者
③ 即导生制。——编校者

之法，则为自由派所采，设英国内外学校会（British and Foreign School Society），以扩充其事业，此为当时两大教育团体。

外有欧文（Owen，1771—1858）所创之幼稚学校（Infant School），收受三岁以上之儿童教育之。欧文者，苏格兰纱厂厂主，社会主义之创始人，以增进劳工之幸福为己任者也。伦敦于1818年始设幼稚学校，上述之两大教育团体，均采其制，于所属之学校，均添设幼稚班。1836年，亦组协会，增校数，植师资焉。

四　1833年以后之国会与教育

1833年，国会通过法案，每年拨给补助金20,000镑，为建小学校舍之用，即分配于上述之两大教育团体。1856年，政府设教育局（Department of Education）。1861年，调查全国学龄儿童就学者，每八人中得一人。行"考绩给资法"（Payment by Results），依据各校学生考试成绩之优劣，而定其所得补助金之多寡。

国家教育组织，至1870年而渐具规模。时格拉德斯通（Glandstone）①为相，于国会通过一法案，承认私立学校之存在，但同时分全国为若干学区（School Districts），每区由地方公选教育董事会（School Board），有征收教育税及开设小学之权。其所设学校，称公立学校（Board school）。校之欲改公立者，得转移之。

强迫教育令，颁布于1880年，其初以十一岁为免除就学年龄，1899年改所十二岁。（1918年《费舍法案》，定强迫教育年龄，为五岁至十四或十五岁）小学一律不收学费。

中等教育之受政府管辖，始于1894年之勃拉斯委员会（Bryce Commission）。委员会报告，主张以地方税收，增设地方公立中学，受中央之监督。又拟于中央设教育部（Board of Education），以阁员为部长（President），以统一全国教育行政。教育部旋于1889年设置。

国家教育制度，至1920年而完成。是年通过《贝尔福教育法案》（Ball on Education Act），将小学、中学、私立、公立各校，统一管理；其私立学校，亦得受地方教育之税收。扩充教育税，采"以国家之财，教育国家之子弟"（The Wealth of the State must educate the Children of the State）之原则。教育补助金，则增至每年八百万镑。

---

① 威廉·尤尔特·格拉德斯通（Wil-Liam Ewart Gladstone，1809—1898），于1868—1874年、1880—1885年、1886年以及1892—1894年四次出任英国首相。——编校者

五　英国之学制系统

英国学制，如上所述，最不整齐。习惯上亦成双轨式，平民所入之小学，与中上级所入之中学，乃平行而非衔接。其两系学校如下：

（一）小学(Elementary School)，七年毕业，年龄七岁至十四岁。（三岁至七岁之儿童，可入幼稚学校）小学毕业，可入相当年期之高级小学（Higher Elementary Schools)或称中央学校(Central Schools)，或职业学校。小学生之优异者，则于十二岁前可考得官费，转入中学。

（二）中学(Public or Grammar Schools)，六年毕业，十二岁至十八岁。未入中学前，三岁至九岁，在家就傅，或入私塾准备。九岁后，可入中学预科(Preparatory School)。中学毕业，得升入私立或公立各大学(Old or Provincial Universities)。

第十三章　美国之教育

一　独立战后教育之衰萎

十三州殖民地之教育,皆探英人教会及慈善团体自由设学之制。独立战争以后,旧有事业,既多衰竭。其被兵之区,更师生流离,屋宇圮废。国债积至75,000,000元,无财力顾及教育。其政治领袖,所奔走运动者,为制宪,为统一,为建设政府,亦无心力注及教育。故自1776年以终十八世纪,美人无教育的意识可言也。

二　十九世纪中之大觉醒

自1810至1830年间,国家教育,新机萌动,有数因焉:(一)国人对于教育之新运动,如日曜学校,如兰格斯特教生制,如幼稚学校,渐因注意而感兴趣。(二)产业既兴,大市勃起,人口渐集中,公共教育,遂成问题。(三)宪政进步,选举权普及,一般人民,皆有受教育之必要。(四)阶级平等,劳动界不甘受慈善家所施之贫民教育,而起以国家之财,教育国家子弟之要求。集此诸势力,成十九世纪中教育之大觉醒。溯其演进之迹,得分六点言之:

(1) 教育税法之制定　初期各州学校经费,多出于政府拨给之地产,地方税、特许营常税、银行税奖券等项。例如康纳迭克州(Connecticut)于1774年,即以酒税充学校经费。纽约州于1799年,准许发行奖券四次,共筹教育费10万元。自1812至1836年间,国会通过发行奖券十四次,补充华盛顿教育费者,均受中央拨给土地,为小学经费及州立大学基金。自1825年以后,鉴于此种杂税之不敷教育发展,各州皆有直接征教育税之运动。威斯康辛(Wisconsin)州,1845年宪法,规定地方受州政府之教育补助金者,应自征教育税,其数常州政府补助金之半。自地方直接征教育税后,公立教育,遂成定制矣。

(2) 贫民学校观念之改正　贫民小学之观念,源于阶级的社会,与民治精神,本不相容。国家有教育国民之义务,亦无所谓慈善。其身受此慈善教育之惠之父兄,多不甘自侪于贫民。其改正此旧观念之步骤,则一方施行教育直接税,一方规定学校一律免费。庶教育机会相等,而阶级可泯。

(3) 小学之免费初,各州多有兴就学捐(Rate-bills)者。其法凡有子女就学之家庭,安子女就学之人数,而纳捐以偿学费(其贫民子女,当然免除)。宾夕法尼亚州(Pennsylvania)于1834年废止之,印第安那州(Indiana)于1852年废止之。自律各州就学捐，相继废止，小学一律不征学费。

（4）行政监导之集中　州政府对于地方小学之视察指导，设专官者，始自1812年纽约州之置教育局长（State Superintendent of Common Schools）马理兰（Maryland）于1826年，亦置州教育局长。马萨诸塞州（Massachusetts）则于1837年设州教育局（State Board of Education），由州教育委员选任局长（Secretary of the Board），为一州之教育行政官。以贺拉斯·曼（Horace Mann）为第一任教育局长，罗得岛（Rhode Island）亦于二年后，采同样之教育行政组织，以亨利·巴纳德（Henry Barnard）为局长。自是各州教育行政，皆有统整之组织；而设教育局长专掌之。

（5）教会学校之废除　最初教育由教会管理，政府补助金，教会学校分享之。迨公立教育之系统，渐次完成，教育始确定为国家之职掌；同时信仰自由之原则，既经公认，学校更不能限于某宗某派教义之宣传。贺拉斯·曼任麻州教育局长，即抱此坚决之主张，当时有"公立学校为无神学校"（The Public Schools are Godless Schools）之谤语，而氏不为所动。其奋斗之结果，卒使麻人于1866年通过一宪法之修正案：凡地方教育税，专为地方公立学校之用，不得拨给宗教团体。自是各州多有此规定。教会教育，遂尔式微。

（6）公立中学之偏设　1850年顷，各州小学，已臻普及，其学生之升学者，则入阿卡特米（Academy），尚无公立的免费的中学也。惟麻州与纽约，则公立中学之创设为最早。1821年，最早之公立中学，创设于麻州之波士顿，称English High Schools，1827年，麻州颁法律，凡人口五百家之市，应设公立中学一所，纽约州以州长克林顿（Dewitt Clinton）之赞助，亦先各州而有公立中学。至1865年以后，南北各州，始遍设公立中学（High Schools）焉。

三　教育运动之领袖

为问此教育之大觉醒中，其先导为何人乎？则不得不一述卡德、贺拉斯·曼、巴纳德三氏之事常。

卡德（J. G. Carter, 1795—1849）　氏为一实际教师，生平鼓吹师范教育最力，称美国"师范学校之祖"（Father of the Normal Schools）。迨当选为麻州议院议员后，更努力于教育法律之创造。凡地方教育委员会之设立，每人口五百家应设公立中学之规定，皆氏所提之法案。其最大之成功，则为1837年为州教育局（State Board of Education）法案之通过。是为州教育行政统一之始。

贺拉斯·曼（Horace Mann，1769—1859） 麻州教育局，既经议员剧烈辩论之后而产生。人且以为卡德氏将任局长矣。而时则有议院院长法律家贺拉斯·曼氏，众尤交推之。氏感于公义，竟弃其法律之事业，而献身于教育。任局长凡十二年。麻州教育，为全美各州冠者，氏之劳也。氏为人忠诚、决敏，而识尤遂远。既任局长，每年周历各地，作教育之宣传；年终则发表其《常年报告书》（Annual Reports），为当时教育思想及实际之宝库。又创《麻州教育杂志》（Massachusetts Common School Journal），月出二期，以流播法令及消息。氏主张教育机会之普及，其余教育宗旨，则采品性之陶成，及生活效率之推进，而不取徒以文雅博古为鸣高。又注重学校物质上之设备，于校舍之建筑、采光、换气、课桌、课椅之适度，均三致意。课程注实用，方法主合于科学原则。广设师范学校，以造就师资。综其十二年之成绩，则教育经费，超过以前一倍；教师薪俸，提高至以前62％；增设公立中学50所；图书馆、教师讲习会、教育研究诸会社，皆年有扩充。而其精神上之感化，学说思想上之诱发，无形之伟业，尤难计焉。

亨利·巴纳德（Henry Barnard，1811—1900） 氏为一学者，少游欧陆，习闻其教育制度与学说，思有以介绍于其国人。任康纳迭克州教育局长，多所兴革。其最大之贡献，尤在文字的宣传。尝欲合教育界合力创一全国教育学报，既无与为助，则以1855年，独立经营之。所刊名 American Journal of Education，继续出版，历30年，成书31巨册，专刊52种，尽毁其家赀五万圆。其精思宏顾，为可敬也。1867年，任美国中央教育局第一任局长（United State Commissioner of Education），搜罗纂辑，凡关于行政、管理、教学、教育经费、教育法律、校舍建筑、设备等，皆分类发行专刊，征集统计，广为流布。至今中央教育局，为编制及发表此项材料与统计之中心。

四 学制系统之完成

各州小学中学，既系公立免费，其进一步之推广，则为大学之公立与免费。佛吉尼亚（Virginia）于1819年始设州立大学，北卡罗来纳（North Carolina，1821)继之。自是各州大半以州税设立大学。而学校系统完成。

美国学制，为单轨式。小学（Elementary School）八年毕业，六岁至十四岁。是为强迫教育。中学（High School）四年毕业，十四岁至十八岁。大学各科，多四年毕业。近年改8-4制为6-3-3制，小学六年，初中三年，高中三年，然旧制未废也。

第十四章　日本之教育

一　十九世纪日本制勃兴

日本神武天皇之开国,距今约二千五百余年(前660),迄今犹载"万世一系"之皇室。其文物制度,初传自我国。在魏晋以前,盖犹无文化可言也。晋武帝末年(285),有朝鲜人王仁者,入日,献《论语》十卷,《千字文》一卷,于是日本始有文字及儒学。时发使者,求百工技艺之人于朝鲜。梁元帝时(553),佛教始入日本。隋炀帝大业三年(607),日遣使臣小野妹子①聘于隋,且携高向玄理及僧旻等来留学。学成归国,授博士,赞襄朝政焉。唐太宗贞观四年(630),又遣犬上御田锹及药师惠②日来聘。自是来留学者日众,如粟田真人③、吉备真备④等修儒学,僧道昭⑤、最澄⑥、空海⑦等则研佛典(吉备创片假名,空海创平假名)⑧。其时日本政教,多沿唐制。

十一世纪以后,日本武人专政,朝事决于幕府,天皇垂拱而已。源赖朝⑨始为征夷大将军,开府镰仓(1192)分侍所,政务所,讼判所,总揽政权。赖朝死,北条时政⑩继之,是为镰仓幕府。迨北条氏衰,足利尊氏⑪代兴(1338),开府于平安,为室町幕府。至1606年,德川家康⑫为大将军,开府江户。修明文治,尤称极盛,是为江户幕府。然自是封建之诸藩,各拥武士以自固,强藩成而幕府之势

---

① 汉名为"苏因高",生卒年不详,公元7世纪日本推古天皇朝派遣到隋朝的使节。——编校者
② 犬上御田锹及药师惠,生卒年均不详,公元7世纪日本舒明天皇朝派遣到唐朝的使节。——编校者
③ 粟田真人(？—719),701年(唐长安元年)任遣唐执节使。——编校者
④ 吉备真备(695—775),日本奈良时代的学者、政治家(公卿),曾两次出任遣唐使。——编校者
⑤ 道昭(629—700),日本飞鸟时代僧人。653年入唐,就学于玄奘。——编校者
⑥ 最澄(767—822),俗姓三津首氏,幼名广野,谥号传教大师。804年为遣唐留学僧。是日本天台宗的开创者。——编校者
⑦ 空海(774—835),通称"弘法大师"。804年与最澄同船入唐。是日本真言宗的创始人。——编校者
⑧ "平假名"由汉字的草书简化得来,"片假名"由楷书的偏旁盖冠得来。"平假名"与"片假名"的创造者和具体时间,日本正史无明确记载,民间传说却比较集中,谓片假名是由吉备真备创造的;平假名是由空海创造的。——编校者
⑨ 源赖朝(Minamoto, Yoritomo, 1147—1199),日本幕府将军。——编校者
⑩ 北条时政(Hojo Tokimasa, 1138—1215),日本镰仓幕府第一代执权。——编校者
⑪ 足利尊氏(Ashikaga, Takauji, 1305—1358),日本将军,幕府首领。——编校者
⑫ 德川家康(Tokugawa, Ieyasu, 1542—1616年)日本江户幕府的创建者。——编校者

亦渐抑矣。

初，日本闭关自守，惟与中、韩、琉球、荷兰四国有贸易。十九世纪之始，俄英并向日请通商，幕府均固拒之。迨美国太平洋航业发达，亟欲于日本岛屿，得一储煤之地。1852年，美遣海军中将坡理氏(Commodore Perry)率舰重四艘，驶至浦贺。巨舰行波涛中，转动迅速，又时发空炮，浮烟蔽海，日人惊为未见，大恐。坡理陈兵登陆，呈国书，述来意，欲与日订商约。幕府慑于威力，将许之。而诸藩均持不可，力请备战，坡理怏怏而趋去。翌年，坡理复率七舰来请，幕府卒与订条约。于是英、俄、荷、法诸国继之。1856年，日美订正式商约四十一条，有开六港为通商口岸，协定关税（值百抽五）治外法权，最惠国条款等规定。幕府初亦不知其丧权辱国也。藩士愤主和议最力之大老井伊直弼氏①，竟刺杀之。遂兴大狱，捕戮志士多人；民族益奋，倡言尊王攘夷。其激于义愤之藩士，多脱籍为浪士，带剑横行，伸雪仇怨，外人每遭其狙击。1861年，有美使馆译员亦被杀。于是各国公使退出江户，驻兵于横滨以自卫，国内益汹汹。

1864年，孝明天皇诏大将军德川家茂②入朝，赐以攘夷刀。遍檄诸藩出兵，将躬临神社，誓师亲征。会留学英国之藩士伊藤博文③、井上馨④归国，力陈世界大势，及和战利害。二人已脱去武士刀服，剪发着外人装，道路为之侧目矣。藩人疾之，击伤井上，伊藤匿而免。于是英、荷、法、美四国舰队迫长门海岸，开始猛烈之炮击。日兵不能支，遣井上乞和请罪，赔各国军费三百万圆，是为"攘夷"之役。

自是幕府益为国人所怨，强藩渐以"尊王"之义，讽其"奉还大政"。1867年，明治天皇(1867—1912在位)践阼，大将军德川庆喜⑤迫于公义，上表辞征夷大将军职。天皇下诏："自今而后，大小政令，皆从天下公义，裁于圣心。"于是江户幕府告终，是为诸藩之"覆幕"。天皇自平安幸江户，改幕府宅第为宫殿，而奠都焉。号江户曰东京，平安曰西京。天皇亲临南殿，率公卿诸侯，祭天祀神，而宣读下之誓文：

1. 广兴会议，万机决于公义。

---

① 井伊直弼(1815—1860)，日本德川幕府末期大老。1860年3月24日，在由江户藩邸去幕府途中被刺死，史称"樱田门外之变"。——编校者
② 德川家茂(1846—1866)，日本德川幕府第14代将军。——编校者
③ 伊藤博文(1841—1909)，日本近代政治家，长州五杰，明治九元老中的一人，日本第一个内阁首相，第一个枢密院议长，第一个贵族院院长，首任韩国总监，明治宪法之父，立宪政友会的创始人，四次组阁，任期长达七年，任内发动了中日甲午战争。——编校者
④ 井上馨(1836—1915)，明治、大正两朝元老重臣。——编校者
⑤ 德川庆喜(1837—1913)，日本德川幕府末代将军。——编校者

2. 上下一心,以盛行经纶。
3. 文武一途,下及庶民,使各遂其志。
4. 破除陋习,从天下之公道。
5. 来知识右于世界,以振皇基。

是为"王政维新"①之始。无藩侯各据封地,俨若列国,其武士又各忠其主,汤火不辞,左尤未易统一也。时长门藩士木户孝允②、大久保利通③、萨摩藩士西乡隆盛④,定策各劝其藩侯归土,号为"维新三杰"。明治四年(1871),天皇下诏废藩置县,诸藩二百余,懔于"尊王"之说,无一抗者。封建割据之局遂终,是为"废藩"。

明治英明果断,知人善任。统一既成,朝野多因"广兴会议"之誓言,倡民权自治之论。尤以板垣退助⑤、大隈重信⑥为领袖。明治十一年(1878),诏以二十三年(1890)召议员,开国会。命伊藤博文考察欧美宪法。伊藤究悉各国宪政之异同,而明其运用之方法。居德久,尤慕俾斯麦之刚毅有为,而深识其控驭国会之术。归国,任制度局总裁,以制定宪法自任。旋为内阁总理。二十二年(1889),颁布宪法,为日本有史以来惟一大典。明年,天皇召集议会,宪政告成。自是整理财赋、普及教育、训练海陆军、改良司法、发展实业与交通,国运一新。1894年,与各国修改条约、法权收回、关税自主。至中日之战(1894—1895),毁我北洋舰队,遂占台湾。属朝鲜,索赔款二亿三十万元。日俄战(1904—1905)后,又据有旅顺大连。维新后三十年,而区区三岛,遂为世界一强国矣。

二 维新以前之教育

日本古代教育,源于隋唐,已如上述。文武天皇⑦时,布《大宝法令》⑧(大宝

---

① 即明治维新。——编校者
② 木户孝允(1833—1877),在尊攘、讨幕运动中起领导作用,维新后参加起草《五条誓约》,是政府的核心人物。——编校者
③ 大久保利通(1830—1878),日本明治维新的第一政治家,号称"东洋的俾斯麦"。——编校者
④ 西乡隆盛(1828—1877),前期一直从事于倒幕运动,维新成功后鼓吹并支持对外侵略扩张,因坚持征韩论遭反对,辞职回到鹿儿岛,兴办名为私学校的军事政治学校,后发动反政府的武装叛乱,史称"西南战争",兵败而死。——编校者
⑤ 板垣退助(1837—1919),日本第一个政党自由党的创立者。——编校者
⑥ 大隈重信(1838—1922),明治时期政治家,财政改革家。日本第8任和第17任内阁总理大臣(首相)。——编校者
⑦ 文武天皇在位年自697年—707年。——编校者
⑧ 又称《大宝律令》,日本大化革新后期的重要法典之一。公元701年(大宝元年)8月制成。——编校者

为年号），多采唐制。其学校有大学与国学；大学教授王公子孙及史官弟子，设于京师，国学教授郡司之子弟，各国设一所。其时京师亦有私学，如弘文院、文章院等，然平民则无教育也。其民族勇武刚健，父勉其子，子诏其孙，世世勿失者，为忠孝之道德信念。其由吾国输入之文化，则儒学以孝弟忠信为本，固深入其民族之遗风，而禅学不立文字，直指本心，亦合于其武士之修养也。

幕府时代（1192年以后），武士享有特权。其人平日为藩侯侍从，带剑翊卫，任侠复仇，战时则效命疆场，慷慨死节，其训练重武艺、勇力，五岁即佩刀，十五得佩利剑，以忠义节概相砥砺，所谓"武士道"者也。1701年，赤穗藩侯浅野长矩①入朝，以不习礼节，为敕使吉良义央②所辱，击伤义央。朝命杀之，而收其封。其老臣大石良雄③者，长矩固亦疏之，闻变，慷慨召藩士三百人谋曰："主辱臣死，今日吾侪死节时也。然自杀非艰，得死惟艰，将何以处此？盍奉主人之弟为君，而延先祀。以请于幕府，不得，则以死继之。"众皆曰善。顾幕吏之收封者已发，朝命不可违也。吏至，良雄致城与之。率其党人潜入江户，侦义央。裹甲备兵。夜袭其第，斩其首，携至长矩之墓，伏地哭泣而祭焉。事闻，吏拘良雄等四十七人，无一逃者，幕府初嘉其义，意欲释之，又不可开报复拘难之例，卒依法判决处死。良雄等遗言请附葬其主之侧，幕吏从之。时人敬之，号曰"义士"。自是赤穗义士，遂为日本传记、戏剧中之英雄。后建神社祀之，迄今祭拜勿替。先是良雄将发难，托其友天野直之为造兵器；或诉诸官，官逮直之，严刑拷问，终不得其情。又收其妻子，备志酷毒，亦不肯言。直之血肉淋漓，死而苏者数。但曰："待至明春，事自白耳。今苟相逼，身虽齑粉，不能告也。"官无如之何，系之狱中，及良雄事成，直之尽述其谋，官感其义，减刑释之。时人闻之益重良雄。此皆武士之卓著也。武士忠于其上，主辱则以身殉之，故自杀及殉葬之风尤盛。至德川时代严禁之，始稍杀。日俄战役中，俄舰伏旅顺港内，日军谋封锁之，募将卒驱之塞港，应者争集，数过定额，其勇敢爱国，视死如归，敌人诧叹，明治之崩也，战功最著之大将乃木希典自杀以殉。则今日之日本，武士道尤为衰也。

江户幕府时代（1606—1867），将军德川氏崇儒学，兴教劝学。讲学之儒，有

---

① 浅野长矩（1659—1701），德川时代家臣。——编校者
② 吉良义央（1641—1703），德川时代家臣。——编校者
③ 大石良雄（1659—1703），日本江户时代早期武士，以其忠诚为主复仇之举闻名于世，日本江户中期"赤穗事件"之组织者。大石良雄被幕府称为"忠臣"之典范。——编校者

藤原惺窝①、林罗山②等。林氏世传家学，建学寮曰"弘文馆"，后改为官立，称昌"平阪学问所"，设大成殿，祭孔子。后更遵明遗臣朱舜水之规模，大修黉舍，分经科、汉土史科、本朝史科、刑政科、诗文科五部。灿然大备。其间汉学者辈出：宗朱子之学者，有木下顺庵③、室鸠巢④等；昌阳明之学者，有中江藤树⑤、熊泽蕃山⑥等。其不立宗派者，如山鹿素行⑦、伊藤仁齐⑧、荻生徂徕⑨、贝原益轩⑩等。

昌平阪学问所而外，又有和学讲谈所、开成所、医学馆、讲武所等学校。开成所为最早之洋学讲习所。所谓洋学，以兰学为宗，即荷兰人之文字，及其所传之科学知识是也。

至普通人民之小学校，则有所谓寺子屋，皆僧人就山寺开门授徒，课业以习字、读书、礼仪、武艺等为主。盖与欧洲中古僧侣学校无殊。至德川时代，凡小学皆称寺子屋，幕臣、藩士、神官、僧侣，皆可谓教师矣。

三　明治初年学制

明治二年(1869)，改昌平黉为大学，总辖全国学事。四年(1871)废大学，设文部省，置卿辅以下等官；以大木乔任为文部卿，派理事官于欧美，调查教育。五年(1872)，颁定学制，同时公布训令，略云：

> "学校之设，自日用之语言书算，以至士官农商百工技艺，及法律政治天文医疗等，皆为人所当营之事。人惟自力于学，而后可立身、可治生、可兴业……学问者，百事之大原，而一人不可缺者也。然学校设立以来，历年虽久，或不得其道，致人迷其所归。一若学问为士人以主之事，农工商及妇

---

① 藤原惺窝(Seika Fujiwara, 1561—1619)，日本哲学家，江户时期早期理学领袖，曾任德川家康的教师。——编校者
② 林罗山(1583—1657)，日本德川幕府初期的唯心主义哲学家、儒学家。著有《林罗山诗集》和《林罗山文集》。——编校者
③ 木下顺庵(1621—1698)，朱子学者，曾做过幕府将军德川纲吉的侍讲。——编校者
④ 室鸠巢(1658—1734)，日本德川时代中期儒学家。——编校者
⑤ 中江藤树(1608—1648)，日木德川幕府初期儒学家，日本阳明学派的创始人。——编校者
⑥ 熊泽蕃山(生卒年不详)，日本江户时代前期阳明学派最主要的代表人物。——编校者
⑦ 山鹿素行(1622—1685)，日本江户前期儒学家，以"上鹿派兵学"闻名于世。——编校者
⑧ 伊藤仁齐(1627—1705)，日本江户时期儒学家。——编校者
⑨ 荻生徂徕(1666—1728)，日本江户后期古学派学者。——编校者
⑩ 贝原益轩(1630—1714)，日本江户时代初期儒学家、博物学家、平民教育家、本草学家。——编校者

女不与焉。士人之求学者,亦……或趋词章诵,或尚空理虚谈……沿袭之弊,至于如此,文明所以不普及,才艺所以不发达,而亡身破家之徒相随属也。是故人不可不学,学不可入歧趋。文部省因此创定学制,改正规则。布告国中。自今以后,必令全国之民,邑无不学之户,家无不学之人。人民之父兄,各宜体认此意,厚其爱育之情,令子弟从事于学。"

其学制凡一百七章,摘录其重要规定于下:

第二章　分全国为八大区,称之为大学区,无区置大学校一所。

第五章　分一大区为三十二中区,称之为中学区,每区置中学校一所。全国八大区,其数为二百五十六所。"约人口十三万为一中学区"。

第六章　分一中区为二百十社区,称之为小学区,每区置小学校一所。每一大区,其数为六千七百二十所,全国共五万三千七百六十所。"约人口六百为一小学区"。

第八章　一中学区内,置学区取缔十名至十二三名,分掌小学区二十至三十所。学区取缔之任,在劝导区内人民就学。

第十五章　每大学本部设督学局一所,置督学,加附属官员数名佐助之。奉本省之意向,与地方官协议一切,以督率大区中之诸学校,检查其教则致得失,生徒之进否等事。

第二十七章　寻常小学分上下二等,此二等,不论男女,均卒业,下等小学,自六岁至九岁;上等小学,自十岁至十三岁为卒业。

第二十九章　中学分上下二等;下等中学自十四岁至十六岁,上等中学自十七岁至十九岁为卒业;此二等之外,又有工业、农业、商业、通辩、诸民等学校。

第三十九章　小学校之外,有师范学校,为当今之急务。

同年五月,就昌平黉旧址,设东京师范学校(后改为东京高师),聘美国人为教师。旋于大阪、宫城、爱知、广岛、长崎、新潟,先后设师范学校。又于东京设女子师范学校(后改为东京女子高师)。明治初年学制,仿自法国(参看第十一章),然注重者在普通教育,所谓大学,尚未设置。明治十年,始归并东京开成所及医学校为东京大学,设文、理、法、医四科焉。

四 教育令及教育敕语

明治十二年(1879)，以学制过于划一，不合地方情形，废学制。另颁教育令。凡小学校之区域，教科书，学费等，仅规定其大体，余委诸町村之协议，结果仍不甚善，乃于十三年复改正之。十八年(1885)森有礼为文部卿，竭力整理学校通则。文部省设视学官，监察全国学事，以师范学校为普通教育之泉源，尤锐意改革。师范初创，颇之训练，森氏患之。以陆军大佐山川浩为东京师范学校校长，以严重之纪律，锻炼生徒，俾具顺良、信爱、威重三德。又令全国学校，统授兵式体操。森氏夙抱国家主义，学制学风，多师德国。自此以迄十九世纪之末，教育大盛。其学校系统如下：

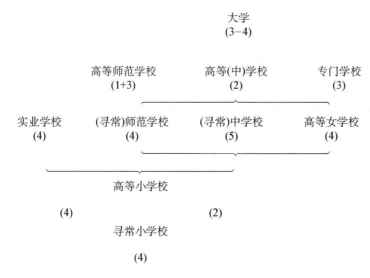

上图括弧内书目字，示修业之年限。

寻常小学，市町村设之。儿童六岁入学，此四年为义务教育。高等小学二年卒业者升中学、师范；女生升高等女学校；其四年卒业者，入实业学校，学工艺。（1908年寻常小学改为六年，义务教育发展长二年，卒业者入中学校或高等小学校；高等小学二年，则为不升中学者设。）

寻常中学，各府县设之，后直称中学校。

高等中学，全国分东京、仙台、京都、金泽、熊本五所，称第一、第二、第三、第四、第五高等中学校。明治二十七年(1897)，布高等学校令，改高等中学校为高等学校，修业年限，亦改为三年，为大学之预备。三十三年(1903)，设第六高等学校于冈山；三十四年(1904)，又设第七高等学校于鹿儿岛。

寻常师范学校(后直称师范学校)，明治六七年间，设东京大阪等七所。系昌平阪师范学校所改组，嗣东京女子师范亦改为女子高等师范学校。明治三十五年（1905），又设广岛高等师范学校一所，高师分国语汉文部、英语部、地理历史部、数物化学部、博物学部。预科一年，本科三年。高师有附属中学校（女高师有附属高等女学校）及附属小学校。

专门学校，教授高等学术及技艺。文部省直辖者，有札幌、盛冈之高等农业学校；东京、大阪、京都之高等工业学校；东京、大阪之高等商业学校；千叶、仙台、冈山、金泽、长崎之医学专门学校；东京之外国语专门学校、美术学校、音乐学校等。

女子教育，初不甚发达。明治三十二年（1902），始布高等女学校令，各府县皆设高等女学校。所谓高等女学校者，收受高等小学之二年卒业生（后改为寻常小学六年卒业生）修业五年，程度相当于男子之中学校者也。

帝国大学，有东京一所，明治十年（1880）设，有法、医、工、文、理之五分科大学及大学院。又京都一所，明治三十年设，有法、医、文、理工之四分科大学。私立大学之著名者，有庆应义塾大学部，义塾为福泽谕吉①于文久②年间所创，自幼稚园至大学，成一贯之系统，其大学部分文学、理财、法律、政治四科。早稻田大学，为大隈重信于明治十五年（1882）所创，分大学部（政治、经济、法、文、商四科）及高等师范科（国语汉文、历史地理、法制经济、英语四科）。

明治二十三年（1890），芳川显正为文部卿，拜天皇《教育敕语》之赐，令各学校誊写副本奉为标准，所谓日本国粹主义之教育方针确立焉。敕语云：

> 朕惟我皇祖皇宗，肇国弘远，树德深厚；我国民克忠克孝，亿兆一心，世济厥美。此我国体之精华，而教育之渊源，亦在于此。汝臣民孝于父母、友于兄弟、夫妇主和、朋友有信、恭俭持己、博爱及众、进德修业，以启发智能、成就德器，进而广公益、开世务、常重国宪、遵国法，一旦有缓急，则义勇奉公，以扶翼天壤无穷之皇运。是不独为朕忠良之臣民，亦足以显彰尔祖先遗风，斯道也。实我皇祖皇宗旨遗训，子孙臣民自所当遵守，通于古今而不缪，施诸中外而不悖。朕愿尔臣民，拳拳服膺，咸一其德。

---

① 福泽谕吉（1835—1901），日本明治时期著名的思想家、教育家。——编校者
② 文久，日本的年号之一，文久年间指1861—1863年。——编校者

菊池大麓①博士于1907年，应伦敦大学之聘，主讲日本之教育，即以此发其端，日本教育家之重视此敕语可知也。（参照 Baron Kikuchi, *Japanese Education*, p.3.）

五　海外留学

王政维新之始参与枢密者，多外国留学生。其以藩费或私费渡欧美各国修学者，为数至众。然无管理之制也。明治七年（1874），始设留学生监督，于驻在外国之使馆设办事处。以官费生选择不精，虑于学术无所裨益。明治十五年（1892），限官费生于东京帝大卒业生中有大成之望者选派之；在留学年限倍数之年间内，不得辞文部卿任命之职务。十七年（1894），定大学教授奉职五年以上者，依本人之愿，许带官留学一年。十八年（1895）定留学生，不限东京帝大卒业，凡文部省直辖学校之卒业，皆可择优选派云。

六　高等教育会议

明治二十九年（1899），以敕令布高等教育会议规则。此会议为文部卿之教育咨询机关。其议员有：（一）东京帝大总长及分科学长、京都帝大总长及分科学长二人，（二）文部省各局长级视学官二人，（三）高师校长，（四）高商、东京工业、美术校长及高师附属音乐学校主事，（五）高等学校校长及专门学部主事各一人，（六）帝国图书馆长，（七）寻常师范校长二人，（八）中学校长二人，（九）高等女学校长一人，（十）高师附属中学及女高师附属高等女学校之主事，（十一）有学识者，或教育事业有阅历者十人以内。嗣后议员之人选范围及额数，历有扩充，有此会议，而教育设施，得专家之献替，而益促其进步。其教育方针，亦不随文部卿之更调为转移，而益待以持续确立矣。

---

① 菊池大麓（1855—1917），日本数学家、地震学家。——编校者

第十五章　卢梭与其他自然主义者

中古经院学派，拘于教义，空疏繁衍，无益人生。至人文主义兴，而得一解放。所谓人文主义者，以"人"易"神"，以"现世"易"来世"，其教育要以现世人生为内容者也。然其敝也，拘于古典文学，琐屑支离，无裨实用。至惟实主义兴，而又得一解放。惟实主义①，欲以实际事物易古典文学，为现代教育之先河。其更进一步之发展，则自然主义是也，自然主义，以法人卢梭为代表。本章述卢梭氏之生平及学说，而以德国自然主义者，巴泽多、萨尔兹曼、罗考附之。

一　卢梭

卢梭（Rousseau，1712—1778），生于瑞士之日内瓦，幼亡母，父本时计匠，又落拓不羁，乃寄养于叔父家。早慧而富情感，爱读小说稗史。学为律师之书记生，又学雕刻师，以行为不检被斥。十六岁而漂泊四方，乞食僧院。旋受知于瓦棱夫人（Madame De Warens）者，使充侍者，资助入学，治文学及音乐。寄栖于此者，十年。亦以无形被斥也。三十六岁，转徙巴黎，抄乐谱自给，佚游放浪如故。尝眷一逆旅侍女名推勒斯（Therese），生子女五人，皆送诸弃儿院。1749年，应第戎（Dijon）学院之征文，撰论得奖。声闻始盛，而与贤士豪族游。著小说名 Nouvelle Heloise，写其浪漫的情恋。至 1762 年，而《民约论》（Contract Social）②、《爱弥儿》（Emile）③先后出版。一则为平民革命之呼声，一则为教育革命所托意，氏名始大振，而巴黎社会，亦不容矣。初避地于普，继乃英大哲休谟（Hume）之援，携推勒斯居伦敦。作《忏悔录》（Confessions），写其生平放纵、诈欺、盗窃、佚淫之事，坦然无隐饰。晚年境殊苦，归居巴黎近郊，常惴惴惧为人所害。1778 年猝死，或云自杀也。

氏非教育家也。而其漂流浮浪之生活，爱好自然于同情于平民之强烈的愤感，一发于所著理想小说《爱弥儿》一书中，竟为后来教育学说之原始。

爱弥儿者，一理想之儿童，受理想的自然教育。书中开端便谓："万物自自

---

① 即新现实主义。——编校者
② 即《社会契约论》。——编校者
③ 《爱弥儿》（Émile: ou De l'éducation），亦有译名作《爱弥尔: 论教育》。——编校者

然手中来者,无不善;一落人手,则无不恶。"①故教育之要旨,在"返于自然"。书凡五篇,分论爱弥儿各时期之教育:(1)一岁至五岁——此期教育,为消极的。一顺本能之发展,而毋使流于社会之邪僻。方法重游戏与体育。忌狭窄之衣服及户内生活。务接近自然,常居乡野。氏谓:"为恶由于体弱,强其体,即进于善矣。"②故初期教育,宜发育儿童身体,便健康活泼。勿灌输知识,勿施行惩罚。(2)五岁至十二岁——训练手足及感官,习游泳、跳跃,耐寒暑。以权度、计算、测量、图画等自然活动,养成感官之敏确。随其自然兴趣,勿加禁阻。文字书籍勿用。德育则任"自然惩罚"行之。(3)十二岁至十五岁——因儿童好奇心以施行知育,使注意自然现象;引起求知之欲望,使自探求、发明,于推考。受地理、博物、图画等实物教授,或览山水、游森林,或观察星辰、识别花草。事事须求实验,不假文字符号。所读之书,仅《鲁滨逊漂流记》。此期须学手工职业。以"自然惩罚"之影响,渐有节制、忍耐、坚定、勇敢诸德性。(4)十五岁至二十岁——爱弥儿身体强壮,感官灵敏,情欲乃始萌发。此期应施行感情与道德教育,使由爱己而爱人,了解社会之关系。凡青年易犯之欺诈,虚骄等恶德,一方仍使由自己经验中感觉其恶果,一方则使得历史之诏示。然"凡可由经验以得之者,不宜求之书本也"③。青年判断力不强,不宜语以宗教,以束缚其自由之思想。(5)女子教育——爱弥儿妻索斐亚(Sophie)之教育。重体格之训练及手工家事,以音乐舞蹈增其美感,以宗教信仰范其行为;以柔顺娴淑为德,哲学、科学,所不必习也。

卢梭非教育家也。而此《爱弥儿》一卷,则为十九世纪教育学说之宝典。绎其精意,为后来教育上认定之原则者,约有六端。(考照 Parker, *History of Modern Elementary Education*, Chapter 9)

(一)儿童生长之程式　旧时视儿童为雏形之成人,一以成人之法教育之。氏为独具儿童研究之卓识,视儿童之生长,为一历程,一切教材教法,皆当适应其各时期之发育。

(二)体力活动之重要　幼稚教育,以发展体格,训练肢体感官为主。此为后来裴斯泰洛齐及福禄培尔所依据。

(三)感觉之训练　氏排斥书本,特重直观。裴氏、杜威,皆受其影响。

---

① 今译可见卢梭著,李平沤译:《爱弥儿》(上卷),商务印书馆,1978年版,第5页。——编校者
② 今译可见卢梭著,李平沤译:《爱弥儿》(上卷),商务印书馆,1978年版,第25页。——编校者
③ 今译可见卢梭著,李平沤译:《爱弥儿》(上卷),商务印书馆,1978年版,第354页。——编校者

（四）思想之发展　旧时教育，偏重记忆，氏则独重自动的探求与推考。

（五）自然现象之观察　氏主张实物教授，而避免文字符号之学习。凡简单之物理、天文、地理、几何等，皆取环境中实物教学之。

（六）兴趣为学习之动机　氏以儿童好奇心为学习出发点。非儿童锁感着有趣而认为有用者，不强以学习。此后来动机说之所自仿也。

孟禄氏谓卢梭之自然，含有三重之意义：(1)社会的——氏感于当时社会之虚伪变诈，一切文物仪节，胥为罪恶之原，欲归真返璞，另辟一纯洁朴质之生活，如老子"绝圣弃知"之意。(2)心理的——教育须顺乎自然，发展儿童固有之本能与材性，而依据其自然生长之程式。(3)物质的——教育须与物质的自然界相接触，因儿童之好奇心，从事自然现象于势力之研究。其心理的意义，后来裴氏、赫尔巴特、福禄培尔氏均畅发之。其物质的意义，则斯宾塞尤绍述之者也。

杜威氏谓卢梭以自然、人、物，为教育之三泉源，原为正当。本于机体自然之本能活动，以适应于人群与物质之环境，为教育之所有事。然卢梭则目三者为分离而各别，不无错误。"其主张以感官之结构与活动为教学之条件则是，其过信之为惟一之条件，且为终究之鹄的则非也。"（见 Dewey, *Democracy and Education*, pp. 131 - 133.）

直接以卢梭氏之理想，应用于实际教育者，有德国巴泽多、萨尔兹曼、罗考诸氏。

二　巴泽多

巴泽多（Basedow，1723—1790），氏受卢梭之影响，著《小学教本》(*Elementary Werk*)及《方法论》(*Methodenbuch*)二书，无资刊行，得巨族之捐助而印布之。于1774年，募款泛爱学校（Philanthropinum）一所。贫民儿童，读书二时，工作六时；富家儿童反是。教各种手工，及实物科学。注意体育及游戏。各科教法，均用谈话、图画、游戏、表演，以引起学者之兴趣。上承卢梭，下启裴氏，一时推为教育领袖。

三　萨尔兹曼

萨尔兹曼（Salzmann，1744—1811），初为巴泽多之助手。继乃于乡村自设泛爱学校，有山谷川原之天然环境。教农艺饲畜，注重体育及游戏，以实物教学各种自然现象，皆循巴氏之法。

四　罗考

罗考(Van Rochow，1734—1805)，巴泽多与萨尔兹曼之学校，初为中产阶级设立，其以同样之精神与方法，为农民教育之试验者，罗考也。氏深悯农民因灾歉，疾疫所致之苦痛，而推其原皆由于缺乏教育。乃设农村小学，实施自然教育法，编儿童故事多种。于农艺、家事及公民知识，皆搜集贯串其中。泛爱派教育者，视教育为改善生活，增进幸福之具，前此所未尝注意也。

第十六章 裴斯泰洛齐

裴斯泰洛齐(Pestalozzi，1746—1827)，为瑞士之苏黎世(Zurich)人。少年入大学，学神学，以不喜宣讲，弃去。改学法律，又以病辍业。受卢梭学说之影响，二十一岁，即娶妇躬耕；岁荒歉，贫不能自给，泊如也。所居名新田(Neuhof)，既以卢梭氏之法教其子，而作《父之日记》(A Father's Journal)，又念乡人之不学，募金设贫儿学校一所，课纺纱、农艺，及读、写、算诸科，数年益贫困，校亦旋闭歇，1781 年以后，从事著述。初成《隐者夕话》(The Evening House of the Hermit)①，继撰《雷那与葛尔特》(Leonard and Gertrude)②，书中叙葛尔特感化其夫，教育其子女，移风易俗，一乡被其泽，盖隐寓以家庭与学校教育改进社会之苦心焉。又著《葛尔特教子记》(How Gertrude Teaches her Children)③，阐发其理想之教学法。书出而氏名始大显。1799 年，斯坦士(Stanz)为法兵所劫，灾黎偏地。氏恻然悯之。以政府之补助，设孤儿院，招孤儿八十教养之。朝夕躬亲监护训导，积诚所感，愚顽悦服。数月而法兵再至，院停闭，与孤儿挥泪相别。乃充布格多夫(Burgdorf)村校助教师，遭遇愈穷，志愿愈坚，谋所以实现其理想之教育法。是时氏年五十三矣。居布格多夫五年，为私立小学校长，一方教育儿童，一方训练教师，各国多遣人来学，1805 年以后，任伊弗东(Yverdon)之小学校长，并训练师范生，经营历二十年。其教育方法，流传于欧美。德大教育家赫尔巴特与福禄培尔并出其门。八十二岁而卒。

裴氏教育学说，得分目的与方法二节述之。终略其学说之影响。

一 教育之目的

教育为儿童发展之历程——氏谓："教育者，吾人一切知能与才性之自然的、循序的、和谐的发展也。"(Education is the natural, progressive, and harmonious development of all the dowers and facuities of the human being.)④氏

---

① 今译《隐士的黄昏》。——编校者
② 今译《林哈德与葛笃德》。——编校者
③ 今译《葛笃德如何教育她的子女》。——编校者
④ 裴斯塔洛齐：《葛笃德如何教育她的子女》。参见夏之莲等译《裴斯塔洛齐教育论著选》，人民教育出版社，1992 年版，第 29 页。——编校者

宗卢梭之说，发其"自然"之旨，本儿童固有之知能，为自发之活动，故其教育之定义如此。

教育为社会改进之工具——氏鉴于当时瑞士农村之贫穷、堕落，与一般农人之失学而无教，欲以家庭工业农艺与知识教育，振起之。其斯坦士与布格多夫治试验，均以手工作业与知识作业并重。又以家庭慈爱之精神，施行人格之感化。其教育之眼光，常在社会之改进也。

二　教育之方法

直观法——氏推绎卢梭氏自然观察之方法，名其教学法曰"直观法"（Anschaungsunterricht）。其教学不偏重文字符号之记忆，而必先之以实物或模型标本之观察。直观之要素凡三：曰数（Zahl）、形（Form）、语（Wort）。最先使儿童将意识界之事物，视为各个的事物，更视其与他事物有何区别，以养成其数之基本观念。其次使观察其事物之形状与轮廓，以养成形之认识。最后使知事物之名称，以养成其语之习惯。各种教材，亦以此三类别之：算术属数；几何、图画、写字属形；语言、文字、唱歌属语。

归纳法——其教材之编制，则采所谓归纳法。将各科知识，分析简单之原素，排列组织，使由简入繁、由浅入深、由易入难。自然引起儿童之兴趣与注意。儿童由观察以领解各原素之意义后，即加以连续之练习，使其意义更为发达而固定。凡此皆教学法之心理化，为现代教育上最有价值之贡献。

慈爱——裴氏学校之一精神的特征，为慈爱。其养护、训导、教学，一以此为原则。前此教育，于儿童之本性与幸福，鲜有顾及。氏以其热烈之同情与信仰，努力躬行。称曰"孤儿之父"，非虚誉。

氏大弟子莫尔夫（Morf）①尝概括氏教育方法之原则，为下列十一项：

一、教学以观察或感觉为基础。

二、教授语言，须与实物之观察相联络。

三、儿童学习时，勿予批评判断。

四、教学由简入繁，当依儿童发展之心理顺序。

五、教学各段，须有充分时间，使儿童能熟习。

六、发展儿童思想，切忌独断的说明。

---

① 莫尔夫（Heinrich Morf，1818—1899）瑞士教育家。1835年入师范学校，后为高等中学教师。1852年任师范学校校长。1861年为孤儿院院长。著有《裴斯泰洛齐传》。——编校者

七、尊重儿童个性。

八、初级教学，不重知能之授与，而重思想之发展。

九、知识须有活力，学习须能熟练。

十、教师与生徒之关系，建设于慈爱之上。

十一、教学应依据教育之目的。

三　裴氏学说之影响

裴氏学校，逮其生时，已受世界之注视；凡各国教育学者，言初等教育者，必称裴氏。其布格多夫与伊弗东，则成为教育试验、参观、研究之中心。溯其直接的影响，约举如下：

瑞士　氏助手名克鲁齐（Kruesi）者，为 Gais 师范学校校长十余年，一遵氏法，以训练师资，卓有成绩。而其大规模之试验，则为费林别尔格（Fellenberg, 1771—1844）在 Hofwyl 之教育事业。氏于 1806—1844 年之三十八年中，经营其乡村学校，推广农艺于工业之教育，有场址六百英亩，农具纺织工厂全部，印刷厂一，文科学校一，工艺学校一，农业学校一。瑞士乡村教育之革进，氏其先导也。

德国　普于 1806 年战败以后，大兴教育，派教师十七人学于裴氏。已如前述下（第十章）。自德国教育之二大领袖，又皆直接受氏之指导（见下章）。1846 年，柏林举行裴氏诞辰百年祭，大教育者第斯多惠（Diesterweg）之讲词曰："在裴氏伊弗东学校所训练之教育与教育方法，建设成功普鲁士之教育制度。德国教育之隆誉，半应属诸裴氏。今日欧美各邦之来德参观者，正与当年之巡礼伊弗东学校同，其功胥归裴氏也。"

英国　裴氏方法之传布于英，为梅奥（Mayo, 1792—1846）之力，梅约与其自设学校，取直观教学法，而实施之。氏于 1819 年留学伊弗东，兼助理宗教教育。既归国，而大昌裴氏之法于英焉。

美国　裴氏弟子尼夫（Neef, 1770—1854）于 1806 年应聘赴美，设学校于费城，后又至西部各州，推行其教育法，巴那特氏（Barnard）主撰美国《教育杂志》（前第十三章），于裴氏学说，介绍尤力。其大规模之试验，则为 1860 年之奥斯威哥运动（Oswego Movement）。时谢尔屯（E. A. Sheldon, 1823—1897），为奥市教育局长，令全市学校，实施裴氏之教学法，购取其教材教具于英。又设师范班，延英人琼斯女士（Jonse）为主讲。氏又聘克鲁西之子（Hemran Kruesi, Jr.）为师范学校校长，宣传、推广，不遗余力。

第十七章　赫尔巴特

赫尔巴特（Herbart，1776—1841），德人。幼敏慧，又得贤母教，通算学音律。入耶拿大学修哲学，受当时唯心派之薰陶为多。以1796年赴瑞士，为私家教师，始潜心于教育。嗣辞去，游布格多夫，观裴氏教育法，大叹服，著论介绍之。1802年，受哥廷根（Gottingen）大学博士学位，任助教授。1806年，著《普通教育学》（Allegemeine Prdagogic 英译本称 The Science of Education）。1809年，升柯尼斯堡大学（Konigsberg）大学哲学教授。德大哲康德尝主讲于此，氏以少年，踵其遗规，盖学术界之殊遇也。1833年，转哥廷根大学，著《教育学大纲》（Umriss Padagogischer 英译本称 Outline of Educational Doctrine）。其哲学上之著作，有《心理学》、《哲学》、《玄学》等。氏在柯尼斯堡时，曾创教育学院（Pedagogical Seminar）及实习小学。大学之有教育学科及试验学校，此为嚆矢。述赫氏学说与其影响如次。

一　教育之基本

（一）伦理的基本　赫氏谓："教育之全部目的，为道德。"而所谓道德者，乃"由内心自由之观念，成为永久之实在"。（The idea of inner freedom which has developed into an abiding actuality in an individual.）氏认意志非定命的，然亦非自由的，但积累经验而成。一切行动，能遵从内心之所确信，而判断其当否，使永久表现于行为者，即为道德。陶冶道德的品性，使各个人为有益人群之分子，则教育之最高目的也。

（二）心理的基本　氏反对当时之官能心理论（Faculty Psychology），以为心之作用，乃整个的、统一的；不可析为观察、推理、记忆诸官能。人心初如白纸，只有一种与环境相应之能力，心之发展，即心与环境相接时所得之感觉的表象（presentations）为基础。由此表象之相互结合，而生概念、判断、推理诸作用。表象之来源有二：一为经验，人与自然之接触也；一为社交，人与人群之接触也，皆与环境相应而得之者也。故心之特征，为统觉（或译类化），即其所得之表象，有相互结合之能力，能以旧表象解释与融化新表象也。氏既不认心有原始的，与生俱生的能力，而其作用，全由外界接触而得之表象决定之，则决定表象之教育，其功愈大，而责愈重。凡品性之涵养，知能之陶冶，遗传几无关系，胥由教育独立支配之。此所以赫氏与赫氏之徒,对于教育效力之信仰,为特专也。

二 教育之方法

（一）管理（Government） 管理指幼稚教育法而言。其主要目的,在使儿童常有所业,庶免于粗暴之行为,而有秩序的活动。其方法有课业、监护、命令、禁止、责罚、劝导等。要在以适当之威严与慈爱,养成儿童良好之习惯。

（二）教学（Instruction） 教育之目的,在道德,固矣。而教学之直接目的,尤在所谓"多方面的兴趣"（Many-Sided interest）。盖学而无兴趣,则不能深造而自得；兴趣而不多方,则不能博观而慎取也。教学之方法,在运用心理上统觉之原则,以发展此多方之兴趣,分四步如下：

1. 明了（Clearness） 引起旧观念,以为解释新观念之准备。
2. 联络（Association） 提示新事实、新观念,使与旧者联络。
3. 系统（System） 由统觉而新旧观念,统合以成系统。
4. 方法（Method） 应用所得观念,反复练习,使由自动而求深造。

此教学之四步,至赫氏弟子齐勒（Ziller）、来因（Rein）,更演为五段,为普通教学法之创始。

自卢梭以后,言教法者,必以兴趣为归,至赫氏而其说更有系统。氏谓儿童之注意（attention）,有二种：一,自由的（voluntary）；二,不自由的（involuntary）。后者虽不可废,然过事强制,则与兴趣之旨不符。前者又分原始的与统觉的（primitive and apperceiving）二类。为教学上所当利用。自由的注意,即为己感兴趣之征兆。兴趣之分类,列表如下：

	兴趣				
	社交			经验	
6 宗教的（religious）	5 同情的（sympathetic）	4 社会的（social）	3 审美的（aesthetic）	2 思辨的（speculative）	1 经验的（empirical）

（三）训练（Training） 训练与管理异,管理但借外力以裁制儿童之行为,训练则注意内力,以养成其德性。道德教育,由此完成。

三 赫氏之弟子

赫氏学说之宣传,分二大派:一,以莱比锡(Leipzig)为中心,齐勒(Ziller)为主之。二,以耶拿(Jena)为中心,斯托伊(Stoy)、莱因(Rein)主之。略述如次。

齐勒(Ziller, 1817—1882) 赫氏生时,其影响不大,至齐勒之宣传,而其学说乃盛行焉。齐勒为文科中学教师,又为莱比锡大学教授,著书甚多,于赫氏之说,亦多所增益。除教学之阶段下详外,有"教材中心说"(Concentration)及"文化时期说"(Culture Epochs)。赫氏向主教材之排列,须统一联络,使学者易领会而有兴趣,齐勒因之而力倡中心统合,以文学及历史为一切教材之中心。又赫氏亦曾谓教材之选择,须分段适合儿童各时期之兴趣,齐勒因之而阐发文化时期之旨,谓儿童之发展,恰依人类演化之顺序;儿童于个人生活中,复现人类生活之历程。根据此说,编定小学八年之教材——由渔猎、畜牧、农业、家庭工艺,以进于机械工业云。

斯托伊(Stoy, 1815—1885) 氏任耶拿大学教授,而主持其教育学院。于赫氏之说,实践而躬行之,务求切适,不如齐勒之偏于理论与形式也。

莱因(Rein, 1847—1929) 氏学于齐勒与斯托伊,采教材中心及文化时期诸说,而变通、融贯之,以便于实施。五段教学法,至氏而完成如下之形式:

	教学之阶级				
方法	系统	联络	明了		赫尔巴特
应用	系统	联络	综合	分析	齐勒
应用	总括	比较	提示	预备	莱因

四 赫氏学说在美国教育上之影响

三十年前,美国教育研究之运动,以留德受业于莱因诸学者为中心人物。意利诺州立师范大学,实为此运动之策源地。其教授中如德·加谟(Charles de Garmo,任康奈尔大学教授)、麦克默里兄弟(Charles A. McMurry 现任 George Peabody College 教授;Frank M. McMurry 现任哥伦比亚师范院教授),皆留德学者,著书以输入赫氏学说于美。德·加谟所著《方法之要旨》(*The Essentials of Method*)、麦克默里兄弟合著之《教学法》(*Method of the Recitation*)、麦克默里(兄)所著《普通教学法》(*General Method*),为当时教育之名著,皆依据赫氏之说者也。全国教育科学研究社(National Society for the Scientific Study of Education)初创于 1892 年,即名全国赫尔巴特学会(National Herbart Society)①,其议事录之首三期,全讨论赫氏学说,如中心统合、兴趣、统觉、道德教育等问题。至 1895 年始易今名,而发刊年报(*Yearbook*)焉。

---

① 前身为 1892 年在美国组建的"赫尔巴特学社"(Herbart Club)。1895 年仿照耶拿大学的范例将学社改建为"全国赫尔巴特教育科学研究会"(National Herbart Society for the Scientific Study of Education),简称"全国赫尔巴特学会"。1901 年又改名为"全国教育科学研究会"(National Society for the Scientific Study of Education)。1910 年再改为"全国教育研究学会"(National Society for the Study of Education),即 NSSE。参见顾明远主编:《世界教育大事典》,江苏教育出版社 2000 年版,第 464 页。——编校者

第十八章　福禄培尔

福禄培尔（Friedrich Froebel，1782—1852），德人。幼年见虐于后母，家庭落寞，则遨游森林中，与木石居，与鸟兽为侣，其神秘哲学，始源于此。入耶拿大学，修算学及理科，既中途辍业，习造林，又为会计及测量师。以友人之劝，弃其旧业而研究儿童教育。充法兰克福学校教师，校采裴斯泰洛齐教育法，氏精心研求，怡然有得，自谓有鸢鱼跃之乐也。后赴瑞士，受业于裴氏，助其教授；于儿童游戏、音乐及自然之知识益进。旋又入大学习自然科学，且服兵役一年。1816年，自设学校于乡村，招子侄等五人教育之。其方法，一依自然发展，自动表现，社会参加诸原则。著《人之教育》（Education of Man）以发其旨。然非其时代之所能了解也。校亦遂闭。复赴瑞士为学校教师，于儿童玩具、游戏、歌唱等，更有深究。1837年，返德，设幼儿学校于勃兰根堡（Blankenburg）森林中，以教养三岁至七岁之儿童。应用其历年所制之教材教具，而增益之。比儿童于生长之植物，学校其庭园，教师则其园丁也，因名其校曰幼稚园（Kindergarten），时氏年已五十五矣。自是努力于幼稚园之运动者十余年。著《幼稚园教学法》（Pedagogics of the Kindergarten）、《发展的教育》（Education by Development）、《母之游戏与儿歌》（Mother's Play and Nursery Songs）①等。中间又在德雷斯顿（Dresden）及列支敦士登（Liechenstein）先后设幼稚师范学校（Kindergarten School）。1851年，以侄为社会党，幼稚园遭政府之禁闭。氏虽暮年而志不衰；每与村童游戏，见者疑为痴翁也。

一　福氏之教育学说

福氏受当时唯心派哲学之影响，认万有一体（Unity）为其学说之基本概念。谓神为一自觉的精神，乃人与自然所从出，故人之精神与自然界之物为一体；人与自然之于神，亦为一体。"万物中有常住之法律主宰之。此法律基于浑涵一切的、有权利的、生活的、自觉的、常住的一体。此一体即神。万物皆出于神，皆主宰维系于神。"②此神秘之一体说，又形成其方法上之一种象征主义

---

① 今译《慈母曲与唱歌游戏集》。——编校者
② 参见福禄培尔著，孙祖复译：《人的教育》，人民教育出版社，1991年版，第1页。——编校者

(Symbolism)。氏以为由自然界之观察,可得精神界之了悟。儿童观其所弄之球体,可悟浑涵之一体;观其所弄之立方体,可悟此一体之万殊。以此推之,其幼稚园之诸恩物,半皆有象征之作用。凡此皆非今日幼稚教育上所承认,而在氏则视为最基本之原理者也。其教育上之主张,有下列最显明之三点:

（一）自然之发展　于万有一体之演化中,教育占一地位。盖为一种历程,使个人由之以认识其所属之一体者也。个人之发展,本自然演化所必然。故氏采卢梭之意,谓教育应为消极的、随顺的,不应为限定的、范畴的、干涉的。(Passive, following, not prescriptive, categorical, interfering)①

（二）动作之表现　此种自然发展,不应限于机械的模拟或仿效,但当以儿童自发的活动(Self-activity)表现之。故由塑形造物之创造的活动(Creativeness),而得之发展,胜于仅持文字的符号而得之者。手工之教育的价值,即在于是。是为动作之表现(Motor expression)的原则。

（三）社会之参加　儿童生长发育于学校之庭园中,学校既儿童生活之社会也。在简单之互助作业中,发生共同之兴趣,担负共同之责任,参加共同之生活,因以学习社会之关系,而得道德之训练。此教育之社会的、道德的意义,为前人所未发。是为社会之参加(Social participation)的原则。

根据此诸原则——尤其是活动与创造之原则——福氏于是对于教育上作一伟大之贡献,即产生一种无书本,无固定功课之学校,曰幼稚园。

二　幼稚园教育法

幼稚园教育,包含三种表现之活动:(一)唱歌,(二)动作及姿势,(三)制作;由此活动而生语言文字之运用。实施时,各个活动,不能拆开。如讲说故事以后,即唱歌、表演、制作以显示之是也。于故事、唱歌、游戏之外,其制作的活动,有恩物与作业二项之教具教材,说明如下,

恩物②　此为最初步之筋肉活动所用,分六种:(一)第一恩物,为六个不同颜色之绒球,可旋转、抛滚,以发展色、形、动、方向诸观念及筋肉的感觉。(二)第二恩物,为木制之球体、立方体,及圆柱体,以发展动与静之观念。(三)第三恩物,为立方之积木,分为八枚相等之立方体,使儿童明了全体与部分之关系。(四)第四至第六恩物,为大小不等,形式不同之积木,可错综排列,以引起数目、

---

① 参见福禄培尔著,孙祖复译:《人的教育》,人民教育出版社,1991年版,第6页。——编校者
② 恩物(Froebel Gifts)是由福禄培尔所设计的一套教育材料。——编校者

形式、关系之兴趣。此六种以外，又加平面、长条、圆圈，亦称第七、第八、第九恩物。

作业 此为纸、沙、黏土、木，各材料之手工。简单者，如剪纸、贴纸、刺纸、折纸；复杂者，则木工制作各物体是也。

三 福氏在教育上影响

氏没后，其友男爵夫人培劳氏（Baroness Von Bulow）为宣传幼稚园，历游各国。于1867年，且出席于法兰克福（Frankfort）之哲学会议，组织福禄培尔协会（Froebel Union），发刊书报，开设幼稚师范学校。自是欧洲各国，皆有幼稚园之运动。惟德人终不乐承幼稚园之学说，而英法亦混入幼儿学校运动，多失原来精神而已。其在美，则皮伯特女士（Elizabeth Peabody）首创幼稚园于波士顿，又于1867年赴德受学于福氏之孀妇。巴那特（Herry Barnard）氏于所编教育杂志（见第十三章）亦鼓吹之。至阐扬福氏之学说，而应用之于一般教育者，则帕克（Parker）与杜威（Dewey）也。

帕克（Francis W. Parker，1837—1902）自1875年以后，历任教育行政及师范学校校长职务，为美国初等教育改进运动之一领袖。氏采取动作之表现及社会之参加二原则，而实施之于一般小学。尝谓"福氏之原则，为教育之一革命"。杜威学说，详见下第二十章。

于此又有当附及者，则手工教学之运动是也。福氏宣导创造的活动，于幼稚园中有各种手工的作业。杜威之试验学校，以工业活动为课程中心，意不在职业之陶冶，而在文化之了解。其时代在福氏与杜威之间，开始以大规模之手工教学运动者，则芬兰之胥格奈乌斯氏与瑞典之萨洛蒙氏是也。

胥格奈乌斯（Uno Cygnaeus，1810—1888）①读裴斯泰洛齐与福禄培尔之书，认手工为一般小学校所必需之训练。竭力提倡，芬兰政府于1866年令全国小学及师范学校设手工科。为各国手工教育之先进。瑞典人萨洛蒙（Otto Salomon，1849—1907）闻其说，亲往访之。先是瑞典原有职工学校（Sloyd），至是更改进其方法，不重职业的意味，而取其有益于学生筋肉之灵敏。设手工师范科（Sloyd Training School for Teachers），瑞典之手工教育，遂尔名闻世界。

---

① 芬兰教育家，被称为"芬兰小学之父"。——编校者

第十九章 斯宾塞

斯宾塞(Herbert Spencer,1820—1903),英人。幼时体质羸弱,未受学校教育。十三岁,修希腊、拉丁文;渐习算学、机械学、土木及建筑工程学。拟入剑桥大学,未果。十七岁,执土木技师之业。然志在博览著书,不以所业而荒也。常以政治、经济问题之论文,在新闻杂志上发表之,1848 年,为《经济杂志》(The Economist)之助编辑,执笔之余,益潜心于学术。

寻常发刊其《社会静学》及《心理学原理》。1860 年,刊布其《教育论》(Education: Intellectual, Moral, and Physical)。1862 年,发刊其《综合哲学》(Synthetic Philosophy)第一编《哲学原理》(First Principles),此综合哲学,旨在应用进化论之原则,以推究社会人生各问题,《哲学原理》而外,有《生物学原理》、《心理学原理》、《社会学原理》、《伦理学原理》共五编。此名山伟业,非不事家人生产如氏者所能独立营举。氏曾请政府之补助,不见许,则竭其毕生精力,惨淡经营,至 1896 年,始全部出版,盖书成而氏年已七十六矣。

一 教育为生活之预备

《教育论》首章,论"何者为最有价值之知识"。(What Knowledge is of Most worth?)以为知识价值之标准,在吾人生活之所需。其言曰:"生活之术为何?实为吾人之最要问题。吾所谓生活之术者,固就其广义言之,非但限于物质已也。于任何情形下,当任何事务,其制行之正法为何? 此问题之广大,诚足以包含一切。今更分析言之,何以治身,何以处心,何以临事,何以立家,何以尽国民之义务,何以用天然之美利,何以用吾人能力于最有利益之处以使人已交利,要言之,何以为完美之生活? 此真吾人所应知,而亦教育之所当授与者也。"①氏因分人生活动为五种,其重要之次第言之,为:

(一) 于自存上有直接关系之活动;

(二) 于自存上有间接关系之活动;

(三) 关于长育后嗣之活动;

(四) 关于维持社会及政治关系之活动;

---

① 参见斯宾塞著,任鸿隽译:《教育论》,商务印书馆 1929 年版,第 8—9 页。——编校者

（五）闲暇时间为满足趣味于感情之一切活动。

依据此五项活动，分知识为五类，依其重要之次第言之，为：

（一）生理、卫生，及救护；

（二）文字、算学、科学（机械学、物理学、化学、天文学、地质学、生物学）及社会科学；

（三）生理、心理，及儿童保育；

（四）历史、社会、政治、道德；

（五）文学、艺术。

包含此五项之知识，而依其正当之比例者，斯为完美生活之预备。（Preparation for Complete living）氏盖一显然之功用主义者（Utilitarian）也。

氏讥评传统的人文主义，备极诙诡。以为人事进化之通则，装饰乃先于实用。谓"凡人处社会之中，个人常而社会所制，而社会之所须，常足使个人之所须，退处于无权，如何而能上人，如何而使人敬畏，如何而可告无罪于在上者，此实世间普通之竞争，而人生精力之大部分，即消磨此中。封殖之厚，居处之奢，衣服之美，出辞吐气之华贵，凡皆以为屈服他人之具。……岂特生蕃之酋，身施画彩，颅骨累累悬腰间，意以威不如己者；璚闺之女，艳妆曼容，矜才炫能，意在求售而已哉？彼学士史家，哲学大师之用其学问，亦如是则已耳。……而吾人教育之性质，则据为准则。所求者非最有价值之知识，而为最投人好，最受人敬，最易取高位，最为人尊畏之知识。盖吾人终身所注意者，非成人与否之问题，乃他人对我如何之问题。于是教育所注意者，亦不在知识内具之价值，而在其外界对人之影响。用此观念与言教育之直接效用，是不啻野蛮人之凿齿涅爪，而谓切于实用也！"①其讥刺学校中向不注意养育子女之知识，则曰："吾人试设想数千万年后，人类历史，经巨灾浩劫，无一存者，惟学校课本数册，或大学试验卷数本，偶然落于将来人类之手。彼时赏鉴家玩味之余，必有疑古人读是书者，绝非作人父母之意，为之索解而不得。彼必曰'是必为彼时独身者之教科'。彼辈之所预备者，诚多而精矣，而尤以预备读古国及他国人之书为最者（似此种人，本国语言中，无可读之书也者）。尤可怪者，书中于养子之术，乃略未道及。夫养子之术，为人类责任之最大者。彼辈虽愚谬，不应于此重要之教育，一切放弃之也。意此其为彼中僧侣之教程乎！"（以上所引均据任鸿隽译本）②其峭刻之

---

① 参见斯宾塞著，任鸿隽译：《教育论》，商务印书馆1929年版，第4—5页。——编校者
② 参见斯宾塞著，任鸿隽译：《教育论》，商务印书馆1929年版，第28页。——编校者

思,犀利之笔,皆此类也。

二 智育德育与体育

智育 氏于智育章,推阐裴斯泰洛齐之说,提示下列之五原则:(一)由简单而进于复杂;(二)由具体而进于抽象;(三)由经验的而进于理论的;(四)宜使儿童自行观察,自行推理,以养成自动学习;(五)宜使儿童对于学习,发生快感。

德育 氏主张与卢梭相同,亦重自然责罚。以为人为责罚,不能公平;或教师激于一时之感情,而责罚之不能适当;或儿童不能了解,转生反抗,而不能改过迁善。不若自然之责罚,其结果随行为而定,无宽严之分,使儿童有不得不服从改善者,如以针刺指、触物倾跌,必以痛苦而自戒其将来。正当之行为,乃由此而学得也。

体育 氏力倡体育之重要,以为在生存竞争之中。教育当使儿童之精神与身体,并堪当劳苦。又谓儿童身体之健强,在于自然之发展,而不在于人为之抑制。父母对于儿童身体所需之食物、衣服、运动等,皆应注意,使之满足。教学之时间及材料,亦不可过于长久,繁难,以疲劳其心力。

三 赫胥黎

与斯宾塞同时,在英国学术界上,同倡进化之学说者,有赫胥黎氏。

赫胥黎(Thomas H. Huxley, 1825—1895) 亦唱教育上功用主义,尤注意于科学,有论文集曰《科学与教育》(Science and Education)。氏力攻当时之偏重古典文字教育,以为英之强盛,全恃人民有制驭自然之能力;乃学校中对于科学,毫不措意。儿童受十余年之教育后,即对于政治经济上各种常识,均觉缺之。所谓文化教育(Liberal Education)者,当使人身体能听意志之使命,工作时有愉快从容之态度;其思想清楚而有系统,能明白自然之根本真理及运用自然之公例;其对人生,有兴趣,有热诚;其情欲能受意志之制驭及良心之宰制,爱好美术,嫌恶罪恶;自尊而能尊重他人。此种人物,始能与自然谐合,而为受过文化教育者云。

第二十章　杜威

杜威(John Dewey，1859—1952)，美国佛蒙特州柏林顿人(Burlington, Vermont)。毕业于本州大学后，入约翰霍普金斯(Johns Hopkins)大学，以1884年受哲学博士学位，主讲于密歇根(Michigan)大学者数年。1889年，明尼苏达(Minnesota)大学延氏为哲学系主任，时年三十也。1894年，转任芝加哥(Chicago)大学哲学系兼教育系主任。氏在芝加哥创设以试验学校，以实现其教育上之学说，由小学以至中学，经营、研究，十年于兹；其所发表之试验结果及论文，为今日教育之理论与实施的依据者，几难列举。盖自福禄培尔、斯宾塞以后，世界教育思想上之领袖，其影响之伟大，莫过氏也。自1904年以后，任哥伦比亚(Columbia)大学哲学教授。以1918年至日本及中国讲学，留华二年，学者多获亲其丰采言论焉。氏著作等身，而散见各种杂志尤多。兹依出版年分，列所著要籍如下：

《心理学》(Psychology)，1886。

《人生哲学研究》(Critical Theory of Ethics)，1886。

《我之教育信条》(My Pedagogic Creed)①，1897，郑宗海译《我之教育主义》，见《新教育》一卷二号。

《学校与社会》(School and Society)，1899。

《儿童与课程》(Child and Curriculum)，1902，郑宗海有译本。

《论理学说研究》(Studies in Logical Theory)，1903。

《人生哲学》(Ethics)与Tufts合著，1908。

《思想论》(How We Think)②，1909，刘伯明译《思维术》。

《教育中之道德原则》(Moral Principles in Education)，1909。

《达尔文在哲学上之影响及其他论文集》(Influence of Darwin on Philosophy and other Essays)，1910。

《教育之兴趣与努力》(Interest and Effort in Education)，1913。

《德国哲学与政治》(German Philosophy and Politics)，1915。

---

① 今译《我的教育信条》。——编校者
② 今译《我们怎样思维》。

《明日之学校》(School of Tomorrow)与女 Evelyan 合著,1915。朱经农译。

《平民主义与教育》(Democracy and Education)①,1916,陶知行、邹恩润译《民治主义与教育》。

《试验论理学》(Essays on Experimental Logic),1916。

《创造的智慧》(Creative Intelligence)与 Moore 等合著,1917。

《哲学之改造》(Reconstruction in Philosophy),1920。

《人性与行为》(Human Nature and Conduct),1922。

《经验与自然》(Experience and Nature),1925。

一 氏之哲学

杜威在哲学上,于詹姆斯(James)、失勒(Schiller)等,同称实用主义者。实用主义(Pragmatism)之哲学,源于科学上实验方法与进化论之影响。其视真理,以为一个观念之本身,无真与伪,认为真理者,只当作为假设,以验之于人生之实际,观其运用之成功或失败而决定之;成则为真,不成则为伪,其宇宙与人生,则视为一绵延不断之演化,常在创造与生长之中。杜威哲学,基此二点,而益以平民主义融合之。兹分(一)工具的真理论;(二)进化的人生论;(三)平民主义三节略述如次:

(一) 工具的真理论　吾人之知识、理论,皆为应付环境,解除困难之工具;其正确与否,视其有此功用与否而定之。其言曰:"观念、意义、概念、理论等,既为改造环境,与解救困难之工具,则其正确可靠与否,亦视其有此功用与否而已。有之,则为真;无之,则为伪。其证明与实验,皆于其工作(Works)与效果(Consequences)中得之。"②(Reconstruction in Philosphy, p.156.)

夫哲学本起于社会成训与现在目的之矛盾冲突之中。乃向来哲学家,专探求其所为最后实在,致聚讼愈多,离人事愈远。以后之哲学,须不骛玄虚,以解决人生实际之困难为其本务。氏曰:"一般从事思考,而非专门哲学家流,所最欲知者,为最近工业上,政治上,科学上诸运动,其对于吾人知识之遗传,要求有若何之变更及舍弃……将来哲学之任务,即在整理捂热关于现时社会上道德上诸般争执之观念,而于人生可能之限度内,作一解决此诸般冲突之工具。"③同前

---

① 今译《民主主义与教育》。——编校者
② 参见杜威著,许崇清译:《哲学的改造》,商务印书馆 1962 年版,第 116 页。——编校者
③ 参见杜威著,许崇清译:《哲学的改造》,第 14 页。——编校者

书(Ibid. p. 26.)此氏对于哲学之根本见解,所为不同于前此各派哲学家者也。

(二)进化的人生论　更就经验、思想与生长之三点析言之。

1. 经验　观念之来,虽由过去之经验,然为应付将来环境,指导将来经验之具。经验者,人生之内容也。

"经验即生活。吾人不能在虚空中有生活,乃在一环境中,而用此环境而有生活;吾人最大之问题,为如何应付外界之变迁,使此种变迁能趋向于有益吾人将来活动之方向。外界之势力,虽亦有裨助吾人者,然决不能但安坐乐享其成,而富有不断的奋斗。利用环境直接供给之助力,以间接造成别种变迁。生活之历程,即在此环境之制驭。生活的活动,必须将周围的势力一一变换,使有害的变为无害,而无害的变为有利。"(*Creative Intelligence*, p. 8 - 9.)

于此种不断的制驭环境中,经验非如旧说之仅为知识,而属主观的;乃活动,而与客观世界有关系的。其如何利用过去,以支配将来;根据已知,以推测未知者,则思想也。

2. 思想　思想之起,由于吾人适应环境中,发生困难。苟吾人行事,一任习惯,无往不利,则思想无由生。必有以事变之发生,与以前之经验不相类,旧时适应之习惯无所用,乃不得不求之于思想。杜威所谓"解答困难之要求,为维持与引导思考全程之一要素"也①(*How We Think*, p. 11.)。有(1)困难或问题,于是(2)确定其困难之性质,然后(3)推拟其解决之方法,是为假设。更(4)推考此假设应适合之事例,而(5)验之于实际之事例,以观其合否。否则另易假设,而试验之,至成而后已,则为结论。此思想进行之步骤。(Ibid. Chapter 6.)②向来论理学者,分析思考之形式,若无关于心理之因素也者。杜威则视心理论理之间,无截然之界限。强为分之,仅可谓之一始一终,而始终一贯,初无间断。杜威之论理学,不徒注意于思想之结果,而尤重其历程,此其与旧时形式论理学不同者也。

3. 生长　宇宙非静止的,而常在创造之中。人生经验,则为对于环境之绵延不断的适应与制驭。其历程为生长,而同时生长亦即其目的。吾人固不能于生长历程以外,别悬以固定之目的。盖有固定之目的,则是生长有限制,有间断也。生长之一概念,为杜威哲学之中心。氏谓:"任何个人或团体,不应以其是

---

① 参见杜威著,姜文闵译:《我们怎样思维　经验与教育》,人民教育出版社 1991 年版,第 2 页。——编校者
② 参见杜威著,姜文闵译:《我们怎样思维　经验与教育》,第 78 页。——编校者

否合吾固定之鹄的而判断之,但当观其活动之方向如何。恶人者,无论其曾有何善,今则日进于不善;善人者,无论其曾有何不善,今则日进于善者也。作如是观,始能宽以律己,宽以责人。"(*Reconstruction in Philosophy*, p. 176.)①

然善不善亦有标准乎？个人之所善,于其与社会之关系以外而观之,往往先后抵触而无意义。则所谓善者,个人之生长,而有裨于人群之生长者也。是为平民主义之标准。

（三）平民主义　自进化论出,吾人知宇宙与人生,皆为绵延的演化 (Continuous Change);今日之物种,由原始物种迂缓演化而来。人类之生理心理借动物生理心理之比较研究,而更易了解。在绵延的历程中,"人"与"物"、"心"与"身"等二元式的阶级分划,不能复存。则凡托庇于此二元思想之封建遗说,如"治人"与"被治"、"劳心"与"劳力"等之阶级分划,亦不攻自破。生长说与平民主义,乃互证而相融焉。

平民主义之标准如何,杜威曰:"任何社会团体中,其各分子间,必有若干共同之利益,其于其他团体,必有若干相互之关系。吾人从此二点,可得估量各团体之标准:一,观其各分子所分享利益之多少;二,观其他团体之相互关系,是否充分与自由。"(*Democracy and Education*, p. 96.)②

凡不独私其利,而与团体中各分子分享之,其团体又与其他团体有圆满自由之相互关系者,为合于平民主义之标准。此所谓平民主义者,非政治之一形式,乃社会上共同生活,分享经验之一理想也。

二　氏之及教育学说

上述哲学上基本观念既明,则氏之教育学说,已不待烦言而解。质言之,氏之教育学说,乃生长(Growth)与平民主义(Democracy)之学说也。再分数观点之。

（一）何为教育？　"教育者,经验之绵延不断的改造、改组;使经验之意义加富,使主持后来经验之能力加多者也。"(*Democracy and Education*, p. 90.)③此历程为生长,而其目的,亦即为生长。生长以外,无固定之目的,有之,则是生长有限制也。既无固定之目的,则教育又何从为儿童生活,作固定之预

---

① 参见杜威著,许崇清译:《哲学的改造》,第129页。——编校者
② 杜威著,王承绪译:《民主主义与教育》,人民教育出版社1990年版,第88页。——编校者
③ 杜威著,王承绪译:《民主主义与教育》,第82页。——编校者

备?故曰:"教育即生活,非生活之预备。"(*My Pedagogic Creed*)①

夫经验为一绵延的历程,不容间隔、分割,而有所谓"心"与"身"、"人"与"物"之对峙。心之作用,不能与躯体及运用物的生活相离。则凡教育上"文化"与"职业"、"理知"与"实用"、"闲暇"与"工作"等之二元分剖,为封建思想之遗残,而阻平民主义之发展者,亦不容存在也。

(二)何为学校? 教育为生活,"学校即社会生活之一种组织,凡可使儿童分享人类文化遗传与运用自己能力之各种势力,俱集中其间"(*My Pedagogic Creed*)②。在学校中,教师与儿童,既须分享其生活经验,而学校与其他社会生活组织,须有圆满自由之相互影响,方合平民主义之标准。

(三)何为课程? 教师与儿童此时此际所分享之生活经验,即为课程。课程非为外界固定之材料也。生活经验之改组扩张,无或间断或限制,则课程亦决不能固定。课程之内容,非即文字、书本,乃此活泼泼地,此时此际之生活,常在教师与儿童创造之中。

(四)何为方法? "如何组织课程(活动),使运用之最有效力,即为方法,课程以外,非别有一物焉曰方法也。"(*Democracy and Education*, p. 194.)③旧说以方法为一种固定之手续者,(由于视心与物为二元)与继续生长之旨不合;其视方法为教师主动之程式,而不知其为教师儿童分享经验之历程者,亦与平民主义不合。故杜威以课程与方法为一体。(Unity of subject matter and method)

三 氏之教育试验及其影响

杜威于1896年,开始设芝加哥大学试验学校,收四岁至十三岁之儿童,实验其教育学说。自述其主旨凡三:

(一)学校之根本任务,在训练儿童合作互助的生活。

(二)一切教育活动之基础,在儿童之本能的态度与活动,而不在外界材料之提示与应用。

(三)此儿童活动,应组织指导,以成合作互助的生活;和用之,使营适合儿

---

① 杜威著,赵祥麟译:《学校与社会 明日之学校》,人民教育出版社1994年版,第6页。——编校者
② 杜威著,赵祥麟译:《学校与社会 明日之学校》,第6页。——编校者
③ 杜威著,王承绪译:《民主主义与教育》,第196页。——编校者

童程度之成人社会代表的活动与作业。儿童由制作及创造的活动,乃能获得价值之知识。① (School and Society, p. 111.)

所谓适合儿童程度之成人社会代表的活动者,为纺织、缝纫、烹饪、木工,皆人所以得衣、食、住,以制驭自然之工具,此为杜威学校课程之中心。此种活动之教学,目的绝不在职业方面,而在由行而知,由生活而获得有价值之知识训练思想,养成合作互助之习惯也。

上第一点示教育之旨趣(生长于平民主义),第二、第三点释课程(活动与方法、组织指导活动),其意与前所述者相一贯,亦皆与福禄培尔之说(见前章)相吻合者也。

此种试验之结果,为近三十年来教育上最重大之贡献。欧美手工教学之运动,福氏而没,以氏宣导之功居多;亦至氏而另开新意义。至于课程之改造(丰富的生活化、社会化),方法之更新(自问题教学以至设计教学),非氏所发明,即氏所暗示。若其教育学说中之生长说与平民主义,则综合时代思潮,蔚成世界教育之新运动。其所以为今日教育思想之领袖者,非无故也。

---

① 参见杜威著,赵祥麟等译:《学校与社会 明日之学校》,第86页。——编校者

第二十一章　战后各国教育之改造

一　1914—1918 之大战争

十九世纪欧洲民族国家主义之高潮，帝国主义之狂焰，为大战之祸源，已于第九章详言之矣。在国外市场与海权上，英与德互相雄长。德、奥为联盟，而英以法俄为友国。夫法固以 1870 年之耻辱，与德不并立，而俄又以庇护斯拉夫民族之巴尔干诸邦，与奥不相容者也。自柏林会议（1878）以后，各国势力，以所谓三国同盟（德、奥、意）与三国协商（英、法、俄）之对抗，而保其平衡，成三十年武装和平之局。其间各国竞相扩张军备，迄未稍懈。其军费递年增加，其科学之发明，则应用之改良军械，及海陆空之战术，虽日日冠盖往来，而战祸固一触即可发也。

1914 年 10 月 28 日，奥皇储斐迪南与其妃，遇害于奥境波斯尼亚州。波斯尼亚者，本塞尔维亚之旧壤，柏林会议时，与赫斯戈那同被割于奥者也。皇储之被刺，奥人谓塞实主其谋，卒以严厉之通牒致塞，无满意之答复，遂向塞宣战。俄以助塞故，亦以兵临奥，德以助奥而对法宣战，重兵越中立国之比利时，而直趋法境，英继之而对德宣战。于是德奥对英法比俄塞大战之幕遂开。

此役也，历时四年，参战者十余国（后土耳其、保加利亚等加入德奥，日意中美等加入联军，其他小国及属地不计焉）。其在战线者数千万人，一日战费，当小国政府一岁之所出入，大小阵地，恒十数处所，其广长者至亘千里，直接间接死伤者，三千六百余万人。各国壮丁失其百分之四十八。生产职业，什九抛荒，生存之需，处处缺乏，面包量腹而食，糖与乳油，有之则变色而作，甚至以燃料短少，交通机关亦停滞，点灯机械，间日意开。故即幸能决胜千里之外，而其国内生计之恐慌，已不可终日。1917 年，俄首先革命而停战，至 1918 年，而德意志革命起，帝国分崩，武力崩溃，不可收拾，战局遂于 1918 年 11 月 11 日告厥终结。

美总统威尔逊（Wilson）①之参战也，以保障世界上民治主义之安全，为永不战争而战争等为口号，揭民族自决，公开外交，国际联盟等为议和条件。一时各国奉为人类之福音。然 1919 年巴黎和会之结果，其理想未能实现。欲以国家

---

① 托马斯·伍德罗·威尔逊（Thomas Woodrow Wilson, 1856—1924），美国第 28 任总统。——编校者

主义为本位而谋人类之公共乐利,其事殆不可能。战后各国社会运动之蜂起,盖以此也。

　　大战之责任,论者多归之于德。然帝国主义之罪恶,宁能使德独负之？德惟其巨魁已耳。至帝国主义之形成心理状态,则教育实构成之。史家韦尔斯论之曰:"夫以一较弱之国家,而战必胜,攻必取,无往而不利;以一较贫之国家,而蒸蒸日上,不久即臻于富饶,则德意志人民之趾高气扬,殆亦自然之趋势耳;奈何此种趋势,竟巧被利用,以专谋霍亨索伦一系之利益,举国之小学校、大学校、文学、报章莫不受此意旨,以有组织之启发及操纵,养育此倾向。推广此倾向,自小学教师以至大学教授,苟特立独行,不合时宜,而不宣传德意志人民为有超越群伦之品格、智识、体质之种族,苟不鼓吹德意志人民,使特别倾心于战争,及效忠于王室,苟不亟言德意志人民在霍亨索伦帝系之下,必执世界之牛耳者,即为众矢之的。而指摘交集矣。德意志之历史一科,其教育之旨,乃以霍亨索伦之将来运命为指归,而于过去之事实,为有系统之伪造。其叙述其他国家也,皆视为无能力而趋于衰颓者流,独普鲁士人民乃人类之领袖及再造者耳。是说也,德意志之后进者读之于其教科书中,聆之于其教室内,遇之于其文字间,餍饫之于其教授之输灌,而为教授者,即在讲生物学或算学之时,亦莫不离本题而津,然发挥其爱国之言论。自非心思健全确有主宰之人物,鲜有不受此滔滔之暗示所诱惑者。是故德意志人民之心理,遂于不知不觉中造出一种观念,视其祖国与皇帝之尊荣为从来所未有,视其全国之人,有如披戴鲜明灿烂之甲胄者,在一群能力薄弱而具败坏性质之劣等民族中,舞其'德意志良剑'然。德意志为此种爱国之焰所煽动,乃受有主意之兴奋,及有之布置醉麻。其作始者非他,德皇是已。彼恒久不懈,滥用教育与夫历史之教学以达其私图。霍亨索伦之罪恶,盖莫大于是。近世国家未有亵渎教育如斯之甚者。英国君主立宪之寡头政治,可谓摧抑教育而使之不能振作,若彼霍亨索伦帝政治于教育,直可谓贱污之矣。"(汉译韦尔斯《世界史纲》下册,第923页,译文略有删改。)①

二　德国教育之改造

　　(一)学制　革命以后,学制上根本之改革之为废止旧时阶级的双轨式(参阅第十章),而建设平民的单轨式之学校系统。1920年制定"基本学校法规"

---

① 参见韦尔斯著,梁思成等译:《世界史纲》(下册),商务印书馆,1927年版,第923页。——编校者

(Grundschulgesetz),旧时预备升入中学之三年预科(Vorschule)须于1920年完全停闭,无论平民与士族之子女,一律入基本学校(Grundschule)受四年之共同教育。其无力的学生,毕业后,继续入小学四年,再入补习学校,其中天才生亦可转入中学。至于有力的学生,由基本学校,以入中学校,则问题即较复杂。盖前此预科三年,完全中学修业期缩短一年乎?抑或基本学校之年限可酌量减少一年乎?各州办法,尚不一致,颇经若干辩论与试验。现基本学校法规,已修正如下:"基本学校修业期定为四年。其有特殊能力的儿童,经教师之荐举及教育行政官之许可者得于三年终了后升入中学。"中学之六类具列第十章中,基本学校与中学之衔接,以下列多林地亚(Thuringia)制为例:

学级					
13	德文科	实科	近古文科	古文科	高级中学
12					
11					
10	德文科	实科与法英文科	拉丁与法文科		中级中学
9					
8					
7	德文科	实业与法文科			初级中学
6					
5					
4	基本学校与天才、低能儿童班				基本学校
3					
2					
1					

初级学校原文为 Vnterschule,中级学校为 Mittelschule,高级学校为 Oberschule。

七年级以上,得为无力升学之生徒,加一学级,共为八年,再入补习学校三年。

此改组的学制一例也。于旧时中学以外,革命以后,又有两种新中学之产出,一为九年制之 Deutsche Oberschule,一为六年制之 Aufbauschule。前者以德意志民族精神与文化为主,惟受大学入学经验之限制,兼授两种外国语。后者收受乡村七年小学毕业之天才生,为升入大学之准备者也。

（二）教学宗旨　德意志共和国为各独立州联合而成，其教育行政，各州政府自掌之。中央惟规定其大体方针而已。中央宪法第一三五条规定信仰自由；一四二条规定艺术科与其教学之自由；一四四条规定一切公立学校，受国家与有专业训练者之监督与指导（教会不能干涉）；一四五条规定强迫教育期为八年，又强迫补习教育至十八岁；一四六条规定公立学校，应有整个的系统，凡中级、高级学校，均为基本学校教育之扩张。其最重要者，一四八条规定"一切学校之目的，在根据民族精神与国际协调的原则，施行道德的训练，培养国民的责任心，增进个人的与职业的效率。公民训练与手工训练，应作为学校教学之一部分。凡学生于离开学校以前，应受德文宪法一本。民众教育，包含民众高等学校（Volkshochschule，相当于大学程度），中央与地方政府，并当奖进之。"此其与革命前帝国主义的教育精神，根本不同者也。

（三）小学教学趋势　课程与教法，旧时惟重整齐划一，革命以后，趋于活动于适应。其显著之趋势，有可言者。(1)乡土研究（Heimatkunde），此为课程适应个别环境之原则，而非一种规定的学科。盖各地方生活与环境不同，学校课程，应依据之而有不同的组织也。(2)劳动学校（Arbeitschule）此为一种新学校，利用儿童手上的活动，为学习之基础，今则为一般基本学校所采取之普遍原则矣。下更详之。(3)混合学校（Gesamtunterricht），此以儿童经验为课程组织之中心，而废止以前断片的、分科的形式。如沃姆斯（Ohms）所著《课程编制论》中，小学第五年以"家庭之性质"为中心，第六年"人类之起源及其历史与文化"，第七年"人类如何制驭自然界之势力"，第八年"人类如何制驭自己与其精神的遗传"是也。

（四）中央教学研究院　为扩大战时教育之宣传，及整理战后教育之坠绪，1914年在柏林有中央教学研究院之设立。Zentialinstitut fur erzjehung und vnterricht 为全国教育研究、推广、宣传、改进之中心机构。其中分教学、展览、美育、外国教育、图画五组。各组皆有重大之工作。例如教学一组，曾于设立后五年中，在各地举行"普及教育周"二十七次。凡演讲、示范、研究讨论，出版各项事业，均进行活动。关于"乡土研究"之演讲及参观，举行至数十次，所刊《劳动学校之理论与实施》（Theoric und praxis der arbeitsschule）散布至 36,000 册云。

（五）试验学校　里慈（Lietz）等所倡之乡村学园（Landerziehungsheime）与凯兴斯泰纳（Kerschersteiner）之劳动学校（Arbeitschule），均设置于战前。革命以后，各州为实现教育上之新理想，皆有指定之试验学校（Versuchsschuleu），其大别有下列几种：(1)生活学校（Lebenschule），无固定之课程，依据儿童生活活动，施行混合教学。(2)社会学校（Gemeinachaftssch）为汉堡市（Hamburg）学校教师所创。此种学校，合教师、学生以及学生家长为一社会，从事互相合作的活动。学校以内，无固定形式的课程，而采取生活的教学法，师生常协作旅行，或共同作一种长期的工作。其学生家属，每逢星期或休假，亦常到学校，帮同修理房舍，或点缀园庭，其以劳动增进学校之幸福。此种助人自助之精神，最能使人感动而悦服。(3)劳动学校（Arbeitsschule）此又有二类，一为慕尼黑市（München）凯兴斯泰纳（Kerschensteiner），凯氏现为明兴市大学教授，战前曾将市立小学校若干所，改组为劳动学校。校有固定之课程，惟自第二年起，增设土木、缝纫及各种手工。氏以为普通学校之理知的作业，全与儿童年龄程度不相当。故以社会的与手工的作业代之，使由作业中养成其品格及知能。此与杜威学校相同。惟杜威氏主内的生长，而凯氏则不废外的制裁，其校内每日有关于社会生活之讨论，以引起明了之道德观念。于战前则并重国家主义之陶镕，盖于康德之伦理原则与菲希脱之国家主义，并承受之，此其与杜威哲学大异者也。生产学校，遵从工艺的活动，使儿童从真实的、健全的劳动环境中，获得经济生活之知识技能，而养成对己对社会之责任心。此为社会主义领袖所倡，尚未有大规模之建设也。关于德国今日盛行之教育哲学，当于第二十二章别论之。

三　法国教育之新机

法为战胜国，战后教育，自无德国忧危反省之精神。其教育制度与方法，亦未有若合重大之变革，然平民主义之思潮，则不乏种种表现，兹略举之：

（一）统一初等教育运动　法国学制为双轨式。初级小学，七年毕业，六岁至十三岁，为强迫教育。其入中学者，先入预科四年，十岁入国立或公立中学（已详第十一章）。近年觉此种阶级之划分，与民治与正义之原则相违反，有议废止中学预科，将小学校改为六年，称公共学校（Pecoleunique）者。儿童一律入公共学校，毕业后，以皮奈智力测验甄别之，分别入中学或职业学校。强迫教育，延长至十四岁，强迫补习学校教育，则至十八岁。此种计划，曾由国会议员边松、葛罗西（Buisson, Gronssiers）二氏提出议案。又有拉美氏等（Rameil, laAal, Avril）之修订计划，虽未能既成事实，而已引起一般的注意。1925年曾由国会议员及教育部指派之各级教育代表合组一委员会讨论之。其结果以经费之限制,认为现在不能实施;但主张小学校及中学预科,应有同等之教师就同一之课程与教法。至强迫教育年限,延长至十四岁,议决提出法案于国会通过之。

(二)强迫补习教育计画 1917年,维维亚尼氏(Viviani)提出计画,凡已受小学教育之十三至十七岁至生徒,须一律受强迫补习教育。每年受课三百小时,五十小时为普通教育,一百五十小时为职业教育,一百小时为高格训练。1921年杜柯氏(Dueos)续提计画,强迫补习教育,一律至十八岁止,其每年三百小时之分配如前。此种提案,目前在国会尚不易通过也。

(三)中学教育之变革 法国中学,分 Lycee 与 College 二种,均七年毕业,已详第十一章。1902—1923年间,其中学组织,分七学年为二部(Cycles);第一部四年,第二部三年。第一部(1)拉丁、(2)法文两组。第二部前二年又分(1)拉丁希腊、(2)拉丁现代语、(3)拉丁科学、(4)现代语科学四组。后一年课程,则分(1)哲学组(Class de Philosophic)及(2)数学组(Classe de Mathematiques)。此种课程的分化,富有弹性,行之綦便。然教育者每谓古典文字文学太少,致青年对于文化之认识及欣赏,程度日见低落,文字芜秽,怒焉引为深忧。于是倡复古之论,而主张于课程中增加拉丁文与希腊文之分量。1923年,贝拉氏(Leon Berard)任教育部长,在议院提出《中学新课程案》,规定前四年拉丁与希腊为必修,后二年分(1)古文组、(2)现代语组、(3)现代语及补习拉丁组(为转学生之未习拉丁者设),最后一年,仍分哲学组与数学组。此案在议院经剧烈之辩论,哲学家柏格森(Henri Bergson)且著论昌言复古之重要,卒在议院通过,是为有名之"贝拉改革"(Berard Reform)。

四 英国教育之设施

(一)《费舍法案》 英国教育,向由私人自由经营,无严整的学制系统。1918年,国会通过有名之《费舍法案》(Fisher Act)时,费舍氏(H. A. L. Fisher)任教育部长。全国学校,始有一组织大纲,而具系统的形式。强迫教育年限由五岁至十二岁,延长至十四岁,各地方得视经费情形,延长至十五岁;小学一律免征学费。又规定强迫补习教育,至十八岁,于1928年实行。中学不免学费,但规定地方教育行政官,于补助考入中学学生之学费外,并得酌给津贴。此法案对于教育行政系统,私立学校之地位等,均有详确之规定,不赘述。

(二)中学新制 英国中学修业年限,大约为十二岁至十八岁。其中学种类向有：(1)"公立学校"(Public Schools)，校数既少，学费极高，偏重古文字，有贵族的色彩。(2)"文法学校"(Grammar Schools)，创始于文艺复兴时代，初授古典文法，故名。近则课程已早革新，而名称沿袭不改。校数较多，费亦较轻。(3)"女子中学"(High Schools for Girls)，课程与方法俱新，学生走读。(4)"市立中学"(Municipal or Country Secondary Schools)。以上三种，均私人团体所设，政府至多予以补助金，第四种，为市政府所办，最似美国之公立中学，课程新式，男女生同校。凡教育部所承认者，每校须有全学额百分之二十五之免费学额。此中等教育之大概。若一般不入中学之儿童，其在十一二岁至十五六岁间者，或在小学，或在高级小学，或在中央学校(参阅第十二章)，而近来从教育与心理之研究，认此段期间，为一特殊的期间，儿童应各依个别之材性，得身心之发展，而不应早早限定一种训练，故有人主张在小学校中，添设一四年制之"初级中等部"(Junior Secondary Course)，而正式的中学教育，则展缓至十六岁以后开始。在实际上，前此之中央学校，早具初中之性质，特偏重工商二科耳。最近趋向有二，一在小学添设初中部，一推广中央小学而变更其课程焉。

（三）教育方法　英人无整齐划一的学制系统，尤无整齐划一的教育方法。沛西·能氏(Nunn)尝言：英人在教育方法上，有两种发明，一为"公立学校"(Public Schools)，一为"童子军"(Boy Scouts)。二者均为陶冶青年人格之组织。夫历史的公立中学，向不重书本知识，而重在学校生活。其教师学生，生活上所最注意者，为一种君子态度(Good Form)，此态度如何，亦复无抽象的原则可以概括之。大致如能作户外游戏，能读古文学等，统为好态度。如背人臧否、谎言、怒骂、游戏犯规则、失败时有愠意等，即为失态。彼非不重读书也，顾其教育精神，表现于外者，在游戏或社会活动尤多，而在书本知识为少；人格训练，乃其特点耳。贝登堡(Baden Powell)之童子军组织，利用野外团体的活动，施行公民运动，已为世界所普遍采取，无须赘述。至于教师方法，英人夙尚自由。美国帕克赫斯特女士(Helen Parkhurst)所创之道尔顿制(Dalton Plan)①，在英试验最广。哈立斯夫人(Mrs. O. Brien Harris)在 Clapton 市立中学所用之哈沃特制

---

① 道尔顿制，教学的一种组织形式和方法。又称道尔顿实验室计划(Dalton laboratory plan)。由帕克赫斯特女士于1920年在马萨诸塞州道尔顿中学所创行，因此得名。其目的是废除年级和班级教学，学生在教师指导下，各自主动地在实验室(作业室)内，根据拟定的学习计划，以不同的教材、不同的速度和时间进行学习，用以适应其能力、兴趣和需要，从而发展其个性。——编校者

(Howard Plan)①,梅生女士(Miss Charlotte Mason)在 Gloucestershire 乡村小学试行之教学法,亦皆采个别的学习,以解决班级教学之困难者也。此外,库克氏(Caldweu Cook)在 Perse Grammar School 试验之游戏教学法(The Play Way),亦颇著闻。彼英人尚保守,喜调和。多数教师,虽于教学方法有所创获,亦推陈出新之意多,而标奇立异之意少,故鲜有宣传也。沛西·能氏谓英国大多数教师,忠于所业,而乐其所业,真能以最高的知识品格,以尽力于教育。但有一种脾气,不喜向外人多谈教育。所以愈有价值之贡献,而世人知之者愈少。即如山特森氏(Saunderson)以彼之天才,将小小以翁特尔学校(Oundle),造成新教育理想与方法之以结晶,而迨其谢世时,其事业之伟大,外人知者绝鲜。世间教育者,又乌能人人有幸运得文豪如威尔斯氏者之作传耶?(案韦氏为山特森作传名 *The Story of a Great Schoolmaster*),近来英国教育之著者,仍不外亚当士(J. Adams)、沛西·能、芬特来(Findlay)(参阅下第二十二章)数家,即以此耳。

五 美国教育之奋进

(一)中央之教育事业 美国教育行政,由各州(State)各自掌之,故中央政府,无直接处理教育之职权。内务部所设之中央教育局(Bureau of Education),但司研究调查及出版事业而已。战时国最终曾提出一斯密士汤约议案(Smith-Towner Bill),设置中央教育部,并年拨款 100,000,000 元于各州,以合作分担之原则,补助其教育费,为减少不识字者及移民,卫生教育,及师资训练之用,未通过。战后屡有提议,在中央政府设置一教育部(Department of Education),全国教育会(National Education Association)及其他重要团体,并促进而鼓吹之。1924 年,总统柯立芝(Coolidge)②氏曾宣言赞助设置教育及救济部(合并中央教育局及中央职业教育局)之提议,尚未成事实也。1914 年,国会通过《斯密士—里佛合作农业推广法案》(*Smith-Lever Cooperative Agricultural Extension Act*),每年由中央政府补助各州金额 480,000 元,为印刷及宣传之用;4,100,000 元为推广农业家事教育之用。1917 年,国会通过有名之《斯密士—许斯职业教育法案》(*Smith-Hughes Voational Education Act*)③,自 1917 年,预算

---

① 即以"院"(House)和"级"(Stage)的区分,来替代班次(Forms)的区分。参见孟宪承著,周谷平、赵卫平编:《孟宪承教育论著选》,人民教育出版社,1997年版,第34页。——编校者
② 即小约翰·卡尔文·柯立芝(John Calvin Cooliage, Jr., 1872—1933),美国第 30 任总统。——编校者
③ 即《史密斯·休斯法案》,规定公立中学必须开展中等农业职业教育。——编校者

年度起,拨发国库补助费总额 1,860,000 元,递增至 1925 年,为 7,367,000 元,自后永为定额,不再增减。其拨给各州之办法,亦依合作分担原则(中央补助一元,州政府须自筹一元)。其补助费之用途,限于(甲)在农事职业教育范围以内之教师,及指导员之薪金;(乙)在工业及家事教育范围以内之教师薪金,(丙)上项人才之养成训练。中央职业教育局(Federal Board for Vocational Education)遂于同年设置焉。以 1925 年计,中央政府所拨给之各项教育补助金,金额达 80,000,000 元以上云。

（二）学制之变迁　美国 8-4 制之学校系统,近年有分为小学校(Elementary school)、中级学校(Intermediate school)、中学校(High school)三段之趋向。1914 年,中央教育局之调查,各州学校,有 6-1-5、6-2-4、6-3-3、6-4-2、5-3-4 等各种组织。1916 年 Douglass 之调查,184 市学校系统之分配如下表:

　　5-3-4…………11
　　6-2-4…………77
　　6-3-3…………64
　　6-6……………10
　　其他组织………22

此学制改组之利益,英格理斯氏(A. Inglis)于所著《中等教育原理》(*Principles of secondary Education*)中,列举如下:(甲)中下学校阶段之较好的衔接与逐渐的过渡,A 教材教法上,各学级有密接渐进之联络。B 由小学之一学级一教师制,渐改为中学之一学级多教师制。C 由小学之严密指导渐进于中学之自由研究。D 新教材之逐渐增加,及其与旧教材之联络。E 选科制之渐用。F 教学训育方法之渐变。(乙)及早使学校教育适应儿童材性与兴趣之个别差异及社会个别之需要。A 采用分组的课程。B 由学年升级改为学科升级。C 行政上增加伸缩适应。D 有试探儿童能力与兴趣之课程。E 有教育之诊察及指导。F 早年离学者需要之承认。G 儿童时间之节省。(丙)进步迟缓(Retareation)及汰除(Climination)之救济:A 改组小学七八年级之课程使将次离学儿童得有效的教育。B 予以职业的陶冶。C 以较好的学习法减少进步迟缓及汰除。D 奖诱儿童继续入高中就学。(丁)教材教法之改组:现在趋势,初中教材,依儿童之能力需要及其离学后之活动而组织。至学科之论理的组织,则俟之高中焉。

（三）方法之改进 1. 三十年前,赫尔巴特与福禄培尔之方法业盛。杜威氏于赫氏则辟其兴趣主义,以为兴趣与努力,为相关的,而非对抗的。儿童诚了解其作业之目的与意义(兴趣),即能有持久的法意(努力)于是"引起动机"(Motivation)之说举。于福氏则采其自我活动与社会参加之原则,而去其神秘的哲学。根据生长与平民主义,而新方法论于以建设,已于第十九章备述之矣。2. 同时麦克默里氏(F. M. McMurry)则笃守涉氏之说,而以功用的观点(Functional point of view)变化之。与其兄合著《教授法》(Method of recitation),一时风行。又畅发自学与自学指导之旨,著《自学与自学指导》(How to study and teaching how to study),注重:(1)个别的目的;(2)思想之补充;(3)观念之组织;(4)价值之评量;(5)记忆;(6)应用;(7)批评;(8)动作表现与自动研究等原则。氏于1904年,全国教育会讨论会中,提出教材组织之四原则:(1)教材必须与广义的生活需要相关,(2)必须为儿童所能了解,(3)必须引起兴趣;(4)教学知识之部分,必须与全体相关。民对于纽约市小学校教材教法之批评;(见 Elementary school standards)为新方法上最有价值之参考书云。3. 阐明杜威氏之学说,而应用之于课程之改造者,则有查特斯(W. W. Charters)所著《课程编制论》(Curriculum Construction);濮比德(F. Bobbit)之《课程论》(Curriculum);庞昔尔(F. G. Bopser)之《设计组织小学课程论》(The Elementary School Curriculum);梅林(I. L. meriam)之《儿童生活与课程》(Child life And Curriculum)等。4. 哥伦比亚大学前教授加台尔(J. Mckeen Cattell),桑代克(E. I. Therndike),芝加哥大学教授杰特(C. H. Judd)等,开始心理与教育之科学的研究,运用统计的方法,以解答教材教法上诸般问题。桑代克著《教育心理学》三卷,其所成学习三定律(准备律、练习、效果律)及个别差异等之研究结果,尤为新教学法所依据。5. 克伯屈(W. H. Kilpatrick)本桑代克与杜威之学说,谓学习之条件,在儿童具体的志愿(Purpose),全心全意以赴之(准备律),于其达到志愿之活动中,而得到满足(练习律与效果律)。运动此志愿的活动(Purposeful Activity),以为教学之中心者即设计教学法(Project method)是也。在散学中运用设计,往时原亦有之,惟限于农工家事等实用之学科耳。今氏与其徒欲广其用,而以为一切教学之原则,包含观念、欣赏、问题、熟练等各种设计。裴格莱氏(W. C. Bagiey)则承认志愿的学习之有效,而不认一切学习可从志愿出发。氏以为在生物学上言,志愿的意识(Consciousness of purpose),为人生后期的发展。儿童究必恃成人之制裁与指导。以成人志愿代儿童志愿,实人类进化中一重要原素。在心理学上言于解答问题或实际活动中偶得的知识技能,不如为知识技能而学习熟练之易于保持见忆。且学习效果之转移(Transfer),尤必待吾人将程式与原则,从具体志愿或应用中,抽绎而熟练之。故氏以为设计之后,仍必继以系统的学习也。6.近来美国新方法之试验,日益繁多,具如杜威氏《明日之学校》中所述。此外试验个别教学以解决班级教学之困难者,如华虚朋(C. W. Washhurne)之文纳特卡制(Winnetka Plan)①,帕克赫斯特女士之道尔顿制(Dalton Plan);利用学校各种设施及活动,以增高教育之效能者如沃特(W. Wirt)之葛雷制(Gary Plan)②,皆其最著者也。

六　日本教育之近况

日本教育,亦于本世纪随国运之发展。日臻月盛。略举数点,以供借镜:

（一）学制大概　　现时学制,寻常小学校,六年毕业,为义务教育。毕业后升学分二途:(1)男生入中学校,女生入高等女学校或实科高等女学校。中学校五年毕业,可升入高等学校,三年毕业,入大学。(2)入高等小学校,或乙种实业学校,后补习学校。高等小学二年或三年毕业,升入师范学校,或甲种实业学校。师范学校四年毕业,可升入高等师范学校(高等女学校毕业生,亦可升入女子高等师范学校)。

（二）义务教育延长问题　　六年义务,系1908年定制。而现时教育界及社会舆论,均认为不足,有延长至八年之议。然以财政上尚无计划,文相及一般实业家,不表赞同。而教育者则主张甚力。按1922年统计,日本国内学龄儿童9,083,477人,就学者9,008,039人,已逾百分之九十九,其教育之普及,可惊也。

（三）军事训练　　中等以上学校,于大正十四年(1911)起,均命现役将校,授各校学生以军事教育。当时社会方面,有反对者。然卒由政府组织之文政审查会可决,毅然施行。

---

① 1919年,美国教育家华虚朋(C. W. Washburne)在芝加哥文纳特卡镇公立中学创建的一种教学组织形式。其课程被分为两部分:一部分按照学科进行,由学生个人自学读、写、算和历史、地理等方面的知识、技能;另一部分通过音乐、艺术、运动、集会以及开办商店、组织自治会等来培养和发展学生的"社会意识"。前者通过个别教学进行,后者通过团体活动进行。——编校者
② 亦称"双校制"、"二部制"。美国进步教育运动中出现的一种教学制度。由杜威的学生沃特1908年在印第安那州葛雷市创立。葛雷学校的典型特征是采用"两校制"。即将全校学生分为两部分,一部分在教室上课,另一部分则分布在图书馆、体育场、工厂、商店及其他公共场所进行各项活动。——编校者

（四）高等教育　高等学校，终明治之世，仅有七所。近年陆续添设，有新潟、松本、山口、松山、水户、山形、佐贺、大阪、静冈、福冈等十数校，均以地名名之。帝国大学，旧只二校，近亦添设三校。校名及所属学部如下：

1. 东京帝国大学………法、医、工、文、理、农、经济。
2. 京都帝国大学………法、医、工、文、理。
3. 东北帝国大学（仙台）………理、医。
4. 九州帝国大学（福冈）………医、工、农。
5. 北海道帝国大学（札幌）………农、医。

凡大学各学部，除医学四年外，余均三年毕业。学部设研究科，各研究科互相联络，得总合设大学院。大正七年(1918)之《大学令》，第一条"大学以教授国家需要学术之理论应用，并攻究其蕴奥为目的；兼须留意于人格之陶冶，国家思想之涵养。"标明高等教育之宗旨。第二条"大学以设置若干学部无常例；但因特别情形，仅置一学部，亦得称为大学。"按前此大学各科，称分科大学，不无大学之内，复有大学之嫌，故改称学部。而于综合大学之外，又承认单置一学部之大学，因此而专门学校，遂纷起升格之运动。如东京商专、冈山、金泽、千叶、长崎等医专，自是均改为单科大学焉。

第二十二章　最近苏俄与意大利之教育

上述现代世界教育,举例限于德、法、英、美、日五国。搜罗比较,有待补充。而近来论政者,率以苏俄与意大利,均厉行党治,特加注意。兹再掇拾两国教育近闻,以供考览。

一　苏俄之教育

俄自1917年战败,革命爆发。于疮痍冻饿之大惨劫中,共产党起而攫取政权。又于党争屠戮之大混乱中,历十余年之试验、错误,终建立一种新社会秩序。马克思预言,共产主义,必先行于资本主义最发达之国家,而事实上乃于工业落后之俄实现之。彼之预言,固不验矣。而彼之主义,在俄乃为第一次巨大试验,实现世界史上一极重要之纪录也。

旧俄教育,迫压于专制的政体与独断的宗教淫威,绝无自由之发展。其小学教育,迥非德法之比。其不识字人,在圣彼德堡且占57%,在高加索、西伯利亚等处,则达百分之八十八焉。其中学与大学,虽亦精美宏备;其学者在文艺科学上,且博得世界最高之尊崇;然特殊阶级的教育,无救于平民之颛愚与迷信也。

苏维埃联邦共和国(Union of Soviet Republics 简称 U. S. S. R),为六个自主的共和邦所合成。各邦有一人民教育部(Peoples's Commissariat of Education),掌理该邦教育行政。惟以同受共产党之命令,故政策大体相同。中央人民教育部,为教育行政之中枢。部之组织,分十一处:(1)行政处,(2)普通教育处,(3)专门教育处,(4)儿童及成人教育处,(5)非俄语人民教育处,(6)教育科学评议会,(7)科学艺术处,(8)文学著作处,(9)出版处,(10)电影处,(11)教育设备处。以部长综理之。部长为政府十六委员之一,由中央执行委员会任命之。第一任教育部长,则卢那察尔斯基(Lunacharsky)①也。其教育改造之要点,略述如下:

(一)学校制度　(1)入学教育　凡儿童之教养,国家任之。三岁以前,属

---

① 即阿纳托利·瓦西里耶维奇·卢那察尔斯基(1875—1933),苏联文学家、教育家、美学家、哲学家和政治活动家。——编校者

卫生部管理。(凡产妇免除十二至十八周之工作,仍得全部工资,并衣食补助费。婴儿置之育儿院中,母就院抚之。乳多之母,兼哺他儿。)三岁至八岁,为入学前教育(Pre-school Education)年期,其组织有公共育儿院(Creche)公共暖室,幼稚园,体育场等。各工厂组织之,受卫生部与教育部之监督指导。(2)普通教育　自八岁之十五岁(或十七岁),儿童一律入"统一劳工学校"(Unified Laborschool)。分二级,初级四年,教读、写、算、科学知识、劳动,及共同生活。高级三年(或五年),略相当于他国之中学。统一劳工学校,有七年制,九年制二种;然实际上九年制学校殊罕见。(3)职业教育　十四岁以上之儿童,在工厂学校者,可实任劳工,半工半读,此为低级职业教育。至统一劳工学校毕业者,在乡村可入青年农人学校,在城市者可入职业学校(教运输贸易、电气、冶金、音乐、艺术、药剂、师范等科),修业二年至四年,视职业性质而定。(4)高等教育　有专门学校、大学及各种研究院。莫斯科有第一、第二及中山大学。他如列宁格勒(Leningrad)、亚罗斯拉夫(Yaroslav)、喀山(Kazan)、托姆斯克(Tomsk)、伊尔库茨克(Irkutsk)等,均设大学。研究院重科学及工艺,如列宁格勒之巴鲁心理研究院(Pavlovnstitute)、莫斯科之农业经济研究院(中有俄国专家二十余人,丹麦、德、美各国专家若干人。其研究报告,有译成德、法、日各国文字者。),皆全世界所仅有。(5)成人教育　有二年至三年期之成人补习学校,成人识字学校,成人政治学校等。此为利用图书馆、博物馆、剧场、电影、集会、标语等工具,此任何国为注重。革命以后,各地曾举行大规模之廓清不识字人运动。(6)特殊教育　关于聋、哑之教育,试验极著成绩。又儿童或感化教育(如美国之 Hull House① 及 George Junior Republic②,在俄称儿童生活区(Children's Cojony)莫斯科现在有极大之试验区数处)。

(二)教育宗旨　苏俄施政方针,最显著者:(1)对于儿童,施行普及劳动教育,使成健全的、合作的工人,以建设共产的新社会秩序;(2)对于成人,救济不识字及失学,使成具有政治知识之人民;(3)对于联邦内各民族,发展其个别的文字、文化,不强迫用俄语,保持自主平等的精神。其教育宗旨,据第二莫斯科大学校长平凯惟区氏(Pinkevitch)所拟定云:"增进个人全部的发展,使成为健全、强悍、活动、勇敢,思想行为独立,有多方面的文化,为工人阶级利害而努

---

① 1889 年,亚当斯(Jane Addams)女士在美国芝加哥市创立了全美最负盛名的睦邻组织,位于芝加哥的霍尔馆(Hull-House),其目的是协助多元民族的移民融入社会生活,进而回馈社区。——编校者

② 1909 年,美国慈善家 William Reuben George 创建于宾夕法尼亚南部。——编校者

力,亦即为全人类利益而努力之人。"其统一劳工学校,有下列各点:(1)免费、强迫、普遍;(2)禁绝宗教;(3)废除考试;(4)男女同学;(5)体格检查,规定每年四次;(6)"旅行观察"及"混合中心"的教学法;(7)学生政治运动,及参与校务。后二点,下节详之。

（三）教学方法　旅行观察法(Excursion Method)之注重,一因原理上先实物观察而后求知,二亦因事实上初革命时,学校多无设备,即书籍亦极缺乏,不得不利用博物馆、美术馆之游览,为教学之主要方法。苏俄学生,因此训练,多能对于一种自然或社会现象,为精细的考察,而制成笔记、图表、报告等以记载之。混合中心法(Complex Method),即一种设计课程,以一个兴趣中心,统合各科教材者也。苏俄学校,惟采取此新课程,故课程编制上,最有新得。第一次课程,颁行于1917年,为教育科学评议会所草订。（克罗卜斯基(Krupsky)为该会主席,沙次基(Shatsky)、勃龙斯基(Blonsky)等皆会员）十年来迭经试验,批评、修正,其细目及报告,积至十巨册。凡关于儿童心理、各国混合中心、教学法、体育、学生组织、学生与社会、学校与工业、道尔顿制、读物等问题,皆指定数十个学校,各行试验。新修正课程,公布于1927年。苏俄教育,着道在正当的思想、工作、团体习惯之养成,决不沾沾焉以传授知识或技能为事。故学生生活及组织,为整个教育之一重要部分。自统一劳工学校起,即行学生自治与治校。每校有校务代表大会(Presidium)以各级学生代表、教员代表,以及校医、其他学生团体(如前锋团、青年团)、家属、工会、党部等代表组织之。人数过多,每月仅开会一次,平时则以其所选派之执行委员统治之。列宁主义前锋团(Young Leninist pioneers),为七岁至十三岁之儿童组织,略仿英美之童子军。共产主义青年团(League of Communist Youth,俄名简称Comsomol),则为十四至二十三岁之青年组织,革命时曾担任积极工作,现则比较侧重教育工作矣。凡政治性质的大会、游行及各种运动,学员必须参与焉。

（四）教育领袖　当初红军初起,竞事破坏,凡有名之建筑、雕塑、绘画等,遭蹂躏者,荡焉靡存。1917年之十月,莫斯科犹未完全占领。教育部长吕那蔡斯基氏(Lunacharsky)在列宁格勒得电,闻莫斯科之圣巴士教堂(Church of St. Basil)古建筑被党徒所毁,慨然谓俄国民族精神结晶之艺术,从兹永斩其绪。立草辞职书,并投函各报痛言其不幸,郁郁就睡,盖真病矣。嗣列宁来访,力挽之,且允以后将艺术物之保管,由革命委员会,移交教育部执掌。吕氏复在各报宣言。促起其同志之合作。1922年冬燃料告荒,而各美术馆、博物馆之炉火熊熊如故。群众聚而避寒,因知艺术之赏爱。氏虽为忠实党员,然对于旧俄帝后之造像,及礼拜堂之神像,亦以"为艺术而爱艺术",悉护持之。于民众感情亢激时,辄藏匿移置他处,待其平静,矗立如初。今莫斯科有名的宫殿、教堂、塑像,皆补葺完好,如其旧观。噫!吕氏诚有心人矣。然氏为诗人与戏剧家,非专业的教育者;苏俄新教育之建筑,尤以克鲁普斯卡娅(Krupsky)[①]之功为多。克氏(氏为列宁夫人)所以受全俄之敬爱者,实以其为党教之母,不仅以其为党魁之妇也。克氏于小学教育,研讨甚精,为教育科学评议会主席。统一劳工学校课程,即其所总纂。沙次基(Shatsky)以音乐天才,从事幼儿与儿童教育,为莫斯科第一试验区主任;勃龙斯基(Blonsky)以哲学家而致力于儿童智力测验,现为莫斯科教育学院教授,皆可谓豪杰之士已。

二 意大利之教育

意大利教育,视中欧北欧诸国,均有逊色。其教育法规,始颁于1859年,时值独立战争后,意王伊玛诺从加萨帝(Cafasi)之议颁行之,称加萨帝法案。意经济不发达,南部交通多梗阻,教育之推广綦难。强迫教育,仅定三年,自六岁至九岁。至中学教育,偏重机械记诵,功课极繁,而德育、美育、体育,均毫不措意。其对于教育之贡献,除蒙台梭利女士(Maria Montessori)[②]之教法教具,为特殊儿童教育之有价值发明外,几无闻焉。

自法西斯蒂党(Fascisti)执政,政府之权威,可以倾议会而凌君主。1922年莫索理尼(Mussolini)以哲学者秦梯利(Giovanni Gentile)为教育部长。秦氏精思博辩,既握政治重权,锐意革新,一扫障碍。重颁各种法令,称"秦梯利改革"(Reforma Gentile),在意国教育上,呈一异彩焉。述其要点如下:

(一)学制 小学校修业五年,六岁至十一岁,(初级三年,高级二年),为强迫教育。小学修了,可入补习学校(Scuole Complementari)三年,至十四岁毕业。其升入中学者,则于第四年修了时,(年龄十岁),可得升学证书(Licenza di maturita),而入中学。中学分三类:(1)文科中学(Ginnaisi-Lycei),前五年称Ginnaisi,后三年称Lycei,希腊文与拉丁文均必修。(2)文理科中学(Lycei-Scientifici),拉丁文必修。以上二类,并为升入大学预备。(3)实科中学(tehnici-

---

① 克鲁普斯卡娅(1869—1939),全名娜杰日达·康斯坦丁诺夫娜·克鲁普斯卡娅,苏联教育家,无产阶级政治活动家。——编校者
② 玛丽亚·蒙台梭利(Maria Montessori,1870—1952),意大利幼儿教育学家,蒙台梭利教育法的创始人。——编校者

instituti),中分农工商等职业科。中学修业八年,十岁至十八岁。

（二）行政　秦氏最致力者:(1)强迫教育令之严厉执行,(2)补习教育之推广,(3)大学入学生之精选,(4)行政组织及手续之活动化,(5)私人教育事业之容许及奖励。

（三）课程　(1)小学课程上宗教科制一律恢复,(2)中学古科制加重及教学改进,(3)德育、体育、美育之特别注重。彼俄与意同行党治,而党义不同。其教育亦复苏。俄之课程,恣其更新;而意之课程,毗于复旧,斯亦教育史之奇观也已。

现时意国教育领袖,当推秦梯利及同僚拉迪契(Lombardo-Rapice)。秦氏为新理想主义大师,生平从事教育,自中学以迄大学,垂二十五年,凡教育上之问题,靡不精心搜讨,终能逢此时会,一一实现其所主张。其学说另详后第二十四章。拉氏与秦氏,则心契其学说,而躬助其政献,可媲美焉。

第二十三章　教育之科学的研究

近世科学之发展,以时期言之,则自十七世纪之算学天文学,及于十八世纪之物理学化学,至十九世纪而地质学生物学,均有发明。迨本世纪,则学者渐将科学之精神与方法,应用于社会学之研究。于此潮流中,教育的科学,亦骎植其基础。前此教育上之理论实施,或仅凭个人之意见,或拘于社会之成训,至是则一一以观察,测量试验的方法,估量而决定之。此教育学术上之一大进步也。本章分(一)儿童研究;(二)教育心理,(三)智力学力测验,(四)教育调查四节述之。

一　儿童研究

自卢梭以后,儿童身心之发展问题,在教育上始受其应得之注意。然其以科学的方法,为系统的研究者,最近五十年间事耳。生物学者达尔文,以其研究生物之严密的态度,观察其初生之婴儿,于1876年在 Mind 杂志中,发表《婴儿之传记》(Biographical Sketch of an Infant)一文,为英人对于儿童研究之创者。1878年,法人佩雷斯(Perez)亦刊《婴儿之前三年》(Les Trois Premieres Annees de I. Enfant)一作。至1882年,而德心理学者普赖尔(Preyer)之巨著《儿童之心理》(Die Secle des Kindes)亦出。然大规模之儿童研究运动,则以美国霍尔氏(G. Staney Hall)为领袖。氏于1880年即开始其"入学时儿童心理"(Contents of Childrens Minds on Entering School)之研究。克拉克(Clark)大学,创建于1887年,氏为校长,遂以儿童心理研究为中心。其研究之结果,则创 Pedagogical Seminary 杂志刊布之。佩雷斯、普赖尔二氏之著作,并译英文,以供参考。1893年,国际教育会议(International Congress on Education)开会于芝加哥,霍尔氏努力宣传儿童研究之重要。全国儿童研究会(National Association for the Study of Children),因之组织成立,英国赴会代表归国,亦于1894年,组织英国儿童研究会(British Child Study Society)。德国亦于1899年有 Verein fur Kinderpsychologin,法国于1900年有 La Societe Libre Pour J. Etnde Psychologie de l'enfant 之组织。自是儿童心理,由记载的说明,进入试验的、统计的研究矣。

二 教育心理

1879 年，德国心理学者冯特（Wundt）①始创心理实验室。自是实验心理学渐成立。其以生物的、机能的心理学，应用于教育之问题者，当推美国之霍尔、詹姆斯、桑代克三氏为领袖，而桑代克之贡献尤伟。略述于下：

霍尔（G. S. Hall, 1846—1924） 氏开创儿童心理之研究，已如前述。惟氏说受赫尔巴特之影响，而时时搀杂其形而上学的假定，即其方法亦尚未十分精确。惟其所代表的进化的、发生（Genetic）的观点，则有永久的价值。其青年期（Adolescence）心理研究，尤值得注意也。

詹姆斯（William James, 1842—1910） 氏为故哈佛大学心理学哲学教授，所著《心理学原理》（*Principles of Psychology*，1890）始以生物的、机能的观点，研究心理反应。其所讨论本能、游戏、习惯、兴趣、模仿与暗示，训练与训练效力之转移，个别差异等问题，均与教育有极大之关系。

桑代克（E. L. Thorndike, 1878—1949） 氏为哥伦比亚大学教授，著作极富。举其最要者有：（一）《动物的智慧》（*Animal Intelligence*，1898），（二）《心理社会测量原理》（*An Introduction to the Theory of Mental and Social Measurements*，1904），（三）《教育心理学》（*Educational Psychology*，1913），（四）《算术心理》（*Psychology of Arithmetic*，1922），（五）《代数心理》（*The Psychology of Algebra*，1923），（六）《智力之测量》（*The Measurement of Intelligence*，1927）等。氏之学问，由动物心理入手，进而从事教育心理之创造，最后则努力于智力学力之测量，上述《动物的智慧》，为氏毕业时之论文。氏在学校为学生时，即观察小鸡、猫、狗之本能的、学习的反应，最为卡特尔教授（Cattell）②所爱重，其在动物心理试验上所发明之工具，如迷津（maze）、迷匣（Puzzle-box）、符号反应试验（Signal reaction experiment）等，均为后来研究家反复利用。氏有名之学习律（准备律、练习律、效果律）亦即从动物试验中，归纳得之。其教育心理学三卷，第一卷论本能，第二卷论学习律，第三卷论工作疲劳与个别差异，为 1903—1913 十年间研究之结果。氏尝谓"凡存在的事物，皆有数量。"（Whatever exists, exists in some amount）其弟子麦柯（W. A. McCall）为下一转语曰："凡有数量的事物，皆可测量。"（Anything that exists in amount can be

---

① 即威廉・冯特（Wilhelm Wundt，1832—1920），德国心理学家、哲学家，第一个心理学实验室的创立者，构造主义心理学的代表人物。——编校者
② 即雷蒙德・卡特尔（Raymond Bernard Cattell，1905—1998），美国心理学家，最早应用因素分析法研究人格。——编校者

measured)此测量运动之中心人物,梅氏也。斯脱来耶(Strayer)谓最先应用统计于心理学者,为加台尔;最先应用统计于人类学者,为波亚斯(Boas);最先应用统计学于教育学者,则为桑代克,非虚誉矣。进而述其测验之运动。

三 智力学力测验

英优生学者高尔登(Francis Galton)首以统计方法,研究遗传问题,于1869年,出版《遗传的天才》(*Hereditary Genius*)一书,盛称天赋智力之重要。氏曾拟造一种量表,分人类智力为十四级。其对于智力及个别差异之研究,于教育极有贡献。氏弟子皮尔生(Karl Pearson)更完成统计之方法。在美国,则卡特尔(J. Mckeen Cattell)首先研究个别差异问题,与测量方法。至桑代克而集其大成焉。

首先编造智力测验者,为法国实验心理学者比纳(Alfreb Binet)。氏与西蒙(Thomas Simon)共同发表论文三篇,其第二篇讨论测验低能儿之结果,并提示一智力测验之量表①。其所列测验,包括三十种试题,由浅而深,惟不分年龄,三年后,比纳又发表一修正的量表,增多试题,且按年龄分类。以此量表,可求出被测者之智力年龄(Mental Age)。比纳于1911年谢世,未遑更有其他贡献,然此量表,已耗十余年之心血矣。

美人首先介绍比纳测验者,为葛达德(H. H. Goddard)。氏于1908年,开始应用比纳量表以测验低儿。1910年,又编成一修正的量表。后斯坦福(Stanford)大学教授推孟(L. M. Terman),又费五年之时间,修正比纳之量表,使适合美国之用。推孟之最大贡献,在于智力年龄以外,另应用德国心理学家斯坦恩(W. Stern)所创之智力商数(Intelligence Quotient 简称 I. Q)。所谓智力商数,即以实足年龄除智力年龄再乘100所得,(乘100之意,在免除小数,以百为标准数)。其式如下:

$$\frac{智力年龄}{实足年龄} \times 100 = I. Q.$$

凭此智力商数,可以判断某儿童之智愚如何,若仅有智力年龄,尚不能得准确之观念。例如有两儿于此,其实足年龄迥异,而智力年龄相同,仅得其智力年龄,固无从比较其智愚也。

---

① 即比纳—西蒙智力量表(Binet-Simon Intelligence Scale)。——编校者

上所言测验,均为个别测验(Individual Tests),一时间只能试验一儿童,其结果较精密,而手续究不经济。因此,又有团体测验(Group Tests)之编造,同时间可测验四五十人以上。团体测验,为近数年间之产物。美国心理学者,如桑代克、推孟、奥底斯(Otis)等,均皆极大之功绩焉。

大多数智力测验,为文字的测验(Verbal Intelligence Tests)。此外尚有一种非文字的测验(Non-Verbal Intelligence Tests)包含填图、分析几何形、迷津、形数交替,以及其他图形的测验。非文字的测验,可以避去家庭与学校的影响,惟稍机械而已。

学力测验运动,虽与智力测验为二途,然实际则深受智力测验之影响。学力测验之目的,在诊断儿童各学科之能力,并预备施行相当的补救。首先编制学力测验者,为美国之芮司氏(J. M. Rice),1897年曾发表其拼字测验之结果。其后桑代克于1904年刊布《心理社会测量原理》一书,一时传诵。1908年,其弟子斯东(Stone)出版一种算术测验,为最早之学力量表。越二年,桑氏之书法量表告成。自是研究者日多,测验之种类亦日繁。现时通用者,有读法测验、识字测验、文法测验、缀法测验、书法量表、算学测验、常识测验、史地测验、外国语测验等。

学力测验既盛行,研究家仿智力年龄智力商数之例,而求教育年龄与教育商数(Education Quoient 简称 E. Q.),其式如下:

$$\frac{教育年龄}{实足年龄} \times 100 = E.Q.$$

有智力年龄与教育年龄,又可进而求得成业商数(Accomplishment Quotient 简称 A. Q.)

$$\frac{教育年龄}{智力年龄} \times 100 = A.Q.$$

成业商数之意,在表示各个儿童智力年龄与教育年龄之关系。如成业商数为100,则智力学力相称;在100以上,则其学力超于智力;反之,在100以下,则学力不及智力,足证其修学之未努力也。

四 教育调查

测验运用统计之工具,固也,而统计在教育上之用不止此。盖统计实教育科学之根本工具也。其应用于教育问题者,大别有二:一为教法及训练,如智力学力之差异，学习进步之速率，工作与疲劳，训练效力之转移等问题是也。一则于教育行政，如城市教育经费，教育效率，教育机关之组织等问题是也。统计方法，约分二部：一部为图表法，以图形或表格，表示所统计之事实，使览者一目了然；一部为分析法，则以集中趋势、离中趋势、相关系数之各类方法，计算各种量数者也。自有测验之客观标准，与统计之严密方法，教育者仍能从实际上考查学校的组织、行政、经费、设备、课程、师资、学生、方法、学业成绩等等，而依据教育目的，提议改良方法；此教育调查（School Survey）之运动所由来也。

美国最早之教育调查，为1911年之Montclair School Survey[①]与Baltimore Survey[②]，1912年之Boise[③]与纽约市调查继之，皆尚为试验的性质。至1914年斯脱莱耶（Stiayer）主持之Butte School Survey[④]，始大规模的运用各种新编之标准测验。1915年，克柏莱（Cubberley）主持之Salt Lake City School Survey[⑤]，则凡测验、统计、图示、比较、叙述等各种方法，皆备用之。此项调查之报告，为教育上极有价值之参考材料。其卷帙往往浩繁，如1915年之Cleveland School Survey[⑥]，分刊至二十五册。其调查之指导，常集合多数之专家。其经费亦常占巨额；教育基金团体，如普通教育基金董事会（General Education Board），常拟款补助各地方教育调查之经费焉。

[①] 即蒙特克莱尔学校调查。——编校者
[②] 即巴尔的摩调查。——编校者
[③] 即博伊西，位于美国爱荷华州附近。——编校者
[④] 即巴特学校调查。——编校者
[⑤] 即盐湖城学校调查。——编校者
[⑥] 即克利夫兰学校调查。——编校者

第二十四章　欧洲之教育哲学者

杜威教育哲学,已详见第二十章。欧洲教育思想,有与杜威异其趣者。语句其大较,则英国学者守个人自由之说,多倡个性与自由主义;大陆学者承康德哲学之绪余,多阐扬理想主义。略述罗素、沛西·能、芬特来、秦梯利、那托卜、史普兰格等六家要旨,以资举隅。

一　罗素、沛西·能、芬特来

罗素(Bertrand Russel)　氏尝著《社会改造之原理》(*Principles of Social Reconstruction*),①谓人类冲动有二,一为创造的,一为占有的。最善的生活,必以创造的冲动为其基础。而现在社会组织,如国家、如战争、如财产等,尚皆为占有的冲动之表现。今于教育中求改造,惟在解放此创造性,而使之得自由伸张。"使吾人尊重儿童之权利者,则不容以教育为政治之武器。使吾人尊重儿童之权利者,即应予以知识及思想之习惯,使能养成独立的思想。"教师应有谦抑的精神(Spirit if Reverence),尊敬被教育者之个性,不可徒恃权威,灌输信仰。氏于近著《教育与善良生活》(*Education and Good Life*)②中,批评耶稣会与日本之教育,谓其害在以儿童为其工具,而不视为目的。其爱教会及国家,乃厚于其爱儿童也。其教育所应培养之美质,列举之有四:曰强健(Vitality)、曰勇敢(Courage)、曰锐敏(Sensitiveness)、曰智慧(Intelligence)。教育者有生理心理上充分之知识,又有对于儿童深挚之爱情,不惑于宗教与国家之偏见,而致力于此四种美质之养成,则教育之造福于人类者无量也。

沛西·能(T. Percy Nunn)　氏为伦敦大学教授,所著《教育之张本与原理》(*Education, It's Data and First Principles*),③亦畅发个性与自由之旨。氏谓非由个人之自由活动,则此世界无由以臻于善。个人各有其个别的思想,正与每一艺术品之各具理想同;则教育之不能有普遍的目的也明矣。教育上之努力,止于供给适当之情境,使个人各得其个性之发展,而有所贡献于人类之全体,其贡献之为何,则任个人于其生活中锻炼成之。此非蔑视群性与学校群化

---

① 今译《社会改造原理》。——编校者
② 今译《教育与美好生活》。——编校者
③ 今译《教育原理》。——编校者

职能之说也。个性非有群性之兴趣与活动,无由发展;儿童固不能人各一学校,亦不能人各一课程也。吾人所要求者,于共同生活之中,各遂其自由之生长而已。氏以生物学,心理学之例,为其说之张本,复根据此说,以抽绎课程与方法之原理。反复推阐,皆此旨也。

芬特来(J. J. Finblay) 曼彻斯特(Manchester)大学教授芬特来氏,亦英国今日教育界之巨子,其杰作《教育之基础》(*The Foundations of Education*)二卷,于1926年出版。氏谓社会之进步,只能由实际的各个人之进步得之。教育上惟一的目的,为"人类精神之培养"(the mature of the human spirit)。氏注重精神生活,带理想主义之色彩。谓生活有内界的与外界的;精神之发展,即为如何调和有限的自我与无限的宇宙。以宗教语言达之,则如何由人以求神也。人生价值有四,曰身心(指身体,以身与心德作用不可分,故云)(Body-mind)、艺术(Arts)、道德(Morals)、智慧(Intelligence),务使有谐适的,调和的发展。生物学家只言机体对于环境之适应,氏则探"调和的发展"(Harmonious development)一名词,谓可减少误解。盖精神生活,不能仅以机体之适应概之也。

二 秦梯利、那托卜、史普兰格

秦梯利(Giovanni, Gentile) 氏与克罗契(Benedetto Croce)于1903年合力创刊《批评杂志》(*La Critica*),为新理想主义哲学之大师。主罗马大学讲座多年,自1922年任意大利教育部长。氏排斥实在主义之以实在(Reality)为外界的存在。理想主义者,则以为只有创造实在之精神,而无外界的实在。故教育内容之文化,非事物,非静止地存在于书本或思想中,非占有时间或空间。总之非存在(being)而为成长(becoming)。文化只为精神生活,常在成长与创造中。学校之通病,在以知识为有定量与定质,而行其传授。此种实在主义偏见,于教材方法上并显露之。夫使知识而可知定量于定质,则文化乃"存在"而非"成长"矣。依氏之论据,"教育为人类精神的生活"。精神生活为整统的,故教育亦系整统的,不可析而为德育、智育、体育(体育亦为全人格之陶冶)等等。教师之生活,与儿童之生活,应有精神上之融化,亦不可拆而为教学与训练等等。此为教育之统一性(Unity of Education)。氏今日在意大利教育之革新,即在以全人格之陶冶,易旧时知识之灌输,其视宗教与艺术既特重,于科学及其应用,自不免稍轻,此与美国教育异趣者也。

那托卜(Paul Natorp) 氏为德国马堡大学(Marburg)教授,与柯亨

(Cohen)同绍述康德理想主义,称"马堡学派"①。著《社会的教育学》(Social padagogik),采柏拉图之意,谓个人在社会组织中,各有其兴趣与活动。实际活动与其相副之美德凡三级:(一)欲望与节制;(二)意志与勇敢;(三)理性与真理。此精神的阶级,表现于社会组织上者,为经济的、政治的、文化的三种运动。以创造的理性,制驭经济与政治。统合个人,实现文化的理想,是为教育之目的。氏注重个人之群化,以为教育不能为个人的,盖个人如物理上之原子然,必依社会组织始能完成其人格。因之群化为教育之目的,而亦即其历程也。

史普兰格(Eduard Spranger) 氏为今柏林大学教授,亦理想主义之巨子。氏谓文化有六型:科学、艺术、经济、社会、政治、宗教是也。人格之理想,亦有六型:理论的、审美的、经济的、社会的、政治的、宗教的是也。此六型非互相隔离,而个人人格中,则只有一型之有力的发展。教育者当供给儿童以有价值的经验,随其个性以生长。不当仅以传授知识为能。盖惟有了解与创造人生价值者,为有精神的发展。教育为一种意见,乃愿为儿童牺牲,而使之了解与创造人生价值之一种意见也。此种文化的教育说,与最近根据文化价值之基斯塔(完形派)心理学(Gestalt Psychology)②相融合,代表今日由自然科学进于心理科学,由实在主义趋于理想主义之一种思潮者也。氏排斥美国之实用主义,于所著《文化与教育》(Kultur und Erziehung)中,提示教育革新之三原动力:(一)自由;(二)平等;(三)博爱。在今日混乱之教育目的中,氏独揭橥其文化教育之理想,谓宜包含耶稣之圣善,德诗哲歌德(Goethe)之优美,与普鲁士民族对于自由与本务观念之调和三原素云。

现代教育哲学,自杜威以至史普兰格,各种思潮,分流并进,固各有其个别的思想系统,要亦为各国特性与民族精神之表现。此征之杜威之实用主义平民主义有然,征之英国之个性自由学说,大陆之人文主义理想主义亦无不然也。

---

① 又称"逻辑学派",新康德主义的主要流派之一。——编校者
② 即格式塔心理学,是西方现代心理学的主要流派之一,根据其原意也称为"完形心理学",完形即整体的意思,格式塔是德文"整体"的音译。——编校者

孟宪承教育通史稿
下卷

《孟宪承教育通史稿》下卷目录

绪论 ··· 120

第一章　周之教育 ·· 122

第二章　孔子 ··· 129

第三章　老子 ··· 135

第四章　墨子 ··· 138

第五章　管子 ··· 141

第六章　孟子 ··· 143

第七章　荀子 ··· 146

第八章　汉之教育 ·· 149

第九章　两汉儒学之代表人物 ·························· 158

第十章　魏晋南北朝之教育 ···························· 162

第十一章　隋唐之教育 ·································· 168

第十二章　儒学与佛学 ·································· 172

第十三章　宋之教育 ···································· 177

第十四章　王安石 …………………………………………… 181

第十五章　理学诸儒 …………………………………………… 184

第十六章　元明之教育与文化 ………………………………… 194

第十七章　王守仁 ……………………………………………… 199

第十八章　清之教育 …………………………………………… 202

第十九章　清儒之学 …………………………………………… 204

第二十章　最近之教育 ………………………………………… 211

附录 ……………………………………………………………… 219
　　全国教育会议宣言 ………………………………………… 219
　　教育方针草案　许崇清 …………………………………… 223
　　中国乡村教育之根本改造　陶知行 ……………………… 229
　　改造全国乡村教育宣言书　陶知行 ……………………… 231
　　职业教育的理论和方法　黄炎培 ………………………… 232

绪　论

中华民族历史的存在,逾五千年。其史籍之浩繁,非任何现代国家所可比拟。清四库书目所著录史部书,达三万七千余卷,而四库所未收或编定后续出者,尚无虑数万卷。盖自左丘明、司马迁以后,史部书曾著简册者,最少应在十万卷以外,此文化遗传之伟大可惊也! 惟其内容之繁且积,故整理之也难,系统的文化史学术史,晚近始有一二专书也。

中国教育史之材料,当有以下三种来源:

(一) 教育家之学说与事迹　例如孔子、孟子、荀子、郑玄、朱熹、王守仁等,其学说或散见于群经诸子,或各有其著述若专集;而其生平,则于《史记·孔子世家》、《史记·孟子荀卿列传》、《后汉书·郑玄传》、《宋史·朱熹传》、《明史·王守仁传》,可考见者也。(正史以外,于孔孟则如崔述《洙泗考信录》、《孟子事实录》;于朱熹则如王懋竑之《朱子年谱》,均及有价值。宋以后儒家,有黄宗羲之《宋元学案》、《明儒学案》,尤使参考。)

(二) 教育之制度与沿革　古代教育,见于《尚书》、《周官》、《礼记》等,其各朝之学制,则与《通典》、《文献通考》所采辑者可稽。下至类书(如《玉海》、《古今图书集成》)、方志以及后之章程、条例,皆可供研究者之参考。

(三) 历史及其他著述之可证时代背景者　凡思想制度,皆应时代之要求而产生,不察其过去及当时社会之状况,则无以见其来源。思想与制度之结果,其影响必及于社会,不察其后此之社会状况,则无以得其评价。此一般历史之用也。若各种学术思想史(如梁启超《先秦政治思想史》、胡适《中国哲学史大纲》),亦可证时代之背景与思潮,皆可取资者也。

史料丰富如此,宜若可取之左右,逢其原矣,而实际从事,有三难焉。古者政教不分,教育家之学说,与其政法理想、人生哲学,不易分判。即以制度言之,周以前,敷教与养老并行,即唐以后,亦学校与科举相混。必一一以现代教育之体系为准,爬梳而剔抉之。非病主观,成滋附会,此史料整理之难一也。古书虽多,真伪难辨。孔子欲观夏道殷道,亲诣其遗裔杞宋二国,而慨文献之不足征①,

---

① 出自《论语·八佾》:"夏礼吾能言之,杞不足征也;殷礼吾能言之,宋不足征也。文献不足故也。足,则吾能征之矣。"——编校者

（后世谶纬诸书，言三皇五帝事，皆秦汉阴阳家所伪托。《礼记》屡言夏殷制，亦儒家后学推定之文。孔子明言不足征，而其徒能征之，诞矣。）《孟子》有"尽信书，则不如无书"①之叹。即如《尚书》一部分，为东晋人伪造。《周官》世以为周公致太平之作，然其书西汉末晚出，当时学者，指为伪书，近代则疑义益甚，或者汉人杂糅周末及春秋战国所传之制度而成。《礼记》则汉志谓"七十子后学者所记"②，盖一儒家之丛书，各篇成立年代早晚不同，最晚者则出汉儒手，而纯驳互见。古书考订，学涉专门。此史料鉴别之难二也。

因探究西洋教育史之兴趣，而搜集本国之材料以为比较者，最早由郭秉文之《中国教育制度沿革史》③，及蒋梦麟之《中国教育原理》④。二作仅肄业国外大学之论文，非整治国故之专业。北京师范大学陈君青之，刊有《中国教育史》上卷；又王君凤喈，著《中国教育史大纲》⑤一稿，差为斯业之尝试。东南大学同学王君炽昌，博搜史料，有《中国教育史概论》一稿，约六十万言。草创将成，未及润饰，赍志以没。遗稿尚待印行。本编参稽故籍，条贯群言，其所纂辑。仍踵前例，于学说思想为详，于制度沿革为略，于近代为详，而于古代为略。随讲随编，去便考览，操觚率尔，纰缪必多。若以精深之研究，而为系统的著述，则尚待同志之分途以赴，合力而成，信乎黎洲之言，"此非末学一人之事耶。"（《明儒学案》发凡语）

孟宪承　十九(1930)，三，十五

---

① 《孟子·尽心下》。——编校者
② 《汉书·艺文志》。——编校者
③ 此书1915年由美国哥伦比亚大学出版。中文本由周槃译，商务印书馆1916年出版。——编校者
④ 此书1917年由商务印书馆出版。——编校者
⑤ 此书1928年由商务印书馆出版。——编校者

第一章　周之教育

孔子删书，断自唐虞；儒家言政治，常称尧舜。其时（前2350—前2200）诸夏民族，已驱除苗夷，卜居于黄河流域。部落分立，其大部落之酋长谓之"元后"，小者谓之"群后"，元后之于群后，实亦地丑其德齐，特名义士之共主而已。夏商二朝（前2200—前1135），历千余年，文物制度渐备。周始行封建，自武王至幽王，约三百数十年（前1135—前771），治教最盛。平王东迁而后，始渐衰矣。本章所述，乃西周最盛之时也。

一　周之前之教育

周以前教育制度之可考见者，则《尚书·舜典》云："帝曰：契，百姓不亲，五品不逊，汝作司徒，敬敷五教，在宽。"又《尚书·洪范》"八政……五曰司徒……"注，司徒主徒众教以礼仪。则司徒为最古之教育官，虞始设之而夏仍之也。

《礼记·王制》云："有虞氏养国老于上庠，养庶老于下庠。夏后氏养国老于东序，养庶老于西序。殷人养国老于右学。养庶老于左学。"郑注："皆学名也……上庠右学。大学也，在西郊。下庠左学，小学也，在国中王宫之东。东序……亦大学，在国中王宫之东。西序……亦小学也，西序在西郊。"①皆国学也。孟子谓："设为庠序学校以教之。夏曰校，殷曰序，周曰庠，学则三代共之，皆所以明人伦也。"②此殆指乡学也。

古代教育，以人伦道德为内容，上所谓五品五教者，孔颖达疏云："品谓品秩，一家之内，尊卑之差，即父、母、兄、弟、子是也……《左传》云：布五教于四方。父义、母慈、兄友、弟恭、子孝，是布五常之教也。"③至养老之义，孔疏云："养老必在学者，以学教孝悌之处，故于中养老。"④孟子所谓"皆所以明人伦也。"⑤

---

① 孔颖达：《礼记正义》卷十三《王制第五》。——编校者
② 《孟子·滕文公上》。——编校者
③ 孔颖达：《尚书正义》卷三《舜典第二》。——编校者
④ 孔颖达：《礼记正义》卷十三《王制第五》。——编校者
⑤ 《孟子·滕文公上》。——编校者

二　周之学制

周之学制可从下列各条考之：

"天子命之教，然后为学。小学在公宫南之左，大学在郊。天子曰辟雍，诸侯曰泮宫。"(《礼记·王制》)

"古之教者，家有塾，党有庠，术有序，国有学。"(《礼记·学记》)

"古者，年八岁而出就外舍，学小艺焉，履小节焉。束发而就大学，学大艺焉，履大节焉。"(《大戴礼·保傅篇》)注："小学谓虎闱师保之学也。大学，王宫之东者。束发谓成童，《白虎通》曰：八岁入小学，十五入大学是也。"①

按周之国学，"辟雍居中，其南为成均，北为上庠。东为东序，西为瞽宗。"(《玉海》引《礼象》)②皆大学也，大司乐教焉。其小学则师氏保氏教焉。自王子以下，乃公卿大夫元士之子，以逮宿卫士庶之子，咸学于是，是为国中之学。其郊外之学，则王国远郊百里内有六乡(五百家为党，五党为州，州二千五百家，五州为乡，乡一万二千五百家)，有乡庠六，州序三十，党序百有五十。郊外为甸，制如六乡，有遂庠六，县序三十，鄙序百有五十。夫郊甸之内，距王城不过二百里，而有学三百七十有奇，所谓家有塾者，尚不计焉。(说本孙诒让)③周制，州党之学为序，乡遂之学为庠。《学记》所谓党有庠，术(遂)有序者，孔疏引庾氏谓指"夏殷礼，非周法"④也。

三　周之教育行政及教育者

试从《周官》中考之：

"大司徒……以乡三物教万民而宾兴之：一曰六德，知仁圣义忠和，二曰六行，孝友睦姻任恤，三曰六艺，礼乐射御书数。"⑤

"乡大夫之职，各掌其乡之政教禁令。正月之吉，受教法于司徒，退而颁之于其乡吏，使各以教其所治，以考其德行，察其道义。"⑥

此中央与地方之教育行政官也。

"大司乐掌成均之法，以治建国之学政，而合国之子弟焉。"⑦

---

① 王聘珍：《大戴礼记解诂》卷三《保傅四十八》。——编校者
② 《玉海·学校篇》。——编校者
③ 参见孙诒让：《周礼正义·地官司徒》。——编校者
④ 孔颖达：《礼记正义》卷三十六《学记第十八》。——编校者
⑤ 《周礼·地官司徒第二·大司徒》。——编校者
⑥ 《周礼·地官司徒第二·乡师》。——编校者
⑦ 《周礼·春官宗伯第三·大司乐》。——编校者

"师氏……以三德教国子：一曰至德以为道本，二曰敏德以为行本，三曰孝德以知逆恶。教三行：一曰孝行以亲父母，二曰友行以尊贤良，三曰顺行以事师长。"①

"保氏……养国子以道，乃教之六艺：一曰五礼，二曰六乐，三曰五射，四曰五驭，五曰六书，六曰九数。乃教之六仪：一曰祭祀之容，二曰宾客之容，三曰朝廷之容，四曰丧纪之容，五曰军旅之容，六曰车马之容。"②（以上均引《周官》）

此国家之教师也。

"乡有乡学，取致仕在乡之中大夫为父师，致仕之士为少师，在于学中，名为乡先生。"（《礼记·乡饮酒义疏》）

此乡学之教师也。

四　课程

上所言三物之教，以人伦道德为中心。首六德，次六行，次六艺，盖"德行"为先，而"道艺"为后。孔子所谓："弟子入则孝，出则弟，谨而信，泛爱众，而亲仁。行有余力，则以学文。"③（《论语》）其旨相符也。朱熹谓："人生八岁，则自王公以下之庶人之子弟，皆入小学，而教之以洒扫应对之进退之节，礼乐射御书数之文。及其十有五年，则自天子之元子众子以至公卿大夫元士之适子，与凡民之俊秀，皆入大学，而教之以穷理正心修己治人之道。"④案以穷理正心修己治人之道，为大学之教。其说似易生误解。宋儒重视《礼记·大学》一篇，谓为"古之大学所以教人之法"，然决不能因此遂认大学八条目为古大学之课程。盖六艺非十五岁以前儿童所能尽学也甚明，且《王制》固言，"乐正崇四术，立四教，顺先王诗书礼乐以造士，春秋教以礼乐，冬夏教以诗书"也，惟大学八条目，若以现代教育目标视之，则自格物、致知、诚意、正心，以至修身、齐家、治国、平天下（梁启超云，中国自有文化以来，始终未尝认国家为人类最高团体，其政治论常以全人类为物件，故目的在平天下，而国家不过与家族同为组成天下之一阶段⑤。）凡知识、道德，以至对己、对群之本务，宏纤毕举，广大精微，乃最可注意者也。

---

① 《周礼·地官司徒第二·师氏》。——编校者
② 《周礼·地官司徒第二·保氏》。——编校者
③ 《论语·学而》。——编校者
④ 朱熹：《大学章句·序》。——编校者
⑤ 梁启超：《先秦政治思想史·序论》，商务印书馆1923年版，第3页。——编校者

五 教学原理

古代教学之原理，《礼记·学记》一篇，言之最为精详，兹节取数条如下：

（一）尊师

"凡学之道，严师为难。师严然后道尊，道尊然后民知敬学。是故君之所不臣于其臣者二：当其为尸，则弗臣也；当其为师，则弗臣也。大学之礼，虽诏于天子无北面，所以尊师也。"

（二）教学相益

"虽有嘉肴，弗食不知其旨也，虽有至道，弗学不知其善也。是故学然后知不足，教然后知困。知不足然后能自反也。知困然后能自强也。故曰：教学相长也。"

（三）指导训练

"大学之法，禁于未发之谓豫。当其可以谓时，不陵节而施之为孙，相观而善之谓摩。此四者，教之所由兴也。发然后禁，则扞格而不胜；时过然后学，则勤苦而难成；杂施而不孙，则坏乱而不修；独学而无友，则孤陋而寡闻；燕朋逆其师；燕辟废其学。此六者，教之所由废也。君子既知教之所由兴，又知教之所由废，然后可以为人师也。"

（四）问答启发

"善学者，师逸而功倍，又从而庸之；不善学者，师勤而功半，又从而怨之。善问者，如攻坚木，先其易者，后其节目，及其久也，相说以解；不善问者反此。善待问者，如撞钟，叩之以小者则小鸣，叩之以大者则大鸣，待其从容，然后尽其声。不善答问者反此。此皆进学之道也。"

"君子之教喻也，道而弗牵，强而弗抑，开而弗达……教也者，长善而救其失者也。"

（五）学校生活

"大学之教也，时教必有正业，退息必有居学。不学操缦，不能安弦；不学博依，不能安诗；不学杂服，不能安礼；不兴其艺，不能乐学。故君子之于学也，藏焉、修焉、息焉、游焉。夫然，故安其学而亲其师，乐其友而信其道，是以虽离师辅而不反也。"

上所言，虽不加解释，亦可见与现代心理与教育诸原则相暗合。至于安其学而亲其师，乐其友而信其道，则先民所言，真学校教育之极轨矣。

六　考试与选举

《学记》云:"比年入学,中年考校。一年视离经辨志,三年视敬业乐群,五年视博习亲师,七年视论学取友,谓之小成;九年知类通达,强立而不反,谓之大成。夫然后足以化民易俗,近者说服,而远者怀之,此大学之道也。"其考校之程式如此。虽非如今世学校偏重知识文字之考试,而考试为最古之制度,则可征也。

《王制》云:"命乡秀士升之司徒,曰选士。司徒论选士之秀者而升之学,曰俊士。升于司徒者,不征于乡;升于学者,不征于司徒,曰造士……大乐正论造士之秀者,以告于王,而升诸司马,曰进士。司马辩论官材,论进士之贤者,以告于王,而定其论。论定然后官之,任官然后爵之,位定然后禄之。"

此最古选举之法也。

七　视学与养老

《玉海》引《三礼义宗》云:"凡一年之中,养国老有四,皆用天子视学之时。"①《礼记·文王世子》曰:

"天子视学,大昕鼓征,所以警众也。众至,然后天子至,乃命有司行事,兴秩节,祭先师先圣焉。有司卒事反命,始之养也。适东序,释奠于先老,遂设三老、五更、群老之席位焉。适馔省醴,养老之珍具,遂发咏焉;退,修之以孝养也。反,登歌清庙;既歌而语,以成之也,言父子、君臣、长幼之道,合德音之致,礼之大者也。下管《象》,舞《大武》,大合众以事,达有神,兴有德也。正君臣之位、贵贱之等焉,而上下之义行矣。有司告以乐阕,王乃命公、侯、伯、子、男及群吏曰:反,养老幼于东序。终之以仁也。"

《乐记》云:"食三老五更于大学,天子袒而割牲,执酱而馈,执爵而酳,冕而总干,所以教诸侯之弟也。"

《诗·大雅·行苇》云:"曾孙维主,酒醴维醹,酌以大斗,以祈黄耇。黄耇台背,以引以翼。寿考维祺,以介景福。"

盖宗法社会,政治基于伦理。在上者以孝弟之义,维系人心。故天子视学,则举行此盛大之仪式,一以"尊年敬德",一以"乞言修治",使民众观感兴起,潜移而默化焉,其典体之隆,可想见也。

---

① 《玉海·学校篇》。——编校者

八　家庭教育

《礼记·内则》云："子能食食，教以右手；能言，男唯女俞。男鞶革，女鞶丝。六年，教之数与方名。七年，男女不同席，不共食。八年，出入户门，及即席饮食，必后长者，始教之让。九年，教之数日。十年，出就外傅，居宿于外，学书记。"

此家庭所施之幼稚教育也。周时有所谓"胎教"，则注意于先天的教育者。

《大戴礼》云：

"周后娠成王于身，立而不跛，坐而不差，独处不倨，虽怒不詈。"胎教之谓也。

刘向《烈女传》云：

"大任者，文王之母，性专一。及其有身，目不视恶色，耳不听恶声，口不出恶言，以胎教也。"

九　女子教育

《内则》云：

"女子十年不出，姆教婉娩听从，执麻枲，治丝茧，织纴组紃，学女事，以共衣服。观于祭祀，纳酒浆、笾豆、菹醢，礼相助奠。"

其女子教育，盖限于家事而已。

十　改教之精神

周行封建之制，以宗法为政治之基本，其立法之精神，在利用人类通性而善击之，故曰："人道，亲亲也，亲亲故尊祖，尊祖故敬宗，敬宗故收族。"①人莫不亲爱其父母，因父母而尊父母所出之祖先，因祖先而敬及代为祖先之宗子，卒乃以宗子之关系，联络全族，此大规模的家族组织，遂成为政治上主要原素。再加以宗教的气味，而效力益强。"万物本乎天，人本乎祖。"《礼记·郊特牲》尊祖观念与敬天观念相结合，推论之结果，可以认全人类为一大家族。故曰："明乎郊社之礼，禘尝之义，治国者其如示诸掌乎。"(《中庸》)吾侪对于宗法精神，能根本明了，则所谓"天下之本在国，国之本在家。"(《孟子》)②所谓"欲治其国者，先齐其

---

① 《礼记·大传》。——编校者
② 《孟子·离娄上》。——编校者

家"(《大学》),庶几可以索解。(以上引梁启超,《先秦政治思想史》,第66页。)①
夫其政治基于家族伦理,而其教育亦即基于家族伦理,此一稽《礼记》、《孝经》,固随在可征。盖教育本政治之一部,即学术亦官掌之也。

又有一点可注意者,彼宗法社会之中,所以维系团体者,全恃情谊与习惯,无取规规焉以法律条章相约束,故重"礼治"而不取"法治"。依法治国之观念,至战国而始成立,古无有也。古所谓法,与刑罚同义。《易象传》:"利用刑人,以正法也。"(《蒙卦》)其初刑法之用,限于对蛮夷。《周书·吕刑》:"苗民弗用灵,制以刑。"《左传》"德以柔中国,刑以威四夷"是也。其后渐以施于本国住民之一阶级,《曲礼》所谓"礼不下庶人,刑不上大夫"也。其士大夫之制裁,一本诸体。礼穷则放逐之,所谓"屏诸四夷,不与同中国"(《大学》)也。此礼治精神之表现于教育上者,《王制》云:

"司徒修六礼以节民性,明七教以兴民德,齐八政以防淫,一道德以同俗,养耆老以致孝,恤孤独以逮不足,上贤以崇德,简不肖以绌恶。命乡简不帅教者以告耆老皆朝于庠,元日,习射上功,习乡上齿,大司徒帅国之俊士与执事焉。不变,命国之右乡,简不帅教者移之左,命国之左乡,简不帅教者移之右,如初礼。不变,移之郊,如初礼。不变,移之遂,如初礼。不变,屏之远方,终身不齿。"

礼不特有此制裁之用也,又有"禁于未发"之用焉。《大戴礼·礼察》云:

"凡人之知,能见已然,不能见将然。礼者,禁于将然之前,而法者,禁于已然以后……礼云礼云,贵绝恶于为未萌而起敬于微眇,使民日徙善远罪而不自知也。"

《乐记》云:"礼也者,理之不可易者也。"然则所谓礼者,犹吾人所谓合理的习惯已耳。非养成全国人之合理的习惯。固无教育,无政治之可言。此博大精微之礼治,乃西周政治之特色。然"礼仪三百,威仪三千"(《中庸》),文胜之敝,常致徒有机械之仪式,而亡制体之精神。甚至射御之技术,亦以成礼,而非以尚勇,士大夫终身局促于钟鼓玉帛之间,不遑考察物理人生之用。周室东迁之祸,未始非肇于此也。

---

① 梁启超:《先秦政治思想史》,商务印书馆1923年版,第66页。——编校者

第二章 孔子

一 东周之政教及诸子学说

周自幽王遭犬戎之难,平王东迁(前770),王室衰微,夷狄交逼。《春秋》托始于其四十九年(前722),至敬王三十九年(前181)而绝笔。封建政治,至是已届末运。春秋之世,五霸迭兴,表面上犹尊宗周。迨后兼并日盛,诸侯者不及二十国,再后仅存七国,号为战国七雄,其间战争不息,丧乱孔多,亘二百余年,而混一于秦(前246)。

黑格尔谓:"国家当政治式微之际,即理知成熟之秋。"战国之时,周之式微甚矣,而学术转极盛,盖有数因:

(一)前此惟贵族为知识阶级(君子之贵族、小人之细民,为具体阶级),至封建之衰,贵族夷为平民,平民可致卿相,阶级已弛,平民之量与质俱增,(君子小人,遂指抽象品质)知识下逮而普及。

(二)前此教育与学术,官府掌之,迨贵族整体崩坏,世官降为平民。像所谓某官之守者,一变为某家之学。民间始有聚徒讲学之事,负笈从师之人。孔子首以布衣讲学,墨子继之,私人教育大盛,知识发展之速率益增。

(三)列国互竞,务揽人才以自佐,如秦孝公、齐威王、宣王、梁惠王、燕昭王乃至孟尝、平原、春申、信陵之四公子,咸以体贤下士相尚。"处士"之身价日重,而士之争自濯磨者亦日多。

(四)当时书籍传写方法,似已甚发达。故"苏秦发书,陈箧数十"(《战国策》),"墨子南游,载书甚多"(《墨子·贵义篇》),可见书籍已流行,私人多有藏储。研究有资,学术愈甚进步。

(五)社会变迁太剧,人民痛苦日深,足以刺激心理上之惊疑与烦闷,贤智之士,争供种种计画,以为解决慰藉之方。

(六)自周初以来,文化经数百年之蓄积酝酿,根柢本极深厚,至是思想完全解放,机缘凑泊。故学术光华,超轶前后。

梁启超曰:"春秋战国间学派繁苗。秦汉后,或概称为百家语,或从学说内容分析,区为六家九流。其实卓然自树壁垒者,儒墨道法四家而已。案庄子《天下篇》,荀子《非十二子篇》,淮南子《要略》,均论列诸子学派。庄子论(1)墨翟、禽滑厘(墨);(2)宋钘(墨)尹文(名);(3)彭蒙、田骈、慎到(法);(4)关尹、老聃、庄周(道);(5)惠施、桓团、公孙龙(名)等家。荀子列(1)它嚣、魏牟(道);(2)陈仲、史鳅(无书);(3)墨翟、宋钘(墨);(4)慎到、田骈(法);(5)惠施、邓析(名);(6)子思、孟轲(儒)等十二子。淮南子则列太公、管子(道);孔子、晏子(儒);墨子(墨)从横修短(从横);申子、商鞅(法);及已所著书(杂)。然初无儒道墨法等家之区画也。至太史公谈论六家要旨,始标'阴阳、儒、墨、名、法、进德'六家之名。至班固本刘向、歆《七略》,作《艺文志》,其诸子略中,始分儒家者流、道家者流、阴阳家者流、法家者流、名家者流、墨家者流、从横家者流、杂家者流、农家者流、小说家者流,去小说家则为九流,故曰'诸子十家,论可观者,九家而已。'夫农家杂家,多汉以后人;至阴阳家则其书已散佚。则考迹晚周,惟儒道法名墨从横六家。然名家似不能单独成立(胡适谓:古代无论那一家的哲学,都有一种为学的方法。这个方法,便是这一家的名学……家家都有名学,所以没有什么名家。不过墨家的后进,如公孙龙之流,在这一方面,研究的比别家稍为高深一些罢了),从横家亦道墨法之支流,则周秦间学派,卓然自立者,实惟儒道墨法四家而已。"①

儒家宗孔子,其后起之大师,则有孟子、荀卿。道家宗老子、庄周。墨家由墨翟开宗。法家言始于管子,而韩非集其大成。分述四家教育学说,如下数章。

二 孔子略传

孔子(前551—前479),名丘,字仲尼,鲁人。生于周灵王二十一年,少孤,且贫贱。适周,问礼于老子。适齐,为高昭子家臣。反鲁不仕,修诗书礼乐,弟子弥众。年五十一,始为鲁中都宰,遂为司空,又为大司寇。相定公会齐侯于夹谷,齐人归鲁侵地。摄行相事,与闻国政,而鲁大治。齐人归女乐,季桓子受之,三日不朝,孔子遂行。适卫,过陈,及匡,匡人以为阳虎而拘之。既解,还卫。适宋,司马桓魋欲杀之,征服而去。及郑,与弟子相失。在陈,绝粮,从者病,莫能兴,而讲诵弦歌不衰。居三岁,反卫,卫亦终不能用。复如陈,有"归欤"②之叹。遂如蔡。如齐,如楚,又反卫。盖栖栖于宋卫陈蔡间者十余年,或讥其"知其不可而为之"③,可想见其行道济时,惓惓之志也。年六十八,归于鲁。叙《书》、传《礼记》、删《诗》、正《乐》、作《春秋》、读《易》,韦编三绝,序《彖》、《系》、《象》,说

---

① 参见梁启超:《先秦政治思想史》,商务印书馆1923年版,第107—114页。——编校者
② 《论语·公冶长》。——编校者
③ 《论语·宪问》。——编校者

《卦》《文言》。学道不厌，诲人不倦，自谓"发愤忘食，乐以忘忧，不知老之将至。"①年七十三卒，盖敬王之四十一年（前479），距希哲苏格拉底生前②之十年也。

三 孔子之人生哲学与政治理想

儒家之人生哲学，植本于"仁"。仁何者？"樊迟问仁，子曰：爱人。"③以今语释之，则有同情而已。人于同类，莫不有同情；荀子所谓"有知之属莫不知爱其类也"④，此爱类之同期，其消极的表现为恕，而积极的表现则为仁。

子贡"问有一言可以终身行之乎？子曰：其恕乎，己所不欲，勿施于人。"⑤

"夫仁者，己欲立而立人，己欲达而达人。能近取譬，可谓仁之方也已。"⑥（《论语》）人类生活，皆以相对关系行之：以有我而知彼，以我所欲比知彼所欲；非人人共立共达此地位，则我决无从独立与达，社会之结合，即基本于此同情。人生之理想，即在此同情之培养与扩大，孟子谓："老吾老，以及人之老。幼吾幼，以及人之幼，天下可运于章。《诗》云：刑于寡妻，至于兄弟，以御于家邦。言举斯心加诸彼而已。"⑦举斯心加诸彼，即能近取譬，老吾老以及人之老即己立立人，己达达人，循此途径而日扩之，则仁之方矣。

基于五种相对关系之同情，则为五伦。《礼运》从五之偶言之，则为十义（父慈、子孝、兄良、弟悌、夫义、妇德、长惠、幼顺、君仁、臣忠），同情由亲及疏，故伦理不能无差等，《中庸》所谓"亲亲之杀，尊贤之等"是也。盖以我为中心，而同情随其环距之近远而有强弱浓淡。墨家不承认之，而儒家则承认之且利用之。

儒家政治之理想，即在将人类之同情，扩充到极量，而完成其仁的世界，此世界名之曰"大同"。《礼记·礼运》云：

"大道之行也，天下为公，选贤与能，讲信修睦。故人不独亲其亲，不独子其子，使老有所终，壮有所用，幼有所长，矜、寡、孤、独、废疾者皆有所养，男有分，女有归。货恶其弃于地也，不必藏于己；力恶其不出于身也，不必为己。是故谋闭而不兴，盗窃乱贼而不作，故外户而不闭，是谓大同。"

---

① 《论语·述而》。——编校者
② 苏格拉底生于公元前469。——编校者
③ 《论语·颜渊》。——编校者
④ 《礼记·三年问》。——编校者
⑤ 《论语·卫灵公》。——编校者
⑥ 《论语·雍也》。——编校者
⑦ 《孟子·梁惠王上》。——编校者

如是而能"以天下为一家,中国为一人"①也。

四 教育家之孔子

孔子志在政治改造,概不得行其意,则终身于教育之事业,所谓"是亦为政,奚其为政"②也。至其好学(《论语》"吾十有五,而志于学"③;"十室之邑,必有忠信,不如丘之好学";④"五十学易,可无大过"⑤),求师(《史记·仲尼弟子列传》孔子之所严事,于周则老子,于卫蘧伯玉,于齐晏平仲,于郑子产,于鲁孟公绰,又《论语》"三人行,必有我师"⑥),盖天性已然。儒家教育,以人格之活动为源泉,最重人格交感相发之效。其言曰:

"惟天下至诚,为能尽其性;能尽其性,则能尽人之性。"(《中庸》)

施行人格教育,必教者先有崇高伟大之人格,故曰:

"本诸身,征诸庶民……动而世为天下道,行而世为天下法,言而世为天下则。"(《中庸》)

孔子一布衣,聚徒三千,本有教无类之精神,自搢绅子弟,以至驵侩(子张)、大盗(颜浊聚),皆"归斯受之"。虽厄于陈蔡之间,流离患难,而弟子相从,讲诵不辍。孔子既没,弟子皆服心丧三年。相诀而去,则哭;各复尽哀。子贡卢于冢上,六年乃去。此非人格感化之深挚,孰能致之欤?

兹就《论语》所记,分教育之内容与方法二节,述其学说于下。

(一) 教育之内容 《史记》:"孔子以诗书礼乐教弟子,盖三千焉,身通六艺者,七十二人。"⑦《论语》:"子所雅言。《诗》、《书》执礼。"⑧"兴于诗,立于礼,成于乐"。⑨ 其以诗书礼乐为主要课程,殆无可疑。抑《论语》又谓:"弟子入则孝,出则弟,谨而信,泛爱众,而亲仁。行有余力,则以学文。"⑩盖孔子重人格之教育,故其视伦理之实践,尤重于诗书礼乐之节文也。

(二) 教育方法 《论语》所记,多片段的谈话,本难强为统系。但以类相

---

① 《礼记·礼运》。——编校者
② 《论语·为政》。——编校者
③ 《论语·为政》。——编校者
④ 《论语·公冶长》。——编校者
⑤ 《论语·述而》。——编校者
⑥ 《论语·述而》。——编校者
⑦ 《史记·孔子世家》。——编校者
⑧ 《论语·述而》。——编校者
⑨ 《论语·泰伯》。——编校者
⑩ 《论语·学而》。——编校者

从,条举如下:

(1) 个性适应 《论语》及《中庸》中论个别差异者,如:

"性相近也,习相远也。"①

"中人以上,可以语上;中人以下,不可以语下也。"②

"惟上智与下愚不移。"③

"或生而知之,或学而知之,或困而知之,及其知之一也。"④

孔子于弟子之个性,考察亦极详审。书中评量弟子个性者甚多,如闵子誾誾,子路行行,冉有、子贡侃侃;如柴也愚,参也鲁,师也辟,由也喭;如德行、言语、政事、文学之四科;如"吾与回言终日,不违如愚"⑤等皆是。

"子路问闻斯行诸,子曰:有父兄在,如之何其闻斯行之?冉有问:闻斯行诸?子曰:闻斯行之。公西华曰:由也问闻斯行诸,子曰有父兄在。求也问闻斯行诸,子曰闻斯行。赤也惑,敢问。子曰:求也退,故进之;由也兼人,故退之。"⑥

此最足代表孔子答问之态度。其于弟子问仁,问孝,所答各各不同。所谓因材施教也。

(2) 启发 孔子谓:"不愤不启,不悱不发。"⑦其启发之方法,多用问答。颜渊赞其"循循然,善诱人。"⑧其师生问答之自由恳挚,书中随在可见。试一读《四子侍坐章》(《论语·先进》),即可想象其从容活泼,优柔厌饫,有非后儒之言教。

(3) 兴趣 孔子自谓:"发愤忘食,乐以忘忧。"⑨其学问之兴趣,浓厚如此。又谓:"知之者,不如好之者;好之者,不如乐之者。"⑩又谓:"学而时习之,不亦说乎?"⑪曰悦曰乐,皆兴趣之谓耳。

(4) 努力 教育家应以人格心力为表率,固矣。而在教学上,尤当努力精进。孔子屡屡以学不厌,教不倦为言,尤《学记》"教学相长"之旨。自古及今,从

---

① 《论语·阳货》。——编校者
② 《论语·雍也》。——编校者
③ 《论语·阳货》。——编校者
④ 《礼记·中庸》。——编校者
⑤ 《论语·为政》。——编校者
⑥ 《论语·先进》。——编校者
⑦ 《论语·述而》。——编校者
⑧ 《论语·子罕》。——编校者
⑨ 《论语·述而》。——编校者
⑩ 《论语·雍也》。——编校者
⑪ 《论语·学而》。——编校者

事教育者,未有学部精进,而教能成功;未有厌倦,而能教学者也。

附《四子侍坐章》①:"子路、曾晳、冉有、公西华侍坐。子曰:"以吾一日长乎尔,毋吾以也。居则曰:'不吾知也!'如或知尔,则何以哉?"子路率尔而对曰:"千乘之国,摄乎大国之间,加之以师旅,因之以饥馑;由也为之,比及三年,可使有勇,且知方也。"夫子哂之。"求,尔何如?"对曰:"方六七十,如五六十,求也为之,比及三年,可使足民。如其礼乐,以俟君子。""赤,尔何如?"对曰:"非曰能之,愿学焉。宗庙之事,如会同,端章甫,愿为小相焉。""点,尔何如?"鼓瑟希,铿尔,舍瑟而作,对曰:"异乎三子者之撰。"

子曰:"何伤乎?亦各言其志也!"曰:"莫春者,春服既成,冠者五六人,童子六七人,浴乎沂,风乎舞雩,咏而归。"夫子喟然叹曰:"吾与点也!"三子者出,曾晳后。曾晳曰:"夫三子者之言何如?"子曰:"亦各言其志也已矣!"曰:"夫子何哂由也?"曰:"为国以礼,其言不让,是故哂之。唯求则非邦也与?安见方六七十如五六十而非邦也者?唯赤则非邦也与?宗庙会同,非诸侯而何?赤也为之小,孰能为之大?"

---

① 《论语·先进》。——编校者

第三章　老子

一　老子略传

老子(生年约前570),楚人。姓李,名耳,或名聃,周守藏室之史。孔子适周,尝问礼焉。其学以自隐无名为务。周衰,遂去。至关,关令尹喜曰:"子将隐矣,强为我著书。"①于是老子乃著书上下篇,言道德之意五千余言而去,不知所终。

二　道家思想

道家哲学,与儒家根本不同,儒家以人为中心,道家则以自然界为中心。两家同言道,然儒家以道为人类心力所创作,故曰:"人能弘道,非道弘人。"②道家以道为自然界先天的存在而一成不变。老子曰:

"有物混成,先天地生。寂兮寥兮,独立不改,周行而不殆,可以为天下母,吾不知其名,字之曰道……人法地,地法天,天法道,道法自然。"③

人类在道所从出之大自然中,微弱渺小,只能顺从自然界,而不能有所创造。故曰:"以辅万物之自然而不敢为。"④自然乃绝对的善,绝对的美。其持论颇似十八世纪末卢梭所倡之"复归之自然"也。

根据此宇宙观而得之人生理想,则为:

"常使民无知无欲。"⑤

"见素抱朴,少私寡欲。"⑥

"罪莫大于可欲,祸莫大于不知足,咎莫大于于得。"⑦

此人生之复归于自然也,凡物质之刺激,则"五色令人目盲,五音令人耳聋,五味令人口爽"⑧。社会的束缚与诱惑,则所谓"天下多忌讳,而民弥贫。民多利

---

① 《史记·老子韩非列传》。——编校者
② 《论语·卫灵公》。——编校者
③ 《老子·二十五章》。——编校者
④ 《老子·六十四章》。——编校者
⑤ 《老子·三章》。——编校者
⑥ 《老子·十九章》。——编校者
⑦ 《老子·四十六章》。——编校者
⑧ 《老子·十二章》。——编校者

器,国家滋昏。人多伎巧,奇物滋起。法令滋彰,盗贼多有。"①常人所谓文明、文化,道家悉诅咒之。凡知识、艺术、礼俗、法令、政府,乃至道德条件,皆罪恶之源泉,故曰:"绝圣弃知,大盗乃止;摘玉毁珠,小盗不起;焚符破玺,民乃朴鄙;掊斗折衡,而民不争。"(《庄子·胠箧篇》)

根据此种人生观而得之政治理想,则为:

"小国寡民,使有什伯之器而不用,使民重死而不远徙。虽有舟舆,无所乘之;虽有甲兵,无所陈之,使人复结绳而用之。甘其食,美其服,安其居,乐其俗,邻国相望,鸡犬之声相闻,民至老死不相往来。"②

"圣人处无为之事,行不言之教,万物作而不始。生而不有,为而不恃,功成而弗居。"③

"上德无为而无以(疑当作不)为……上仁,为之而无以为。上义,为之而有以为。上礼,为之而莫之应,则攘臂而扔之。故失道而后德,失德而后仁,失仁而后义,失义而后礼,夫礼者,忠信而薄,而乱之首也。"④

此政治之复归于自然也。上德以无为而为,上仁无所为而为,上义有所为而为,上礼则为所不能为也。儒家主礼治,道家主无治,其别如此。

道家哲学,揭破礼教之虚伪,人类文化之弱点,排除物质欲望,而探求最高之精神生活。故曰:"见素抱朴,少私寡欲。"⑤曰:"去甚,去泰,去奢。"⑥曰:"为学日益,为道日损;损之又损,以至于无为。"⑦曰:"既以为人已愈有,既以与人已愈多。"⑧如此为生活而生活,无为而无不为,生活殆成艺术化,是乃最圆满之人生也。顾其心理之条件,在无知无欲,而人类则不能;其社会之条件,为小国寡民,而现代已无有。此其理想之所以难实现也。

三 老子之于教育

老子言:"绝圣弃知"⑨,又言"绝学无忧"⑩,又言"古之善为道者,非以明民,

---

① 《老子·五十七章》。——编校者
② 《老子·八十章》。——编校者
③ 《老子·二章》。——编校者
④ 《老子·三十八章》。——编校者
⑤ 《老子·十九章》。——编校者
⑥ 《老子·二十九章》。——编校者
⑦ 《老子·四十八章》。——编校者
⑧ 《老子·八十一章》。——编校者
⑨ 《老子·十九章》。——编校者
⑩ 《老子·十九章》。——编校者

将以愚之"①；其反对教育之态度，盖甚明了。虽然，彼之理想，在返于自然；彼以愚为自然，故以愚为教育耳，曰"常德不离，复归于婴儿，"②曰："俗人昭昭，我独昏昏；俗人察察，我独闷闷……众人皆有以，而我独顽似鄙。"③曰婴儿，曰昏昏闷闷，曰顽鄙，皆愚之状态，老子教育，愚之教育也。其言曰：

"为学日益，为道日损。"④

日益者，智之教育；日愚者，则愚之教育也。夫教育固不限于智识之增加，即洗练耆欲，培养精神，亦何莫非教育之所当有事？然则老子非果反对教育也。特反对俗人之智的教育而已。不然，著书五千言，且致慨于"吾言易甚知，甚易行；而天下莫能知，莫能行"，⑤又何为者？其发对教育者，正其对于教育之绝大主张也。

---

① 《老子·六十五章》。——编校者
② 《老子·二十八章》。——编校者
③ 《老子·二十章》。——编校者
④ 《老子·四十八章》。——编校者
⑤ 《老子·七十章》。——编校者

第四章 墨子

一 墨子与墨者

墨子名翟，鲁人。《史记》无传，仅于《孟子荀卿传》末缀二十四字云："盖墨翟，宋之大夫，善守御，为节用。或曰：'并孔子时'，或曰'在其后'。"①《淮南子》称："墨子学儒者之业，受孔子之术。以为其礼烦扰而不说，厚葬靡财而贫民，服伤生而害事，故背周道而用夏政。"(《要略》)《墨子·鲁问篇》自言其学曰："国家昏乱，则语之尚贤尚同；国家贫，则语之节用节葬；国家务夺侵陵，则语之兼爱非攻。"此其学说之纲领也。孟子谓："墨子兼爱，摩顶放踵利天下则为之。"②庄子谓："墨者，以裘褐为衣，以跂𫏋为服，日夜不休，以自苦为极。"③皆可想见其精神与人格，庄子曰："墨子真天下之好也。将求之不可得也，虽枯槁不舍也。才士也夫！"④

墨者之徒不可考。孙诒让著《墨学传授考》，列三十六人。梁启超谓《天下篇》所称宋钘、尹文，皆属墨家；⑤而胡适以名家之惠施、公孙龙，即为"别墨"⑥，又具特识云。

二 墨家思想

墨子思想，纯反抗时代潮流，带极端的色彩。盖欲革除旧社会而另创一思想之新社会者。与孔子之"修成康之道，述周公之训"⑦者不同也；而其批评，亦处处以儒家为对象。墨子亲见其战祸之惨，与空谈弭兵之无用，故从心理上求其救济，而倡(1)兼爱之义，又因兼爱衍焉(2)非攻之义，又务实际而习为守御之术。深恶周末文胜之敝，而思有以矫之。谓"儒之道足以丧天下者有四政……天鬼不说……厚葬久丧……弦歌鼓舞……以命为有"。⑧ 故倡(3)天志、明鬼；(4)节用、节葬；(5)非乐；(6)非命之说，皆有儒学之反动也。至道家无为之治，

---

① 《史记·孟子荀卿列传》。——编校者
② 《孟子·尽心上》。——编校者
③ 《庄子·天下篇》。——编校者
④ 《庄子·天下篇》。——编校者
⑤ 参见梁启超：《先秦政治思想史》，商务印书馆1923年版，第111页。——编校者
⑥ 参见胡适：《中国哲学史大纲》(卷上)，商务印书馆1928年版，第151页。——编校者
⑦ 《淮南子·要略》。——编校者
⑧ 《墨子·公孟》。——编校者

纯任自然，墨子则专重干涉之政治，而有(7)尚贤尚同之说，则老学之反动也。

（一）兼爱　此为墨教中心主义，其言曰：

"乱何自起，起不相爱……子自爱，不爱父，故亏父而自利；弟自爱，不爱兄，故亏兄而自利；臣自爱，不爱君，故亏君而自利……虽父之不慈子，兄之不慈弟，君之不慈臣……皆起不相爱……盗爱其室，不爱其异室，故窃异室以利其室；贼爱其身，不爱人，故贼人以利其身……大夫各爱其家，不爱异家，故乱异家以利其家；诸侯各爱其国，不爱异国，故攻异国以利其国。"（《兼爱上》）

此言人类罪恶，皆起于自私自利也。矫正之法曰：

"兼以易别。"①

兼爱之动机，墨子以实利观念解释之。其言曰：

"兼相爱，交相利。"（《兼爱中》）

"孝子之为观度者，……欲人之爱利其亲也。然则吾恶先从事即得此？若我先从事乎爱利人之亲，然后人报我以爱利吾亲乎？意我先从事乎恶贼之亲，然后人报我以爱利我亲也。"（《兼爱下》）

表面上似儒家推己及人之旨，而实则从利害之计较出发，与儒者之从无所为而为之同情出发者异也。

（二）非攻　军国主义，以国际道德与个人道德为两歧，墨子则深非之。其言曰：

"今有一人，入人园圃，窃其桃李，众闻则非之，上为政者，得则罚之。此何也？以亏人自利也。至攘人犬豕鸡豚，……亏人愈多，其不仁兹甚，罪益厚……至入人阑厩取人牛马者……其不仁兹甚，罪益厚，至杀不辜人也，扡其衣裳，取戈剑者，……其不仁兹甚矣，罪益厚。当此天下之君子，皆知而非之，谓之不义。今至大为不义攻国，则弗知非，从而誉之，谓之义。……此可谓知义与不义之别乎？……今有人于此，少见黑曰黑，多见黑曰白，则以此人不知黑白之辨矣……今小为非，则知而非之，大为非，攻国，则不知非，从而誉之，谓之义。此可谓知义与不义之辨乎？"（《非攻上》）

（三）节用、节丧、非乐　本其实利的兼爱主义，墨子主张勤劳致节用。谓："费财劳力不加利者不为也。"②节丧、非乐，无非以废时旷事，劳民耗财为理由。荀子所以谓其"蔽于实而不知文"。③庄子亦谓："其生也勤，其死也薄。其

---

① 《墨子·兼爱下》。——编校者
② 《墨子·辞过》。——编校者
③ 《荀子·解蔽篇》。——编校者

道大觳,使人忧,使人悲,其行难为也。"①

（四）尚同　墨子主君主专制,谓:"凡国之万民,上同乎天子而不敢下比。天子之所是,必亦是之。天子之所非,必亦非之。"②篇名《尚同》,尚即上字,凡以发明上同乎天子之义而已。

（五）天志　墨子不仅一哲学家,乃宗教家也。其兼爱之哲学,有宗教的保障焉。曰:

"杀一不辜者,必有一不祥。杀不辜者……人也。予以不祥者……天也。"（《天志上》）

"顺天意者,兼相爱,交相利,必得赏。反天意者,别相恶,交相贼,则得祸。"（《天志上》）

此所谓"天",与孔老之天不同,乃有意识,有行为之人格神也。故曰"天志"。

（六）墨辩　晋鲁胜为《经上》、《经下》、《经说上》、《经说下》四篇作注。

曰墨辩注,墨辩犹言墨家论理学也。墨子谓知识来源有三:

"知:闻、说、亲。"（《经上》）

闻知为传授所得之知识,说知为推论所得,亲知则经验所得也。墨子论理学,三者并用,谓之"三表"。

"言之有三表。何谓三表?……有本之者,有原之者,有用之者。于何本之? 上本之于古圣王之事。于何原之? 下原察百姓耳目之资。于何用之? 发以为刑政,观其中国家百姓人民之利。"（《非命上》）

墨子论证,常用此三表法,书中实利甚多。本之即闻知,原之即观知,用之即说知也。

三　墨子之教育

墨子对于其学说,赋予一种宗教性。此非即指天志明鬼诸义,乃谓其信仰主义,以全人格表现之,甚且有身殉之也。《淮南子》谓:"墨子服役者(即弟力)百八十人,皆可使赴火蹈刃,死不旋踵。"③此非宗教信仰,畴能致之? 惜其教学之方法不可考也。

---

① 《庄子·天下篇》。——编校者
② 《墨子·尚同中》。——编校者
③ 《淮南子·泰族训》。——编校者

第五章　管子

管子,名夷吾,字仲,齐之颍上人。相桓公,通货积财,与俗同好恶,齐以富强,遂霸诸侯,所著书,《汉志》著录八十六篇,列于道家。《隋唐志》著之法家之首。今亡十篇。其书杂糅后来儒道法诸家之说。非尽出管氏也。

法家以法驭民,谓:"民固骄于爱,听于威矣。"(《韩非子·五蠹篇》)其教育与他家异,彼所主张者,"无书简之文,以法为教;无先王之语,以吏为师"。(同书)直将全国人民,纳于一刑法之教育范围内。管子曰:

"法制不议,则民不相私。刑杀毋赦,则民不偷于为善。爵禄毋假,则下不乱其上。三者藏于官则为法,施于国则成俗。"(《管子·法禁》)

儒家化民成俗,教人做人。法家施于国则为俗者,教人手法。换言之,不问个性如何,务治于国法之定型而已。欧洲古代斯巴达,战前之普鲁士,其教育精神殆与此同。

《管子》中论教育方法,别饶理趣,如:

"士农工商四者,国之石民也。不可使杂处,杂处则其言龙,其事乱。是故圣王之处士必于闲燕,处农必于田野,处工必就官府,处商必就市井。今夫士群居而州处,闲燕则父与父言义,子与子言孝……旦昔从事于此,以教其子弟,少而习焉,其心安焉,不见异物而迁焉。是故其父兄之教不肃而成,其子弟之学不劳而能。是故士之子恒为士。今夫农群萃而州处……旦暮从事于田野……沾体涂足,暴其发肤,尽其四支之力,以从事于田野。少而习焉,其心安焉。不见异物而迁焉。是故其父兄之教不肃而成,其子弟之学不老而能。是故农之子恒为农。今夫工群萃而州处……是故工之子恒为工,今夫商群萃而州处……是故商之子恒为商。"(《管子·小匡》)

此种制度,从职业上划分区域,使人人代代,同铸一型。其论军国民教育曰:

"作内政而寓军令焉……内教既成,令不得迁徙。故卒伍之人,人与人相保,家与家相爱。少相居,长相游,祭祀相福,死丧相恤。祸福相忧,居处相乐,行作相和,哭泣相哀。是故夜战其声相闻,足以无乱,昼战其目相见,足以相识,骊欢足以相死。是故以守则固,以战则胜。君有此教士三万人,以横行于天下。"(《小匡》)

夫军事训练,而能从群众心理着眼,使能骧欢足以相死,此真斯巴达之教也!

《管子》书中,又有《弟子职》一篇,写礼仪甚琐屑,似是儒家言,录一节以见例,亦无他精义也:"先生施教,弟子是则。温恭自虚,所受是极。见善从之,闻义则服。温柔孝悌,毋骄恃力。志毋虚邪,行必正直。游居有常,必就有德。颜色整齐,中心必式。夙兴夜寐,衣带必饬。朝益暮习,小心翼翼。一此不解,是谓学则。"

第六章　孟子

一　孟子略传

孟子(前372—前289),名轲,邹人(生于周烈王四年,卒于赧王二十六年,据明人所纂《孟子谱》)。《史记》谓孟子"受业子思之门人。道既通,游学齐宣王,宣王不能用。适梁,梁惠王不果所言,则见以为迂远而阔于事情。当是之时,秦用商君,富国强兵;楚、魏用吴起,战胜弱敌;齐威王、宣王用孙子、田忌之徒,而诸侯东面朝齐。天下方务于合从连衡,以攻伐为贤。而孟轲乃述唐虞三代之德,是以所如者不合。退而与万章之徒,序《诗》《书》,述仲尼之意,作《孟子》七篇"①。

二　性善论

"孟子道性善,言必称尧舜",②"性善"乃其哲学之中心问题。《告子篇》云:

"告子曰:性无善无不善也。或曰:性可以为善,可以为不善。是故文武兴则民好善,幽厉兴则民好暴。或曰:有性善,有性不善。是故以尧为君而有象,以瞽瞍为父而有舜……今曰性善,然则彼皆非欤?"③

孟子总答之曰:

"乃若其情(案书中情、性、才等字,当通用)则可以为善矣,乃所谓善也。若夫为不善,非才之罪也。恻隐之心,人皆有之。羞恶之心,人皆有之。恭敬之心,人皆有之。是非之心,人皆有之。恻隐之心,仁也。羞恶之心,义也。恭敬之心,礼也。是非之心,智也。仁义礼智,非由外铄我也,我固有之也,弗思耳矣。"④

此可作一总论。分析言之,所谓心善者:(一)人之本质无不善,因(1)人同具官能。所谓"口之于味也,有同耆焉;耳之于声也,有同听焉;目之于色也,有同美焉……心之所同然者,何也？谓理也,义也"⑤。(2)人同具善端。所谓"恻

---

① 《史记·孟子荀卿列传》。——编校者
② 《孟子·滕文公上》。——编校者
③ 《孟子·告子上》。——编校者
④ 《孟子·告子上》。——编校者
⑤ 《孟子·告子上》。——编校者

隐之心,仁之端也。羞恶之心,义之端也。辞让之心,礼之端也。是非之心,智之端也。人之有是四端也,犹其有四体也"(《公孙丑上》)。(3)人同具良知良能,"人之所不学而能者,其良能也。所不虑而知者,其良知也。孩提之童,无不知爱其亲也;及其长也,无不知敬其兄也"(《尽心上》)。(二)人之不善由于不能尽其才,因(1)外力的影响。如:"富岁子弟多赖,凶岁子弟多暴。"(《告子上》)(2)善端之梏亡。如牛山之木之喻。谓人"所以放其良心者,亦犹斧斤之于木也,旦旦而伐之……梏之反复,则其夜气不足以存"(《告子上》)也。

三 人生之理想

孟子以性善为根据,其理想的人生,即为善端之保存与扩充,而使能尽其才(性)。其言曰:

"凡有四端于我者,知皆扩而充之矣,若火之始然,泉之始达。苟能充之,足以保四海。"(《公孙丑上》)

"万物皆备于我矣。反身而诚,乐莫大焉。"(《尽心上》)

万物皆备于我,至诚则能尽其性也。扩充善端至于极量者,有"浩然之气"(《公孙丑上》),其人则"居天下之广居,立天下之正位,行天下之大道。得志,与民由之;不得志,独行其道。富贵不能淫,贫贱不能移,威武不能屈,此之谓大丈夫。"(《滕文公下》)

孟子认性善,故认人格之平等,其言:"圣人与我同类者。"(《告子上》)"尧舜与人同耳。"(《篱娄下》)

孟子认人格平等,故主张民权,其言曰:"民为贵,社稷次之,君为轻。"①

孟子认性善,有惟心的色彩,极端排斥功利观念。书中发端记其与梁惠王之问答,即昌言:"何必曰利,亦有仁义而已矣。"②宋牼将以利不利之说,说秦楚罢兵,孟子谓其志则大,而其号不可。此类语句甚多,不列举。

四 教育学说

(一)养性 孟子认性善,其教育之目的,即在吾人善性之充分发展,故曰:"存其心,养其性,所以事天也。"(《尽心上》)"苟得其养,无物不长;苟失其养,无

---

① 《孟子·尽心下》。——编校者
② 《孟子·梁惠王下》。——编校者

物不消。"(《告子上》)养之奈何？孟子谓："有如时雨化之者。"①而消极的言之，又在善端之觉醒，所谓"学问之道无他，求其放心而已"(《告子上》)也。

（二）自得　此主张个人自我之活动。其言曰："君子深造之以道，欲其自得之也。自得之，则居之安；居之安，则资之深；资之深，则取之左右逢其源，故君子欲其自得之也。"(《篱娄下》)其论养气一章，有宋人揠苗之喻，而归皆于"勿忘，勿助长"(《公孙丑上》)，亦可与此相发。

（三）规矩　犹今语谓标准也。孟子谓："羿之教人射，必至于彀；学者亦必至于彀。大匠诲人，必以规矩，学者亦必以规矩。"(《告子上》)又谓："大匠不为拙工，改废绳墨；羿不为拙射，变其彀率。君子……中道而立，能者从之。"(《尽心上》)

（四）问答　孟子谓"君子之所以教者五"②，而答问居其一。孔子教人，最重问答的启发，前既言之。公孙丑谓外人皆称孟子好辩。孟子常用辩答法，书中如与告子辩性善，与陈相辩许行之学，皆可征也。

---

① 《孟子·尽心上》。——编校者
② 《孟子·尽心上》。——编校者

第七章 荀子

一 荀子略传

荀子,名况,字卿,赵人。年五十,进学于齐。齐襄王时。荀卿最为老师,三为祭酒焉。或谗之,乃适楚,春申君以为兰陵令。春申君死而荀卿废,因家兰陵。著书数万言而卒。

二 性恶论

荀子与孟子,同为儒家大师。然孟子道信善,故主自然之发达,荀子性信恶,故主人为之努力。此其教育精神之异点也。故性论为二家学说之根据。荀子曰:

"人之性恶,其善者伪也。(伪,人为也)今人之性,生而有好利焉,顺是,故争夺而辨让亡焉。生而有疾恶焉,顺是,故残贼而忠信亡焉。生而有耳目之欲,有好声色焉,顺是,故淫乱生而礼仪文理亡焉。然则从人之性,顺人之情,必出于争夺,合于犯分乱理而归于暴。是故必将有师法之化,礼仪之道,然后出于辞让,合于文理,而归于治。用此观之,然则人之性恶明矣,其善者伪也。"(《性恶》)

孟子以性包含一切善端,如恻隐之心、羞恶之心之类,故以性为善。荀子以性包含一切恶端,如好利之心、耳目之欲之类,故以性为恶。故其观点,根本不同。荀子以性与伪对举。曰:

"不可学,不可事而在人者,谓之性;可学而能,可事而成之在人者,谓之伪。是性伪之分也。"①

其所谓"性",犹吾人所谓本能(instincts),而"伪"则习惯(habits)也。荀子重习惯,颇合近世学说。惟本能原无所谓善恶,而视其所成之习惯如何。则孟荀之失均也。

三 礼论

荀子认性恶,故极重视礼之约束。其言曰:

---

① 《荀子·性恶》。——编校者

"礼起于何也？曰：人生而有欲，欲而不得，则不能无求；求而无度量分界，则不能不争。争则乱，乱则穷，先王恶其乱也，故制礼义以分之。以养人之欲，给人之求。使欲必不穷乎物，物必不屈于欲，两者相持而长，是礼之所由起也。"（《礼论》）

"礼岂不至矣哉！立隆以为极，而天下莫之能损益也……故绳墨诚陈矣，则不可欺以曲直；衡诚县矣，则不可欺以轻重；规矩诚设矣，则不可欺以方圆；君子审于礼，则不可欺以诈伪。"（《礼论》）

儒家之礼治主义，至荀子而集其大成。然前此如孔子者，其言礼主乎节文，而荀子则专主乎度量分界。则其所谓"礼"，几与法家之"法"相同。自是所谓礼仪三百，威仪三千者，遂成为小儒占毕墨守之宝典，相与致谨乎繁文缛节，两戴记所讨论之礼文，什九皆此类。他宗讥其"累寿不能尽其学，当年不能究其礼"，（《墨子·非儒》）其末流盖如是也。

四 教育学说

（一）礼　荀子论学，即最重礼。其言曰："学恶乎始？恶乎终？曰：其数则始乎诵经，终乎读礼……礼者，法之大分，类之纲纪也。故学至乎《礼》而已矣。"（《劝学》）

（二）积久的努力　荀子认性恶，其教育重人为之努力，凡道德学问，皆须"真积力久"而后成。书中"积"字最常见。例如：

"圣人也者，人之所积也。人积耨耕而为农夫，积斲削而为工匠，积反货而为商贾，积礼义而为君子。工匠之子莫不继事，而都国之民安习其服，居楚而楚，居越而越，居夏而夏。是非天性也，积靡使然也。"（《儒效》）

"积土成山，风雨兴焉。积水成渊，蛟龙生焉。积善成德，而神明自得，圣心备焉。故不积跬步，无以至千里；不积小流，无以成江海。骐骥一跃，不能十步。驽马十驾，功在不舍。锲而舍之，朽木不折；锲而不舍，金石可镂……是故无冥冥之志者，无昭昭之行；无惛惛之事者，无赫赫之功。"（《劝学》）

"今使涂之人伏术为学，专心一志，思索熟察，加日县久，积善而不息，则通于神明，参于天地矣。故圣人者，人之所积而致也。"（《性恶》）

（三）行动之表现　学问不止口耳记诵，必须能变化气质，影响行为，改善生活（荀子所谓"以美其身"）。其言曰：

"君子之学也，入乎耳，着乎心，布乎四体，形乎动静。端而言，蠕而动，一可以为法则。小人之学也,入乎耳,出乎口。口耳之间,则四寸耳。曷足以美七尺之躯哉!古之学者为己,今人学者为人。君子之学也,以美其身;小人之学也,以为禽犊。"(《劝学》)

"不闻不若闻之,闻之不若见之,见之不若知之,知之不若行之。学至于行之而止矣。"(《儒效》)

第八章　汉之教育

一　秦楚之际学术之中衰

秦始皇力征经营,混一诸夏,(前221)废封建,分天下为三十六郡,设官分职,长驾远驭,建帝国之规模,然国祚极端,曾不旋踵,而灭于楚,(前207)楚败而汉兴。实前此二百数十年之结局,而为后二千数百年之起点,此历史上一大关键也。

秦于文化上有一罪案焉,曰"焚书坑儒"。《史记·始皇本纪》：李斯"请史官非秦纪皆烧之,非博士官所职,敢有藏诗书百家语,悉诣守尉杂烧之。有敢偶语诗书者弃市,以古非今者族,吏见知不举者同罪……所不去者,医药卜筮种树之书,若欲有学法令,以吏为师"。《文献通考》："按汉公卿百官表,博士、秦官,学通古今……既曰通古今,则上必有所师承,下必有所传授,故其徒实繁。秦虽有其官,而甚恶其徒,常设法诛灭之。始皇使御史案问诸生,转相告引。至杀四百六十余人。又命冬种瓜骊山,实生,令博士诸生就视,为伏机,杀七百余人。二世时又陈胜起,召博士诸生议,坐以非所宜言者,又数十人。"①(《文献通考》卷四十)

然吾人固不宜第执焚书坑儒一语,遂以为秦之对于文化于教育,摧残无余也。试注意以下三点：

(一) 书未尽燔　《汉书·艺文志》：秦燔书,"而《易》为卜筮之事,传者不绝。《诗》三百五篇,遭秦而全者。以其讽诵,不独在竹帛故也"。刘大櫆《焚书辩》谓秦之燔书,"将以愚民而固不欲以之自愚也。故曰非博士官所职,诣守尉杂烧之,然则博士之所藏具在,未尝烧也"。

(二) 教掌于吏　秦专以法令为学,以吏为师,其教育之涂至隘。章学诚《文史通义》谓："以吏为师,三代之旧法也。秦人之悖于古者,禁诗书,而仅以法律为学耳。三代盛时,天下之学无不以吏为师。周官三百六十,天人之学备矣。其守官举职而不坠天工者,皆天下之师资也。东周以还,君师政教,不合于一。于是人之学术,不尽出于官师之典守。秦人以吏为师,始复古制,而人乃狃于所习,转以秦人为非耳。"②

(三) 文字统一　《始皇本纪》,"一法度衡石丈尺。车同轨,书同文",《说

---

① 《文献通考·学校考一》。——编校者
② 《文史通义·内篇三》。——编校者

文》序:"七国田畴异亩,车涂异轨,律令异法,衣冠异制,言语异声,文字异形,秦始皇初并天下,承相李斯乃奏同之,罢其不与秦文合者。斯作《仓颉篇》,中车府令赵高作《爰历篇》,太史令胡毋敬作《博学篇》,皆取史籀大篆,或颇省改,所谓小篆者也。"①当时书有八体,亦不止小篆一种。《说文序》,秦书有八体:一曰大篆,二曰小篆,三曰刻符,四曰虫书,五曰摹印,六曰署书,七曰殳书,八曰隶书。此文化史上至可纪念者也。

至项羽屠咸阳,烧秦宫室,火三月不绝,而后并秦博士官可职之载籍,灰飞烬灭。盖秦人一炬,而民间无完书,楚人一炬,而官府亦无完书矣,则知楚火之酷,尤甚于秦火也。

二 汉之文艺复兴

汉武帝(前140—前88)奖励文艺,"立五经博士,开弟子员,设科射策,劝以官禄"(《史记·儒林传》),此为吾国历史之一大文艺复兴运动,汉人掇拾整理已散佚之古籍,于劫灰残烬之后,学术灿然复兴,以视十四五世纪意大利之Renaissance②,亦无多让。所不同者,彼之运动,倡自私家,我之运动,倡自帝王而已。汉初之文艺复兴之工作,约有四部:

(一)搜集 《汉书·艺文志》:"汉兴大收篇籍,广开献书之路,迄孝武时,书缺简脱,礼坏乐崩。圣上喟然称曰'朕甚悯焉'。于是建藏书之策,置写书之官,下及诸子传说,皆充秘府。至成帝时,以书颇亡,使谒者陈农求遗书于天下。"又《河间献王传》:"王修学好古,实事求是。从民间得善书。必为好写与之,留其真,加金帛赐以招之……故得书独多。"

(二)抄写 古者文字繁复,书写为难,秦统一文字,已趋简易。至后汉有蔡伦纸之发明;韩愈《毛颖传》以毛笔为蒙恬所造,未载《恬传》,又为传抄之利器。政府至"置写书之官"③,可见书籍抄写之盛。

(三)庋藏 据《汉书》所著录,西汉藏书,达一万三千二百六十九卷。案《通》:"汉时图籍所在,有石渠、石室、延阁、广内,贮之于外府。又御史中丞居殿中,掌兰台秘书,及麒麟、天禄二阁,藏之于内禁。"④又《隋书·经籍志》:"光武中

---

① 许慎:《说文解字·序》。——编校者
② 即文艺复兴。——编校者
③ 《汉书·艺文志》。——编校者
④ 《通典·职官八》。——编校者

兴,笃好文雅……四方鸿生钜儒,负笈自远而至者,不可胜算。石室、兰台,弥以充积。又于东宫及仁寿阁集新书,校书郎班固、傅毅典掌焉。"

(四)校对 《汉书·成帝纪》:"诏光禄大夫刘向,校经传诸子诗赋;步兵校尉任宏,校兵书;太史令尹咸,校数术。侍医李柱国校方技。每一书已向辄条其篇目,撮其指意,录而奏之。会向卒,哀帝复使向子侍中奉车都尉歆,卒父业。"东汉哀帝使:"谒者刘珍及五经博士校定东观五经,诸子传记,百家艺术,整齐脱误,是正文字。"(见本纪)① 他如扬雄校书天禄阁,后常校书曲台,均见史传。至宣帝熹平四年(175),蔡邕"奏求正定六经文字……自书丹于碑。使工镌刻石立于太学门外。后儒晚学,咸取正焉。碑始立,观视摹写者,车乘日千余两,填塞街陌"②(见本传)。是为熹平石经,自后各朝相沿,有石经之刻焉。

三 汉之学校

自东周以迄汉,中间学校停辍者盖数百年,汉高祖平定海内,为未遑庠序之事。至武帝时,公孙宏请为博士官置弟子五十人,太常择民年十八已上,仪壮端正者,补博士弟子。郡国县道邑,有好文学敬长上肃政教,顺乡里,出入不悖所闻者,令相、长、丞上属所二千石,二千石察可者,当与计偕,诣太常,得受业如弟子。董仲舒对策,亦请兴太学,"置明师以养天下之士,数考问以尽其材"③。太学在长安。王莽时,更大事建造,奏起明堂、辟雍、灵台,为学筑舍万区。光武都洛阳,亦建太学"讲堂长十丈,广三丈,堂前石经四部"(陆机《洛阳记》)。"自安帝览政,薄于艺文,博士倚席不讲,朋徒视怠荒,学舍颓敝,鞠为园蔬。顺帝……更修黉宇,凡所构造二百四十房,千八百五十室。"(《后汉书·儒林书》)

汉以经书立学官。武帝置五经博士(诗、书、礼、易、春秋),至东汉已增至十四博士,其家法之渊源如下:

```
        诗              书              礼          易              春秋
1    2    3      4    5    6      7      8    9   10   11   12   公羊         榖梁
鲁   齐   韩     欧   大   小     大     小   施   孟   梁   京   13           14
申   辕   婴     阳   夏   夏     戴     戴   雠   喜   丘   房   严           颜
公   固          生   侯   侯     德     圣              贺        (彭         (安
                     胜   建                                       祖)        乐)
```

---

① 《汉书·哀帝纪》。——编校者
② 《后汉书·蔡邕传》。——编校者
③ 《汉书·董仲舒传》。——编校者

博士"明于古今,温故知新,通达国体"(《汉书·成帝纪》),"掌教子弟,固有疑事,掌承问对"(《后汉书·百官志》),太常差选有聪明、威重一人为祭酒,总领纲纪。

太学生(博士弟子)初五十人,昭帝时增至百人,宣帝末倍之。元帝更为设员千人,成帝末增至三千人。顺帝以后,学舍宏开,游学增益,至三万余生。

太学如今之研究院,修业无一定期限,西汉一年一试,东汉二年一试。及第者予以官职,不及格者留学再试,是为岁课。天子视学,亦循旧礼。东汉诸帝,如光武、安帝、灵帝、献帝等,常幸太学省视,讲论经义,圜桥观德者亿万人,"诸生雅吹击磬,尽日乃罢"(《后汉书·桓荣传》),称盛典焉。

以上太学乃国都之学也。郡国之学,始自蜀郡文翁。《汉书·循吏传》:"见蜀地僻陋。有蛮夷风,文翁欲诱进之,乃选郡县小吏,开敏有材者,张叔等十余人,亲自饬厉,遣诣京师,受学博士,或学律令。减省少府用度,买刀布蜀物,赍计吏以遗博士。"学成归蜀,设学教士。"文翁终于蜀,吏民为立祠堂,岁时祭祀不绝。至今巴蜀好文学,文翁之化也。"①武帝令天下郡国皆立学校。王莽柄国,特尚学术,郡国乡聚,皆有学校。《平帝纪》云:"郡国曰学,县、道、邑、侯国曰校,校置经师一人。乡曰庠,聚曰序,庠序置孝经师一人。"东汉儒学循吏,如寇恂、李忠、秦彭、伏恭、鲍昱等,所在广兴教化,皆斌斌称盛焉。

四 汉之选举

汉制,郡国举士,其目凡三:曰贤良方正,曰孝廉茂才,曰博士弟子。而博士弟子实仅选升太学,不即荣以官禄也。马端临云:"汉时诏郡国荐举人才,贤良方正与孝廉二科并行。然贤良一科,文帝与武帝时,每对辄百余人,又征诣公车,上书自炫鬻者以千数。而孝廉之选,文帝之诏,以为万家之县,亡应令者。武帝之诏,以为阖郡不荐一人。盖贤良则稍有文墨材学者,可以充选。而孝廉则非有实行可见者,不容谬举故也。"②故汉世得人,以孝廉为盛。文帝诏曰:"孝弟,天下之大顺也;力田,为生之本也;廉吏,民之表也。朕甚嘉此二三大夫之行。今万家之县,云亡应令。岂实人情?是吏举贤之道未备也。其遣谒者劳赐孝者帛,人三匹,弟者、力田二匹;廉吏二百石以上率百石三匹。"③汉以孝弟力

---

① 《汉书·文翁传》。——编校者
② 《文献通考·选举考七》。——编校者
③ 《汉书·文帝纪》。——编校者

田,为天下倡,故士风特淳厚。

追后选举限为四科:一曰德行高妙,志节清白;二曰学通行修,经中博士;三曰明习法令,足以决疑,能按章复问,文中御史;四曰刚毅多略,遭事不惑,明变决断,才任三辅县令。汉末更增"淳朴"、"有道"、"贤能"、"直言"等科。其选举之法,《东汉会要》谓"西都止从郡国奏举,未有试文之事,至东都则诸生试家法,文吏课笺奏,无异于后世科举之法"云。

马端临氏谓汉之设科取士,已与三代乡举里选殊途,范晔亦谓:"荣路既广,觖望难裁,窃名伪服,浸以流竞,权门贵仕,请谒繁兴。"①然天子策问,州郡辟举,不拘阶级,虚已求贤,处士鄙生,布衣而致卿相。遂使天下之士砥砺品节,激扬风流。至桓灵之间,主昏致杌,而士气转盛。"在朝者以正义婴戮,谢事者以党锢致灾。"②范氏叹为:"所以倾而未颠,决而未溃,岂非仁人君子必力之为?"(《左雄传论》)信不诬也。

五　汉之学术

两汉同重经学,而西汉多治今文,至东汉则今古文并重。今文家尚微言大义,而古文家则详章句训故,此其大较也。

刘歆《移书博士》云:"鲁共王坏孔子宅,欲以为宫,而得古文于坏壁之中。《逸礼》有三十九,《书》十六篇。天汉之后,孔安国献之,遭巫蛊仓卒之难,未及施行。及《春秋左氏》,丘明所修,皆古文旧书,多者二十余通,藏于秘府。"于是别立《古文尚书》、《逸礼》、《左氏春秋》。又有毛公之诗:"自谓子夏所传,而河间献王好之,未得立。"③是为古文之学。两汉诸经师,均口耳相传,所授经文,即以当时通行之隶书书写。至刘歆等自谓通史籀之大篆与大篆以前之古文,其所传之经,别有古文本为据,称古文学,则称西汉经师所传者为"今文学"以别之。故汉立博士十四,皆今文家。当古文未兴以前,未尝别有今文之名也。东汉之世,古文学比今文为盛,卫宏、贾逵、马融、许慎,皆古文大师。而郑玄偏注群经,虽兼采今文,亦以古文为主也。

汉武采董仲舒议,表章六艺,罢黜百家,定于一尊,影响后来二千年之思想学术者极巨。然就汉代而言,则有当明辨者:

---

① 《后汉书·左周黄列传》。——编校者
② 《后汉书·左周黄列传》。——编校者
③ 《汉书·艺文志》。——编校者

（一）诸子百家之说为废　刘向歆父子校定《七略》，有《辑略》、《六艺略》、《诸子略》、《诗赋略》、《兵书略》、《术数略》、《方技略》，可知汉人之学，不限治经，于周秦诸子之学，亦实能综括而章明之。考两汉书诸传，如盖公之治黄老，司马谈习道论于黄子，晁错学申商刑名，路温舒学律令，主父偃学长短纵横术，皆专家之学也。

（二）阴阳谶纬之术并兴　汉之经师，多通阴阳之学。如董仲舒以春秋灾异推阴阳所以错行，高相专说阴阳灾异，京房长于灾变，翼奉好历律阴阳之占，是皆西汉大师。其后由阴阳家变而为谶纬。东汉学者多治之。

（三）天文历算之学极盛　扬子《法言》谓："通天地人为儒"[1]，汉儒喜言天人乡与之际。东汉诸儒，如杨厚、襄楷、蓟瑜、廖扶等，皆明天文推步。而张衡制浑天仪，尤穷竭机巧，惜其器不传于后也。

六　汉之学风

（一）官学之盛　博士之设立，大学之营建，及弟子员额之扩充，已如前述。经师传授，其徒甚繁。汉末太学生至三万余人，其势力至于左右朝政。然其末流，则歆于利禄，而疏于讲诵者，自亦不免。故太史公《儒林列传》谓："余读功令，至于广万学官之路，未尝不废书而叹也。"班氏《儒林列传》赞谓："自武帝立五经博士，开弟子员，设科射策，劝以官禄。迄于元始，百有余年，传业者浸盛，支叶蕃滋。一经说至百余万言，大师众至千余人，盖禄利之路使然也。"范氏《儒林传论》谓："自光武中年以后，戈干稍戢，专事经学……服儒衣，称先生，游庠序，聚横塾者，盖布之方域矣。若乃经生所处，不远万里之路，精庐暂建。赢粮动有千百，其著名高义，开门授徒者，编牒不下万人，皆专相传祖，莫或讹杂。至有分争王庭，树朋私里，繁其章条，穿求崖穴，以合一家之说。"可见当时之学风也。

（二）私学之盛　又所谓开门授徒，编牒不下万人者，皆谓私人传授，非太学之弟子也。西汉大师，弟子之多，不过千余人。如"申公归鲁，退居家教……弟子自远方至受业者千余人"[2]是也。东汉诸儒，则家居教授者，既指不胜屈，弟子之多，亦远轶西汉经师。如牟长诸生讲学者，常有千余人，著录前后万人。宋登教授数千人，杨伦杜抚张元弟子皆千余人。丁恭著录数千人，楼望著录九千

---

[1]《扬子·法言》。——编校者
[2]《汉书·儒林传》。——编校者

余人,谢循门徒数百千人,蔡玄著录万六千人。盖大师各有录牒,载其门徒,门徒多不能偏教,则使高业弟子,以次相传。《马融传》称:"融才高博令,为世通儒,教养诸生,常有千数,弟子以次相传,解有入其室者。"《郑玄传》谓"融门徒四百余人,升堂进室者五十余人。融素骄贵,玄在门下三年,不得见,乃使高业弟子传授于玄。玄日夜寻诵,未尝息倦。会融集诸生考论图纬,闻玄善算,乃召见于楼上。玄因从资诸疑义"。盖东汉私家传授之盛,古所未有也。

(三)经师之德操　两汉经生,专治儒术,固亦功令使然。而汉人孝弟力田,读书之余,不废稼穑。处士拘儒,自视甚重。即受征辟,亦多力持正义,立行不苟,有刚劲之节,謇谔之风。略举史传事迹言之:

武帝使束帛加璧,安军蒲轮,迎申公至。见帝问治乱之事。申公年已八十余对曰:"为治之在多言,固力行何如耳。"①时帝方好文辞,见申公对默然。

辕固,景帝时为博士,与黄生争论汤武受命之说于帝前而罢免。武帝时之贤良征,公孙宏仄目而事固。固曰:"公孙子务正学一言,毋曲学以阿世。"刘昆光武征为光禄勋,诏问昆曰:"前左江陵,反风灭火,后守弘农,虎北渡河,行何德政,而致是事?"昆对曰:"偶然耳。"左右皆笑其质讷。帝叹曰:"此乃长者之言也。"顾命书诸策。②

戴凭年十六举明经,征试博士,光武诏公卿大会,群臣皆就席,凭独立。帝问其意,对曰:"博士说经,皆不如臣,而坐居臣上,是以不得就席。"帝即召上殿,又令与诸儒难说。凭多解释,帝善之。拜为侍中。③

孔僖世传《古文尚书》、《毛诗》。章帝时拜兰台令史。帝过鲁,幸阙里,以太牢祀孔子,作六代之乐。大会弟子男二十以上者,六十三人,令儒者讲《论语》。僖自陈谢。帝曰:"今日之会,宁于卿宗有光荣乎?"对曰:"臣闻明王圣主,莫不尊师贵道。今陛下亲屈万乘,辱临敝里,此乃崇礼先师,增辉圣德。至于光荣,非所敢承。"帝大笑曰:"非圣者子孙,焉有此言乎?"④

经师立于社会,往往能以德感人,移风化俗。如《郑玄传》,"还高密,道遇黄巾贼数万人,见玄皆拜,相约不敢入县境"。《儒林传》:"孙期家贫,事母至孝。牧豕犬大泽中,以奉养焉。远人从其学者,皆执经垅畔以追之。里落化其仁让。黄巾贼起,过期里陌,相约不犯孙先生舍。"《徐穉传》,"子胤笃行孝悌。亦隐居不

---

① 参见《资治通鉴》卷第十七。——编校者
② 参见《史记·儒林传》。——编校者
③ 参见《后汉书·戴凭传》。——编校者
④ 参见《后汉书·孔僖传》。——编校者

仕……寇贼纵横，皆敬胤礼行，转相约敕，不犯其间"，此亦历史上之美谈也。顾亭林氏云："汉自孝武表章六经之后，师儒虽盛，而大义未明，故新莽居摄，颂德献符者偏于天下。光武有鉴于此，故尊崇节义，敦厉名实，所举用者，莫非经明行修之人，而风俗为之一变。至其末造，朝政昏浊，国事日非，而党锢之流、独行之辈，依仁蹈义，舍命不渝，风雨如晦，鸡鸣不已。三代以下，风俗之美，无尚于东京者。故范晔之论，以为'桓灵之间，君道秕僻，朝纲日陵，国隙屡启，自中智以下，靡不审其崩离。而权强之臣，息其窥盗之谋，豪俊之夫，屈于鄙生之议'。'所以倾而未颠，决而未溃，皆仁人君子心力之为'。可谓知言者矣。"（《日知录·世风》）

（四）太学生之政治运动　汉末宦官恣横，朝政日坏，太学清流，主持正议，与阉宦积不相能。时甘陵有南北部党人之讥，汝南南阳有画诺坐啸之谣。因此流言转入太学，诸生三万余人，郭林宗（泰）、贾伟节（彪）为之冠，并与李膺、陈蕃、王畅更相褒重。学中语曰："天下模楷李元礼，不畏强御陈仲举，天下俊秀王叔茂。"①又渤海公族进阶，扶魏齐卿，并危言深论，不隐豪强。自公卿以下，莫不畏其贬议，屣履到门。牢修乃上书诬告膺等养太学游士，交结诸郡生徒，更相驰驱，共为部党，诽讪朝廷，疑乱风俗。天子震怒，班下郡国，大捕党人，布告天下，使同忿疾，遂收执膺等。其辞所连反陈寔之徒二百余人。书名三府，禁锢终身。自是正直废放，邪枉炽结，海内希风之徒，遂共相标榜，指天下名士为之称号。上曰三君，次曰八俊，曰八顾，曰八及，曰八厨，犹古之八元、八凯也。（以上参见《文献通考·学校一》）案李膺尝为司隶校尉，执法严峻，捕杀小黄门张让弟朔，让诉冤于帝，诏膺入殿诘之，膺曰昔仲尼为鲁司寇，七日而诛少正卯。今臣到官已积一旬，私惟以稽留为愆。帝顾谓让曰："此汝弟之罪，司隶何愆？"②自此黄门常侍，皆鞠躬屏气。休沐不敢出宫省，帝怪问其故。皆叩头泣曰："畏李校尉。"时朝纲日废，膺独持风裁，以声明自高，士有被其容接者，名为登龙门。及遭党事，案经三府，太尉陈蕃谓其海内人誉，忧国公忠之臣，犹将十世宥之，岂可无罪收掠。不肯平署，帝愈怒。下膺等于黄门北寺狱……门生故吏，并被禁锢，侍御史景毅子顾为膺门徒，未有录牒，不及于遣。毅慨然曰："本谓膺贤，遣子师之，岂可以漏夺名籍，苟安而已。"自表免归。范滂以党事当捕，督邮吴导至县，抱诏书，闭传舍伏床而泣，滂闻之必曰为我也。即自诣狱。县令大惊，出解印

---

① 《后汉书·党锢列传》。——编校者
② 《后汉书·党锢列传》。——编校者

绶，引与俱亡。滂不从，与母诀。母曰："汝今得与李杜齐名，死亦何恨！既有令名，复求寿考，可兼得乎？"滂跪受教，范晔论之曰："李膺振污险之中，蕴义生风，以鼓励流俗，激素行以耻威权，立廉尚以振贵势，使天下之士奋迅感慨，波荡而从之，幽深牢、破室族而不顾。"其气节之隆，百世不磨矣。①

---

① 以上内容参见《后汉书·党锢列传》。——编校者

第九章　两汉儒学之代表人物

两汉儒者,可分说经之儒与著书之儒。说经之儒,有口说家,抱残守缺,师师相传,家法谨严,而发明颇少,如申公、辕固、欧阳生等博士是也。有经世家,衍经术以致用,所谓以《禹贡》行水,以《洪范》察变,以《春秋》折狱,以三百五篇当谏书,如贾谊、董仲舒、匡衡、刘向等是也。有灾异家,专附会天变以促进人主之恐惧修省,如诸儒之究阴阳谶纬者是也。有训诂者,务校勘训诂释,如古文经之贾逵、马融、许慎、郑玄是也。著书之儒,则于经注之外,自成一家之言,如陆贾《新语》、贾谊《新书》、董仲舒《春秋繁露》、司马迁《史记》、淮南王《淮南子》、刘向《说苑新序》、扬雄之《太玄》和《法言》、王充《论衡》、王符《潜夫论》、仲长统《昌言》等是也。兹举经史家之董仲舒,训诂家之郑玄,著述之扬雄、王充,略著其言论行事,以为代表。

一　董仲舒　景帝时为博士。"下帷讲诵,弟子传以久次相授业,或莫见其面"①,盖三年不窥园,其精如此。武帝时,以贤良应举对策,所谓《天人策》也。外所著有《春秋繁露》等。历相江都王、胶西王。以病免,家居修学以终。仲舒之教育政策,见于《天人策》中,有二要点:(一)兴学举贤——"兴太学,置明师,以养天下之士,数考问以尽其材……使诸列侯郡守二千石,各择其吏民之贤者,岁贡各二人,以给宿卫……量材而授官,录德而定位。"②(二)统一学术——"春秋大一统者,天地之常经,古今之通谊也。今师异道,人异论,百家殊方,指意不同。是以上无以持一统;法制数变,下不知所守。臣愚以为诸不在六艺之科,孔子之术者,皆绝其道,勿使并进。邪僻之说灭息,然后统纪可一而法度可明,民知所从矣。"③仲舒"推明孔氏,抑黜百家"之策,为武帝所采用,自是中国二千年之学术,遂无不蒙其影响,其关系盖绝巨也。

仲舒教育学说,亦有可注意者二点:(一)动机论——彼以为人生行为,不应重功利,而应重纯粹之动机。其言曰:"正其谊,不谋其利;明其道于,不计其功。"④(二)性论——彼认性非即善,乃待教而后善。其言曰:"性比于禾,善比

---

① 《汉书·董仲舒传》。——编校者
② 《汉书·董仲舒传》。——编校者
③ 《汉书·董仲舒传》。——编校者
④ 《汉书·董仲舒传》。——编校者

于米。米出禾中,而禾未可全为米也;善出性中,而性未可全为善也;……性如茧,如卵。卵待覆而为雏,茧待缫而为丝,性待教而为善"(《春秋繁露·深察名号篇》)。又谓:"性者,天质之朴也;善者,王教之化也。无其质则王教不能化;无其王教,则质朴不能善。"(《实性篇》)此与现代本能习惯之观念相近者也。

二 郑玄 玄字康成,高密人。少师事第五元,张恭祖,受群经。又西入关,事马融。毕业辞归。融喟然门人曰:"郑生今去,吾道东矣。"①玄游学十余年,乃归乡里,家贫,客耕东莱,学徒相随,已数百千人,隐修经业杜门不出。灵帝末。大将军何进辟之,为设几杖,礼待甚优,玄不授朝服,而以幅巾见,一宿逃去。还高密,道遇黄巾贼数万人,见玄皆拜,相约不敢入县境。尝疾笃,以书戒子,自云:"闲居以安性,覃思以终业……虽无绂冕之绪,颇有让爵之高。"②袁绍总兵冀州,要玄,大会宾客,多豪俊,见玄儒者,未以通人许之,竞设异端,百家互起。玄依力辩对,咸出问表,莫不嗟服。汝南应劭亦归绍,因自赞曰:"故太山太守应中远,北面称弟子何如?"玄笑曰:"仲尼之门,考以四科,回赐之徒,不称管阀。"劭有惭色。绍举玄茂才,表为左中郎将,皆不就。年七十四卒,自郡守以下尝受业者,缞绖赴会千余人。③玄所注《周易》、《尚书》、《毛诗》、《仪礼》、《论语》、《孝经》、《尚书大传》、《中候》、《乾象历》,又著《天文七政论》、《鲁礼禘祫义》、《六艺论》、《毛诗谱》、《驳许慎五经异义》、《答临孝存周礼难》,凡百余万言。范晔论曰:"汉兴,诸儒颇修艺文……而守文之后,滞固所禀。异端纷纭,互相诡激。遂令经有数家,家有数说,章句多者,或乃百余万言,学徒劳而少功,后生疑而莫正。郑玄囊括大典,网罗众家,删裁繁诬,刊改漏失。自是学者略知所归云。"④

三 扬雄 雄字子云,成都人。少好学,不为章句训诂,而恃觉无所不见,好辞赋。为人简易佚荡,口吃不能剧谈,默而好深湛之思。清静无为;不修廉隅,以徼名当世,家无儋石之储,晏如也。哀帝时,官黄门郎。王莽时,为大夫。雄恬于势利,说亦间参以老庄之言,如解嘲示谓:"炎炎者灭,隆隆者绝,观雷观火,为盈为实,天收其声,地藏其热。高明之家,鬼瞰其室。攫拿者亡,默默者存。位极者宗危,自守者身全。是故知玄知默,守道之极,爱清爱静,游神之廷。

---

① 《后汉书·郑玄传》。——编校者
② 郑玄:《诫子书》。——编校者
③ 参见《后汉书·郑玄传》。——编校者
④ 《后汉书·郑玄传》。——编校者

惟寂惟寞,守德之宅"①云云是也。所著于辞赋外,作《太玄》、《法言》,拟于《易》与《论语》。刘歆尝观之,谓雄曰:"空自苦!今学者有禄利,然尚不能明易,又如玄何?吾恐后人用覆酱瓿也。"②雄笑而不应。雄之学说,得分三点述之。(一)宇宙论——彼以宇宙之本体为玄(即老庄所谓"道"),而人各为一小玄体。"玄者,幽摛万类而不见形者也,资陶虚无而生乎规……摛措阴阳以发气。一判一合,天地备矣。天日回行,刚柔接矣。还复其所,始终定矣。"③盖玄之中有阴阳消长之二力,并存而持其均衡,而其本体则虚静也。(二)性论——玄之中有阴阳二力,人心之中有善恶二元。故曰:"人之性也善恶混,修其善则为善人,修其恶则为恶人。"(《法言·修身篇》)(三)教育论——"学者,所以修性也。视听言貌思,性所有也。学则正,否则邪。"(《法言·学行篇》)"务学不如务求师。师者人之模范也,模不模,范不范,为不少亦。……一巷之市,必立之平;一卷之书,必立之师。"(同《学行篇》)雄于宇宙论采老子之意,而于教育论则全袭儒家之旧焉。

四　王充

充字仲任,上虞人。少孤,乡里称孝。受业太学,又师事班彪。好博览而不守章句。家贫无书,常游洛阳市肆,阅所卖书,一见辄能诵忆,遂博通众流百家之言。后归乡里,屏居教授。充好论说,始若诡异,终有理实。以为俗儒守文,多失其真,乃闭门潜思,绝庆吊之礼。户牖墙壁,各置刀笔。著《论衡》八十五篇,《养性书》十六篇。裁节嗜欲,颐神自守。和帝永元中卒于家。兹亦分三点述其学说:(一)宇宙论——充之宇宙观,略似道家,以为万物生于自然。谓:"天之动行也,施气也,体动气乃出,物乃生矣……天动不欲以生物而物自生,此则自然也。"(《论衡·自然篇》)充又信命运与骨相之说,俱见论衡。(二)性论——充以为人禀气有多少厚薄,故性有三等。"孟轲言人性善者,中人以上者也;孙卿言人性恶者,中人以下者也;扬雄言人性善恶混者,中人也。"(《本性篇》)(三)教育论——"论人之性,定有善有恶,其善者固自善矣,其恶者故可教告率勉,使之为善……凡人君父,审观臣子之性善,则养育劝率,无令近恶;近恶则辅保禁防,令渐于善。"(《率性篇》)"学者,所以反情治性,尽材成德也。"(《量知篇》)充说少精意,其特色乃在重经验,尚批评,蔡元培曰:"汉儒之普通思想,为学理进步之障者二:曰迷信,曰尊古。王充对于迷信,有《变虚》、《异

---

① 《汉书·扬雄传》。——编校者
② 《汉书·扬雄传》。——编校者
③ 《太玄·玄摛》。——编校者

虚》、《惑虚》、《福虚》、《祸虚》、《龙虚》、《禹虚》、《道虚》等篇。于一切阴阳灾异及神仙之说，掊击不遗余力。一切以所经验者为断，粹然经验派之哲学也。其对于尊古，则有《刺孟》、《非韩》、《问孔》诸篇。虽所举多无关宏旨，而要其不阿所好之精神，有足多者。"(蔡元培：《中国伦理学史》)① 盖充说为汉朝儒学之反动，而尊老子为上德。自是南方思想渐盛，而魏晋清谈兴矣。

---

① 蔡元培：《中国伦理学史》，商务印书馆1925年版，第113页。——编校者

第十章　魏晋南北朝之教育

后汉末年,天下大乱,群雄并起,各据一方。曹操在朝,挟天子以令诸侯,其子丕乃废献帝而自立,建都洛阳,国处曰魏(220),合蜀吴称三国。分立约五十年。后司马氏统一而称晋(265)。西晋灭于匈奴,元帝乃定都建康(317),是为东晋。自此分为南北朝,南朝自东晋,而宋、齐、梁、陈,北朝沦于异族,自后魏、西魏、东魏,而周及北齐。其间约二百七十年(317—588)。

东汉之季,学者由朴学趋于游谈。政教既乱,旷达之士,目击衰微,不甘隐避,则托于放逸,何晏、王弼,开清谈之风。名士贵官,翕然倾向,不治世务,祖尚浮虚。论者至以五胡之乱,为清谈诸贤启。考清谈家说,多崇老庄,而亦兼参佛理。佛教之输入,为此期一大纪录,亦中国学术上一新势力也。

一　佛教之输入

释迦牟尼,族释迦,姓瞿昙,幼名悉达多,后曰牟尼。约于西历公元前六世纪中叶创教于印度。东汉明帝永平十年(67),邀印度之摄摩腾、竺法兰两师,应诏赍经而至。于是佛之教义始东被。然我民族宗教信仰初甚薄,莫之受也。桓帝始信之。三国时代,支纤、支亮、支谦皆自印度来传教,号为"三支"。魏嘉平二年(250),昙摩诃罗始以戒律来,佛教渐备。而当时道家言极盛,其力亦莫能夺也。东晋以还,中国佛教伟人乃辈出,若道安、惠远、竺道潜、法显其尤著也。法显横雪山以入天竺,赍佛典多种以归,著《佛国记》①。我国人之西行求法归国者,此为第一。(魏时朱士行首西行求法而卒于于阗)同时北方一大师起,曰鸠摩罗什。罗什,龟兹国人,既精法理,且娴汉语,以姚秦弘始三年(401)始入长安。门徒三千,上足四人,道生、道融、僧肇、僧叡是也。前此诸僧,用力虽劭,然所讨论,止于小乘。至罗什首衍三论宗宗义,而大乘法遂传东土,六朝隋唐间有力之诸宗,略举如下:

(一)三论宗　三论者,龙树菩萨所述之《中论》、《十二门论》,及提婆菩萨所造之《百论》是也。罗什传法,尽译诸论,专弘此宗。亦曰"般若宗",对相宗亦曰"性宗"或"空宗"。

---

① 《佛国记》,又名《法显传》、《历游天竺记》,成书于义熙十二年(416)。——编校者

（二）法相宗　佛说《大乘经》中，《华严》、《深密》、《楞伽经》等，阐扬万法唯识之义，为斯宗所本。唐玄奘亲历五印，得礼戒贤、智光。归国以后，大畅其学。玄奘高足窥基，号慈恩法师，述疏证义，确立宗规。此宗一名"唯识宗"，亦名"慈恩宗"。

（三）华严宗　从所祖华严经得名。佛灭后五百年，马鸣菩萨作《大乘起信论》，即本此经。华严经东晋始有译本。陈隋间，杜顺禅师，始提义纲，标立宗名。至贤首国师益大畅之。亦称"贤首宗"。

（四）天台宗　此宗不承自印度，为陈隋间智者大师所创。师居天台山，故名。又以《法华经》为本，亦名"法华宗"。法相、华严、天台三家，称教下三家，皆大乘妙谛也。

（五）律宗　佛灭后，迦叶尊者与五百罗汉结集大藏，分经论律之三藏。魏嘉平间，昙摩诃罗始传东土，后罗什译十诵律。隋僧道宣始大畅之。

（六）真言宗　佛教有显密二教之别，此宗即密教，不恃言语以立义者也。以《大日经》为本。唐时印僧善无畏、金刚智、不空和尚等，先后东来，从事翻译。其法始传。此宗不盛于中国，经空海而传诸日本。

（七）净土宗　此宗依《无量寿经》、《观无量寿经》及《阿弥陀经》，以念佛籍他力而求解脱。晋惠远法师结白莲社于庐山，念佛修行，为震旦此宗嚆矢。法相、华严、天台诸宗，教理甚深微妙，非浅学所能领解，信奉者仅在士大夫。独此宗以他力愚夫愚妇，故势力广被全国。

（八）禅宗　禅宗称教外别传，与教下三家，皆大乘上法。灵山会上，世尊拈花示众，迦叶破颜微笑，遂领正法眼藏。迦叶以衣钵授阿难，中间经历马鸣、龙树、天亲等二十七代，密寇相传，不著一字，至二十八祖达摩，于梁武帝时东渡，始至广东，后入嵩山。面壁十年，始得传法之人以授慧可焉。至六祖慧能，而宗风大衍。

魏晋隋唐间之佛教，有下列三特色。

（一）中国佛教之创造性　释尊生于印度，而印度千余年来无佛教，佛教乃盛于亚东。佛灭后数百年间，五印所传，但有小乘；复生分裂，各鸣异见。外道繁兴，至十五世纪已无正法。此后一蹂躏于回教，再侵蚀于耶教，而佛学遂绝于母国。中国则魏晋以后，大师踵起，新宗屡建。上列八宗，惟法相、律、真言、净土，尝一盛于印度，其余皆中国产物。天台宗为中国所创，固矣。若华严之成宗，实倡自杜顺，贤首诸师，禅师在印度，密之又密，衣钵又传于震旦。吾国诸古德，非仅拾印度之唾余，盖皆精思孤往，有独创之慧业言。

（二）求法高僧之留学运动　梁启超著《千五百年前之中国留学生》，谓：

"我国文化,夙以保守的、单调的闻于天下,非民性实然,环境限之也……我国东南皆海对岸,为亘古未辟之美洲;西北则障之以连山,湮之以大漠。处吾北者,犬羊族耳,无一物足以神我,惟蹂躏我是务。独一印度,我比邻最可亲之昆弟也。我其南迈耶,昆仑须溯,两重障壁,峻极于天。我其西度耶,流沙千过,曾冰满山。呜呼!我乃数千年间,不获与世界所谓高等文化诸民族得一度之晤对……魏晋以降,佛教输入。贤智之士,憬然于六艺九流之外,尚有学问,而他人之所浚发,乃似过我。于是乎积年之潜在本能,忽尔触发。留学印度,遂成为一种时代的运动。此种运动,前后垂五百年,其最热烈之时期,亦亘两世纪。运动之主要人物,盖数百。其为失败之牺牲者过半,而运动之总结果,乃使我国文化,从物质上精神上皆起一种革命。非直我国史上一大事,实人类文明史上一大事也。"①梁氏所考,自魏朱士行,晋法显一行5人,宋法勇一行25人,以至唐玄奘、义净等,凡105人。皆历百艰,冒万险,欲亲炙彼土大师,探求正法。其中未至印度而道卒者31人,留学中病死者6人,成归国而死于道路者5人,留而未归者7人,余无考者若干人,其学成安抵中国者42人而已,其时行旅,艰苦不可名状。陆行则有流沙、葱岭、雪山之阻;海行则以舟船之小,驾驶之拙,尤有风涛漂泊之危。义净于《求法高僧传》原序云:"独步铁门之外,互万岭而投身。孤标铜柱之前,跨千江而遗命。或亡餐几日,辍饮数晨。可谓思销精神,忧劳排成色。致使去者数盈半百,存者仅有几人。设令得到西国者,以大唐无寺,飘寄凄然。为客遑遑,停托无所。"盖写实之妙文,抑茹痛之苦语也。

(三)佛教之影响时代思潮　蔡元培云:"汉儒治经,疲于故训,不足以餍颖达之士。儒家大义,经新莽曹魏之依托,而使人怀疑。重以汉世外戚宦寺之祸,正直之士,多遭惨祸;而汉季人民,酷罹兵燹,激而生厌世之念。是时,适有佛教流入。其哲理契合老庄,而尤为邃博,足以餍思想家。其人生观有三世报应诸说,足以慰藉不聊生之民。其大乘义,有体象同界之说,又无忤于服从儒教之社会。故其教遂能以称种形式,流布于我国。虽有墟寺杀僧之暴王,庐居火书之建议,而不能灭焉。"(见《中国伦理学史》)②

二　魏晋之清谈

清谈之风,盛于曹魏之末。顾氏《日知录》云:"魏明帝殂,少帝即位,改元正

---

① 参见梁启超:《梁任公近著》(中卷),商务印书馆1923年版,第26—27页。——编校者
② 蔡元培:《中国伦理学史》,商务印书馆1928年版,第93页。——编校者

始,凡九年。其十年,则太傅司马懿杀大将军曹爽,而魏之大权移矣。三国鼎立,至此垂三十年,一时名士风流,盛于洛下。乃其弃经典而尚老庄,蔑礼法而崇放达,视其主之颠危若路人然,即此诸贤为之倡也。自此以后,竞相祖述。如《晋书》言王敦见卫玠,谓长史谢鲲曰:'不意永嘉之末,复闻正始之音。'沙门支遁以清谈著名于时,莫不崇敬,以为造微之功,足参诸正始。《宋书》言羊玄保二子,太祖赐名曰咸、曰粲,谓玄保曰:'欲令卿二子有林下正始余风。'王微《与何偃书》曰:'卿少陶玄风,淹雅修畅,自是正始中人。'《南齐书》言袁粲言于帝曰:'臣观张绪有正始遗风。'《南史》言何尚之谓王球'正始之风尚在'。其为后人企羡如此。"①此正始玄风,王弼(字辅嗣)、何晏(字平叔)倡之,而竹林七贤(嵇康、阮籍、阮咸、向秀、刘伶、山涛、王戎)衍之,皆矜高浮诞,旷达放佚,甚至不拘礼法,迹近佯狂。论者至谓永嘉之祸(晋怀帝被刘曜所虏,洛阳陷),即肇于正始之风。干宝《晋纪·总论》谓:"学者以考庄为宗而黜六经,谈者以为虚薄为辩而贱名检,行身者以放浊为通而狭节信,进仕者以苟得为贵而鄙居正,当官者以望空为高而笑勤恪。"《晋书·儒林传序》曰:"有晋始自中朝,迄于江左,莫不崇饰华竞,祖述虚玄。摈阙里之正经,习正始之余论,指礼法为流俗,目纵诞以清高。遂使宪章弛废,名教颓毁,五胡乘间而竞逐,二京继踵以沦胥;运极道消,可为长叹息者矣。"

三 学术与文艺

三国以降,入学日替,然治经之人,赓续不绝。世传《十三经注疏》除《孝经》为唐明皇御注外,汉人与魏晋人,各居其半。郑君笺《毛诗》,注《周礼》、《仪礼》、《礼记》,何休注《公羊传》,赵岐注《孟子》,凡六经皆汉人注。孔安国《尚书传》(王肃伪作),王弼《易注》,何晏《论语集解》,凡三经皆魏人注。杜预《左传集解》,范宁《谷梁集解》,郭璞《尔雅注》,凡三经皆晋人注。南北朝人经学好尚,互有不同。李延寿《北史·儒林传》云:"江左《周易》则王辅嗣,《尚书》则孔安国,《左传》则杜元凯,《河洛左传》则服子慎,《尚书》、《周易》则郑康成,《诗》则并主毛公,《礼》则同遵于郑氏。大抵南人简约,得其英华;北学深芜,穷其枝叶。"

汉魏之际,文章已趋于排偶,至晋宋而益盛,至齐梁而骈文之式大成。五言诗亦开后来律诗之端。盖其时周颙、沈约等明音韵之学,与诗文并有影响也。李延寿《北史·文苑传》论南北文学作风云:"洛阳江左,文雅尤盛;彼此好尚,雅

---

① 《日知录·正始》。——编校者

有异同。江左宫商发越,贵于清绮。河朔词义贞刚,重乎气质。气质则理胜其词,清绮则文过其意。理深者便于时用,文华者宜于咏歌。此南北词人得失之大较也。"

四 学校

曹魏黄初(文帝年号)间,有诏兴建太学,制定五经课试之法,申告州郡,有欲学者,遣诣太学。太学始开,弟子数百人。鱼豢《魏略》云:"至太和、青龙中,中外多事,人怀避就,虽性非解学,多求诣太学。太学诸生有千数。而博士率皆粗疏,无以教弟子,弟子本亦避役,竟无能学习。冬来春去,岁岁如是。"则所谓太学,亦仅点缀而已。

晋武帝既统一,承曹魏太学之旧物,稍加扩充。诸生增至七千余人。然品类不齐,且名士多尚玄谈,罕通经业。怀愍以后,中原板荡,学校停辍。东晋偏安江左,中州衣冠之士,怀文物礼器以俱来。于是江左亦修太学。然时兴时废,无足言矣。

南朝兴建太学,较有影响者,有二时期:一为宋文帝元嘉间,一为梁武帝天监间。元嘉时,京师设四学曰:玄学、史学、文学、儒学。前代国学,专攻经术,分科研究,此其初基也。天监中,国学设五馆。《隋书·百官志》:"梁国学有祭酒一人,博士二人,助教十人,太学博士八人。天监四年,置五经博士各一人,旧国子学生限以贵贱,帝欲招来后进,五馆生皆引寒门隽才,不限人数。"然帝晚年好佛,侯景乱后,学校又衰歇。

北朝国学,较为发达。盖南朝合共百七十年(420—588),更姓四次,丧乱日多。北魏则自道武帝以至东西分裂,统一垂百五十年(386—534)。朝居既定,建设自易。道武帝于平城建太学,置五经博士,学生至三千人。献文帝时,规定郡国学校之制,偏设乡学,大郡立博士二人,助教四人,学生百人;次郡博士二人,助教二人,学生八十人;中郡博士一人,助教二人,学生六十人;下郡博士一人,助教一人,学生四十人。孝文帝雅慕华风,迁都洛阳后,易胡服,断胡语,礼仪文物,悉依汉制。开设大学,讲论经术。又于四门立四门小学。《北史·儒林传》谓"时天下承平,学业大盛。故燕齐赵魏之间,横经著录,不可胜数。大者千余人,小者犹数百。州举茂异,郡举孝廉,对扬王庭,每年愈众"云。

五 选举

魏晋六朝取士，用九品中正之法。其法起于魏文帝时。尚书陈群，请于州郡皆置中正，取本处人之贤有识术者为之，区别人物，第其高下，定为九等。其有言行修者，则升进之，道义亏缺，则降下之。尚书授官，凭以复核。盖以汉时郡国选举之制，至魏而"三方鼎立，士流播迁"[1]，清议乡评，详复无所，故委其品评于中正也。然"乡举里选者，采毁誉于众多之论，而九品中正者，寄雌黄于一人之口"[2]，中正一不得人，即有徇私趋势之弊。迨后所取，专重门第阀阅，所谓"上品无寒门，下品无士族"[3]也。

---

[1]《通典·选举二》。——编校者
[2]《文献通考·选举考一》。——编校者
[3] 刘毅：《请罢中正除九品疏》。——编校者

第十一章　隋唐之教育

一　隋唐之学校与选举

隋唐有天下,不及三十年(589—617)。其教育之史迹,自极短少。李延寿《北史·儒林传》云:

"隋文膺期纂历,平一寰宇……四海九州,强学待问之士,靡不毕集焉。天子乃整万乘,率百僚,遵问道之仪,观释奠之礼。博士罄悬河之辩,侍中竭重席之奥,考正亡逸,研核异同,积滞群疑,涣然冰释。于是超擢奇秀,厚赏诸儒,京邑达乎四方,皆启黉校。齐、鲁、赵、魏,学者尤多,负笈追师,不远千里,讲诵之声,道路不绝。中州儒雅之盛,自汉、魏以来,一时而已。及高祖暮年,精华稍竭,不悦儒术,专尚刑名,执政之徒,咸非笃好。既仁寿间,遂废天下之学,唯存国子一所,弟子七十二人。炀帝即位,复开庠序,国子、郡县之学,盛于开皇之初。征辟儒生,远近毕至,使相与讲论得失于东都之下……于时,旧儒多已凋亡,惟信都刘士元、河间刘光伯,拔萃出类……所制诸经义疏,搢绅咸师宗之。既而外事四夷,戎马不息,师徒怠散……空有建学之名,而无弘道之实。其风渐坠,以至灭亡,方领矩步之徒,亦多转死沟壑。凡有经籍,因此湮没于煨烬矣。"

隋于选举,有一极可纪念之事。即废九品中正,而始建进士科。此事隋书不载。或者当时尚不重视。然实为科举之始,自后历唐、宋、元、明、清。方法愈密,而积弊愈深。科举之制,遂为世所诟病。其实考之历史,社会复杂,人情多方,汉之乡举里选既不可行,魏晋之九品中正又承其敝,则以考试取士,在当时犹差为公正,惜其内容机械浅隘,愈趋愈下耳。

二　唐之学校

唐版图恢广,享国又长(618—905),贞观(太宗)、开元(玄宗初年),称为盛治。其学风亦最盛。《新唐书·选举志》云:

"自高祖初入长安,开大丞相府,下令置生员,自京师至于州县皆有数。既即位,又诏秘书外省别立小学,以教宗室子孙及功臣子弟。其后又诏诸州明经、秀才、俊士、进士明于理体为乡里称者,县考试,州长重复,岁随方物入贡;吏民子弟学艺者,皆送于京学,为设考课之法。州、县、乡皆置学焉。及太宗即位,益崇儒术。乃于门下别置弘文馆,又增置书、律学,进士加读经、史一部。十三年,东宫置崇文馆。自天下初定，增筑学舍至千二百区，虽七营飞骑，亦置生，遣博士为授经。四夷若高丽、百济、新罗、高昌、吐蕃，相继遣子弟入学，遂至八千余人。"

唐学校制度，分京师与地方述之。

（一）京师学校　京师设六学，国学、太学、四门、律、书、算是也。均隶国子监，国子祭酒，总其学政。六学之学额，学科如下①：

1. 国子学　学生三百人，文武三品以上子孙，二品以上曾孙入之。其学科以《礼记》、《春秋左传》为大经；《诗》、《周礼》、《仪礼》为中经；《易》、《尚书》、《春秋公羊传》、《谷梁传》为小经。通二经者，大经小经各一，或中经二。通三经者，大经中经小经各一。通五经者，大经皆通，余经各一。《孝经》、《论语》皆兼通之。习经有暇，习《国语》、《说文》、《字林》、《三仓》、《尔雅》。

2. 太学　学生五百人。文武五品以上之子孙，三品以上之曾孙入之。学科同。

3. 四门学　学生千三百人。其中五百人为文武七品以上之子，八百人为庶人之俊异者。学科同。

4. 律学　学生五十人以律令为专业，格式法例，亦兼习之。

5. 书学　学生三十人。以《石经》、《说文》、《字林》为专业。

6. 算学　学生三十人。习《九章》、《海岛》、《孙子》、《五曹》、《周髀》、《五经算》等。

上六学学生共二千二百人。入学年龄，除律学为十八岁至二十五岁外，余皆十四以上十九以下。每学置博士助教，司教学。但书算二学，不置助教。六学而外，有二馆（弘文馆属门下省，崇文馆属东宫），以教贵胄。有医学属"太医令"，分医、针、按摩、咒禁等科。有玄学属祠部，开元二十五年（737）始立，习《老子》、《庄子》、《文子》、《列子》。有集贤殿书院（属中书省），为中央图书馆。

学生在学，各以长幼为序。初入学，皆行束修之礼，礼于师。国子太学，各绢三匹。四门学绢二匹。律书算学（州县学同）各绢一匹。皆有酒脯。其束修三分入博士，二分助教。

各学科，皆限年岁。岁终通一年之业，口问大义十条，通八为上，六为中，五为下。并三下与在学九岁不堪贡者罢归。业成者上于监，试所习业，登第者上于尚书。

---

① 参见《新唐书·选举志》。——编校者

凡学,旬给假一日,假前有考试。每岁五月有田假,九月有授衣假。二百里外给程。其不师教,及岁中违程满三十日,事故百日,缘亲病二百日,皆罢归。

(二) 地方之学　京都各府,学生八十人。大都督府、中都督府、上州各六十人;下都督府、中州各五十人;下州四十人。京县五十人,上县四十人,中县三十五人,下县二十人。各置博士一人,中州以上各置助教一人。所业者以诸经为准。

三　唐之选举

唐制取士之科,多因隋旧。大要有三:由学馆者曰生徒;由州县者曰乡贡;皆升于有司而进退之。其学科有秀才、明经、进士、俊士、明法、明字、明算;一史、三史、开元礼、道举、童子,此岁举之常选也。其天子自诏者曰制举,所以待非常之才焉。选举不由学馆者,谓之乡贡,皆怀牒自列于州县,试已,长吏以乡饮酒礼,会属僚,设宾主,陈俎豆,备管弦,用少年,歌鹿鸣之诗,因兴耆艾叙少长焉,既至者,由礼部试之。

诸科中惟进士明经为常科。凡进士试诗赋、时务策。贴经、明经仅试贴经、墨义。其时风尚,趋于文华,贴经墨义,又羌无理性,故人多轻视之,有"焚香看进士,瞋目待明经"之谚。何谓贴经墨义?据《文献通考》:"贴经者,以所习经,掩其两端,中间开惟一行。裁纸为帖,随时增损,可否不一,或得四,或得五,或得六为通。后举人积多,故其法益难,务欲落之。至有帖孤章绝句,疑似参半者以惑之。甚或上折其注,下余一二字,使寻之难知,谓之倒拔。"①墨义者,即笔答。"有云:作者七人矣,请以七人之名对。则对云:七人,某某也,谨对。有云:见有礼于其君者,如孝子之养父母也。请以下文对。则对云:下文曰,见无礼于其君者,如鹰鹯之逐鸟雀也,谨对。有云:请以注疏对者,则对云,注疏曰云云。有不能记忆者,则只云对未审。"②此诚考试之奇闻也。汉策贤良方正,殿廷延访,礼意隆甚。而唐试乡贡进士,钩校苛切。"虽水炭脂炬餐食,皆人自将。吏一唱名,乃得入列棘围,席坐庑下。"③日既暮,只许烧烛三条。韦承贻试日先毕作诗云:"褒衣博带满尘埃,独上都堂纳卷回。逢巷几时闻吉语,棘篱何日却重来?三条烛尽钟初动,九转丹成鼎未开。残月渐低人扰扰,不知谁是谪仙才。"④又试日已晚,主文权舆于帘下戏云:"三条烛尽,烧残举子之心。"举子遽答

---

① 《文献通考·选举考二》。——编校者
② 《宋史·选举志》。——编校者
③ 《文献通考·选举考二》。——编校者
④ 韦承贻:《策试夜潜纪长句于都堂西南隅》。——编校者

云:"八韵赋成,惊破侍郎之胆。"①此又考试之趣语也。

四 唐之士风

科举盛于唐,而其弊实在唐而已极。综其要者,有学术之空疏与风习之卑下二端。

(一) 学术之空疏　科举之法,使全国聪明才智之士,消磨精力于诗赋帖括之间,人生日用之学固不讲,即六艺诸子之术亦不明,其空疏甚矣。唐扬州刺史赵匡《举选议》,列论科举十弊。略谓:"主司褒贬,实其诗赋,务求巧丽,以此为贤,……故士林鲜体国之论……又人之心智,盖有涯分,而九流七略,书籍无穷。主司征问,不立程限,修习之时,但务钞略……故当代寡人师之学……习不急之业,而当代礼法,无不面墙,及临人决事,取办胥吏之口而已。所谓习非所用,所用非所习者也。故当官少称职之吏……"②云云,可谓卓识。

(二) 风习之卑下

更分二节言之:

1. 科名之热中　当时士人,既以科举得进身之路,而又校程功与寸晷,决荣辱于须臾,益形成热中与侥幸之心理。曹邺《杏园即席上同年》诗曰:"歧路不在天,十年行不至。一旦公道开,青云在平地。枕上数声鼓,衡门已如市。白日探得珠,不待骊龙睡。匆匆出九衢,僮仆颜色异。故衣及未换,尚有去年泪。晴阳照花影,落絮浮野萃。对酒时忽惊,犹疑梦中事。自怜孤飞鸟,得接鸾凤翅。永怀共济心,莫起胡越意。"亦写实也。

2. 干谒之丑态　士既投牒自进,不尚志节。加以女主权相。藩镇宦官,迭执大柄。举子以依附为荣,不以干谒为耻。读唐人集,知当时虽贤者,犹不能免也。《文献通考》引江陵项氏曰:"风俗之弊,至唐极矣。王公大人,巍然于上,以先达自居,不复求士。天下之士,什什伍伍,戴破帽,骑蹇驴,未到门百步,辄下马,奉币刺再拜以谒于典客者,投其所为之文,名之曰'求知己'。如是而不问,则再如前所为者,名之曰'温卷'。如是而又不问,则有执贽于马前自赞曰:'某人上谒'者。嗟乎!风俗之弊,至也极矣。此不独为士者可鄙,其时之治乱,盖可知矣。"③

---

① 洪迈:《容斋随笔》。——编校者
② 参见《全唐文》卷三五五。——编校者
③ 《文献通考·选举考二》。——编校者

第十二章　儒学与佛学

一　隋唐之学术文化

隋唐以科举取士，致所学流于空疏，此就当时举业言之也。其一朝之文化，与专家之创作，固有可言者。

《隋书·经籍志》："隋开皇三年，秘书监牛弘表请分遣使人搜访异本，每书一卷，赏绢一匹，校写既定，本即归主。于是民间异书，往往间出。及平陈以后，经籍渐备。内外之阁，凡三万余卷。"《新唐书·艺文志》："自汉以来，史官列其名氏篇第，以为六艺、九种、七略。至唐始分为四类，曰经、史、子、集。而藏书之盛，莫盛于开元。其著录者五万三千九百十五卷。而唐之学者自为之书，又二万八千九百六十九卷。"案四部之分，始自魏荀勖之《中经新簿》，至隋唐而分析益密，目录之学，远绍刘略、班志之绪。隋唐二朝，传写书籍副本，备极精美。典校装写，并设专官。此以帝王之力保存文化者也。

至于学术，有唐一代，以诗文为盛。于经亦有陆德明《经典释文》、孔颖达《五经正义》等。于史有许敬宗等之《晋书》，姚思廉之《梁书》、《陈书》，令狐德棻之《后周书》，李百药之《北齐书》，魏征之《隋书》，李延寿之《南史》、《北史》，以至杜佑之《通典》，刘知几之《史通》等，皆为创制。而隋唐之贡献，尤此期学术上之异彩也。

二　儒学者

（一）王通　通字仲淹，隋末大儒，号文中子。聚徒河汾间，仿古而作六经已不传；传者惟《中说》。《中说》拟《论语》，夸大而无精义。书中《魏相篇》言："性为天地之理；以性制情，即以人受天地之中。"《事君篇》言"治中"，《周公篇》言"守中"，《开郎篇》言"执中"而《闻义篇》中直揭"人心惟危，道心惟微；惟精惟一，允执厥中"①之说，宋儒视为千古之心传者，实自王通发之。至于调和异说，而曰三教一致，虽论似持中，而浅薄不足称矣。

（二）孔颖达　颖达字仲达，隋大业初，举明经高第，入唐授国子博士。颖达集唐代经疏之大成，与诸儒撰定五经义疏，凡一百七十卷，名曰《五经正义》。

---

① 《尚书·虞书·大禹谟》。——编校者

永徽四年(653)，颁行天下。每年明经，依此考试。自唐至宋，明经取士，皆遵此本焉。其所定五经疏，《易》主王注，《书》主孔传，《左传》主杜解。郑注《易书》，复服注《左传》，皆置不取。盖折衷南北经说，而采南学，论者谓其朱紫无别，真赝莫分。与正颖达同修正义者，《易》有马嘉运等，《书诗》有王德韶等，《春秋》有杨士勋等，《礼记》有贾公彦等，题颖达一人之名者，以年辈在先，各位独重也。（其后贾公彦撰《周礼疏》、《仪礼疏》，杨士勋撰《谷梁疏》，徐彦撰《公羊疏》，合为《九经注疏》。至邢昺疏《孝经》、《论语》、《尔雅》，孙奭疏《孟子》，合为《十三经注疏》。）颖达等经疏，关系唐代一般士人之所议学问者绝大。惟明经既专为考试，而又以此正义自画，自无发明可言。其时究心玄理者，又转攻佛学，虽以韩愈之抨击，亦曾无影响，经术乃浸衰矣。

（三）**韩愈** 愈字退之，少读书，日记数千百言；比长，尽通六经百家之学。擢进士第，官至吏部侍郎。其间屡以直谏被贬黜。为文刊落陈言，汪洋恣肆，以荀况扬雄为未醇，而自此于孟轲，尝作《原道》，排斥佛老，独尊孟氏，以继孔子。论性情与教育之关系，作《原性》云：

"性也者，与生俱生也；情也者，接于物而生也……性之品有上、中、下三。上焉者，善焉而已矣；中焉者，可导而上下也；下焉者，恶焉而已矣。其所以为性者五：曰仁、曰礼、曰信、曰义、曰智。上焉者之于五也，主于一而行于四；中焉者之于五也，一不少有焉，则少反焉，其于四也混；下焉者之于五也，反于一而悖于四……情之品有上、中、下三，其所以为情者七：曰喜、曰怒、曰哀、曰惧、曰爱、曰恶、曰欲。上焉者之于七也，动而处其中；中焉者之于七也，有所甚，有所亡，然而求合其中者也；下焉者之于七也，亡与甚，直情而行者也。情之于性视其品。孟子之言性曰人之性善；荀子之言性曰人之性恶；扬子之言性曰人之性善恶混。夫始善而进恶，与始恶而进善，与始也混而今也善恶，皆举其中而遗其上下者也，得其一而失其二者也。然则性之上下者，其终不可移乎？曰：上之性，就学而愈明；下之性，畏威而寡罪。是故上者可教，而下者可制也。其品则孔子谓不移也。"

其说盖以孔子性相近及上下不移之言为本，与董仲舒同。而其所以规定之者，较为明晰，至其以五常为人性之要素，而为三品之性，定所含要素之分量，则并无证据，臆说而已。

（四）**李翱** 翱字习之，为韩愈弟子。亦能文。尝作《复性书》三篇，大旨谓性善性恶，而情者性之动也，故贤者当绝情而复性。其言曰：

"性者,所以使人为圣人者也。寂然不动,广大清明,照感天地,遂通天地之故,行止语黔,无不处其极,其动也中节……人之所以感其性者情也,善怒哀惧爱恶欲,七者,皆情之为也。情昏则性迁,非性之过也,水之浑也,其流不清,火之烟也,其光不明。然则性本无恶,因情而后有恶。情者常蔽性而使也钝其作用者也。"

其复性之法,则谓"不虑不思,则情不生,情不生乃为正思"①,盖本《中庸》率性之说,而已参佛家去无明而归真如之意,为宋儒理学之先声矣。

三 佛学者

唐时佛教诸宗,除三论宗稍式微外,余皆极盛。法相宗自玄奘、窥基起,其义大畅。华严宗,有杜顺、智俨、贤首、澄观等大师。律宗,则道宣始宏之,而义净西行求法,译律部百余卷,真言宗则金刚智、不空等东来,从事翻译,唐僧一行传其学。净土宗,则道绰、善导等衍之。而禅宗六祖(菩提达摩、慧可、僧灿、道信、宏忍、慧能),唐居其三焉。略缀玄奘、窥基、义净之行实如次。

(一)玄奘 姓陈氏,洛阳人。早慧,读诸经论,未尽其理解,发愤西游,亲炙大师,究其原本。本传云:"师既偏谒众师,备飧其说,详考其义,各擅宗途,验诸圣典,亦隐显有异,莫知适从。乃誓游西方,以问所惑。"②以贞观三年(629)首涂,时年二十六。初随饥民度陇,以唐严越境之禁,偷越五烽,备极艰险,既诣突厥,乃得其护照,循阿富汗入印。出游十七年,历五十六国,尽通各国语言文字。其间留中印度,摩羯提国之那烂陀寺五年,寺首座戒贤,那法相大师。奘亲受业,学乃精进焉,卒业后偏游五印。奘博辩出群,所以讲释论难,蕃人远近咸尊服之。各国王争先供养。贞观十九年(645),赍经典凡五百二十夹,六百五十七部以归。其年三月,太宗诏奘在弘福寺翻译,命儒臣房玄龄、许敬宗相与整比。旋移慈恩寺翻经院,又命子志宁、来济等共润色之。后又居玉华宫。从事译业十九年。所译凡七十三部,一千三百三十卷。其重工巨著如《大般若经》、《瑜伽师他论》、《大毗婆沙论》、《六足论》、《发智论》,已逾千卷。平均每年盖译七十卷焉。《传》称:"师自永徽改元后,专务翻译,无弃寸阴。每日自立程课,若昼日有事不充,必兼夜以继,遇乙之后,方乃停笔。摄经已,复礼佛行道。三更暂眠,五更复起,读诵梵本,朱点次第,拟明旦所翻。每旦斋讫,黄昏二时讲新经论……

---

① 原句为"弗思弗虑,情则不生;情既不生,乃为正思。"出自李翱《复性书》。——编校者
② 《大唐慈恩寺三藏法师传》。——编校者

寺内弟子百余人,咸请教诫,盈廊溢庑,酬答处分,无遗漏者。"其翻经讲学,精勤如此!绝笔之时距圆寂仅一月。"呜呼!武士当死于战场,学者当死于讲座,自古及今,为学献身,弘法利物,未有如吾奘师者也。"(引梁启超语)①于翻译外,奘又采西域诸国山川谣俗土地所有,撰《大唐西域记》十二卷,弟子慧立撰《大慈恩寺三藏法师传》十卷,法人 Julien 并有译本,为世界学林鸿实。

(二)窥基　本姓尉迟氏,敬德之侄,少为沙弥,高宗特旨度为大僧,入慈恩寺参译事。法相宗之学,由兹益明焉。

(三)义净　姓张氏,范阳人。少慕玄奘之风,欲游西域,年三十七,方遂发足,初至番禺,得同志数十人,及将登舶,余皆退罢。净奋力孤行,备历艰险,所至之境,皆洞言音。凡遇酋长,俱加礼重。经二十五年,历三十余国。归时赍得梵文经律论近四百部。从事编译,成五十六部二百三十卷。玄奘以后,一人而已。所著有《大唐西行求法高僧传》二卷、《南海寄归内法传》四卷。前书法人沙畹(Chavannes)有译本,后书日人高楠顺次郎有英译本,皆佛门掌故珍要之书。

佛典翻译,为我国吸受外来文化之第一大事,不可不考。案旧纪汉永平中洛阳白马寺为译院滥觞,然尚难置言。苻秦时,道整、道安在关中始创译场。既姚秦礼迎罗什,馆之长安之西明阁,集名僧八百余人,共襄译事。梁武帝盛弘佛法,建业之寿光殿,华林园寺,皆有译场。隋有东西两翻译院,西院在长安之大兴善寺,东院在洛阳之上林园,院各置译主及襄译沙门,襄译学士,译主率梵僧、耶舍、崛多、笈多,先后相继。华僧任此者,惟彦琮一人耳。至唐则译事踵起。奘师译场,初在弘福寺,次在慈恩寺,后再玉华宫。奘为译主,下有证义、缀文、证梵、笔受、书手诸科,妙选才彦,数将及百,(奘传称证义,大德灵润,文备等;缀文大德栖玄、辩机、道宣、慧立等,证梵大德玄暮。)而上述整比润色之诸儒臣尚不与焉。其后佛授记寺,荐福寺,亦置翻经院,难陀、义净先后主之。兴善寺译场,后亦复兴,不空主之。自此种大规范的译场,乃产生有组织的译业。每一书出,皆多数人协力分功,证义考文,至再至四,故备极精审。而输译之量,前此亦罕有其比。奘师以十九年中译千余卷,非有宏大之组织,固不克致也。

佛译初兴,口笔分途。口授者非娴汉者,笔受者罕明梵旨。影响掇拾,误伪兹多。至道安始主直译,力尚质朴。谓:"昔来出经者,多嫌梵言方质,改适今俗,此所不取,何者？传梵为秦,以不闲方言,求知辞趣耳,何嫌文质？"②其"五失

---

① 参见梁启超:《梁任公近著》(中),上海书店出版社1923年版,第183页。——编校者
② 道安:《楞婆沙序》。——编校者

本三不易"之论,(五失本者:一谓句法倒装,二谓好用文言,三谓删去反复咏叹之语,四谓删去一段路中解释之语,五谓删去后段复牒前段之语。三不易者:一谓既须求真,又须喻俗;二谓佛智悬隔,会契实难;三谓古去久远,无从博证。)尤谓名论。至罗什持论,则主参意译:"天竺国俗,甚重文藻,改梵为秦,失其藻蔚。虽得大意,殊隔文体,有似嚼饭与人,非徒失味,乃令呕哕也。"①什公秦梵两娴,诵写自在。信而能达,达而能雅,非有天才,不易学步也。彦琮商榷译例,谓有八备:"一,诚心爱法志愿益人,不惮久时。二,将践觉扬,先牢戒足,不染讥恶。三,筌晓三藏,义贯两乘,不苦暗滞。四,旁涉坟史,工缀典词,不过鲁拙。五,襟抱平恕,器量虚融,不好专执。六,耽于道术,澹于名利,不欲高衒。七,要识梵言,乃闲正译,不堕彼学。八,薄觉《苍雅》,粗谙篆隶,不昧此文。"②则又博深切明矣。玄奘于译名最为矜慎,有"五种不翻"之例:"一,秘密故,如陀罗尼。二,含多义故,如薄伽。三,此无故,如阎浮树。四,顺古故,如阿耨菩提。五,生善故,如般若"③则音译之程式也。

参考书举要

《隋书·经籍志》、《新唐书·艺文志》

《新唐书》:王通、孔颖达、韩愈诸传

《旧唐书·方伎传》

慧立:《大慈恩寺三藏法师传》

渡边秀方:《中国哲学史概论》(中世哲学第三编)

梁启超:《佛典之翻译》

---

① 鸠摩罗什:《为僧睿论西方辞体》。——编校者
② 彦琮:《辩正论》。——编校者
③ 参见梁启超:《梁任公近著》(中),上海书店出版社1923年版,第252页。——编校者

第十三章 宋之教育

一 时代社会与文化

自唐之亡,公元907—960年间,五代——梁、唐、晋、汉、周——迭相雄长者,逾五十年,始统一于宋。宋惩唐藩镇之祸,务削弱外兵,渐以文臣知州事,又集中财赋,置诸路转运使,凡诸州群财帛,悉送汴都,虽节度、观察诸使,不预签书金谷之籍。防备如此之严,而政纲曾未得振,兵日疲弱,赋日苛烦,积弱积贫,而外族之辽、夏乘之,卒无以自立。至1126年,金人陷汴京,虏徽、钦二宗及后妃宗室而去。南渡偏安,外患未减。至1276年而亡于蒙古。

契丹,女真之南侵,摧残中国文物,甚于五胡。《宋史·钦宗纪》:"金人以帝及皇后太子北归,凡法驾、卤薄,皇后以下车辂、卤薄、冠服、礼器……乐器、八宝、九鼎、圭璧、浑天仪、铜人、刻漏、古器、景灵宫供器、太清楼、秘阁三馆书、天下州府图及宫吏、内人、内侍、技艺、工匠、倡优、府库、畜积为之一空。而其时汉族之混乱迁流,亦从来未有,义儿养子,胡汉杂糅,巨室世家,没为奴隶。昔之标门第,崇族望之风,由兹而隳焉。"

人民文弱,亦有可考。古者席地而坐,唐宋以来,始有绳床、椅子、杌子、墩子诸物。古者行路,多以车马。晋以后始有肩舆,至宋室南渡,士官皆乘肩舆,无复骑马者。盖居处引动,日趋安适。又妇女缠足,亦盛于五代及宋元之时。民族之屠弱,非一日矣。

宋时在文化学术上有一极大之利便,即雕版印书之盛行是也。我国书籍,代有进步,由竹木而帛楮,由传写而石刻,以垂久远。降及隋唐,卷轴益富。五代时雕版渐兴,北宋之初,雕印书籍,先佛藏而后儒书。太宗敕司业孔维等校勘《五经正义》,诏国子监镂板行之。后世官书,多雕印于国子监,号称监本,沿以为例。仁宗庆历中,布衣毕昇制活字排版,约当公元1040年,视德人哥登堡之发明(哥氏发明于1445年,见上卷第四章),盖先四百余年焉。古书多作卷轴,宋始变为单页,作蝴蝶装,直立架中,如今西书之式。惟书甚长大,不便翻阅。故又别有巾箱本,如今之石印缩本,刻工甚精。宋初藏书于崇文院,为秘阁三馆。仿《开元四部录》为《崇文总目》。(见《文献通考》)①徽宗更《崇文总目》之号

---

① 《文献通考·经籍考一》。——编校者

为《秘书总目》，诏购遗书，设官总理，募工缮写。一置宣和殿，一置太清楼，一置秘阁。藏书至二万六千二百八十九卷，已不如隋唐之富，然私家藏书，远过前代。刻书藏书，既便且多，学者博闻强记之功，亦日易矣。

有宋之世(960—1276)武功不竞，而学术特昌。除道学另详后章外，于小学有徐铉、徐锴；于古音有吴棫；于切韵有司马光；于史学有司马氏之《资治通鉴》、郑樵之《通志》、袁枢之《纪事本末》、马端临之《文献通考》，并为后世著作家所宗仰。至于文学，则散文诗词，作家辈出，尤为人传诵焉。

二　学校

国学有(一)国子监，七品以上子弟入之；(二)太学，八品以下子弟及庶民之俊秀入之；(三)四门学，仁宗时立，士庶子弟入之；(四)外又有律学、算学、书学、画学、武学、小学等，设置年代不同。按《宋史·职官志》，祭酒掌国子太学、武学、律学、小学之政令，司业为之贰，丞参领监事。博士十人(旧系国监直讲，神宗元丰三年诏改为太学博士每经二人)，掌分经教授，考校程文，以德行道义，训导学者，正录各五人，掌举行学规。凡诸生之戾规矩者，待以五等之罚。

宋初兴学，规模之逮汉唐。国子监仅各容释奠斋庑，太学未尝营建，止假锡庆院廊庑数十间，生员才三百人。仁宗皇祐末，以胡瑗为国子监讲书，专营勾太学。瑗在学时，每公私试罢，掌仪诸生会于首善，令雅乐歌诗，乙夜乃散。诸赍亦自歌诗，奏琴瑟之声彻于外。瑗在湖学，教法最备。至是始建太学，取瑗之法，而著为令，神宗变法，太学行三舍制，厘生员为三等，始入学为外舍，外舍升内舍，内舍升上舍，外舍生岁一试补，内舍生间岁一试补，上舍生弥封膳录如贡举法。元丰二年(1079)，颁学令，太学置八十斋，斋容三十人。外舍生三千人，内舍生三百人，上舍生百人，总二千四百，自是规制始宏矣。徽宗崇宁中，以蔡京议罢科举，取士一出于学，而太学生至三千八百人。以其法出于新党，论者多不谓然。朱熹《学校贡举私议》谓："熙宁以来，所谓太学者，但为声利之场，而掌其教事者，不过取其善为科举之文……师生相规，漠然如行路之人；间相与言，亦未尝开之以德行道义之实，而月书季考者，又只以促其嗜利苟得冒昧无耻之心，殊非国家之所以立学教人之本意。"然钦宗时，李邦彦主金人和议，太学生陈东屡率诸生伏阙上书，请诛六贼(蔡京、梁师成、李邦彦、朱勔、王黼、童贯)，用李纲，"书奏，军民不期而集者数万人。会邦彦退朝，众数其罪谩骂，且欲殴之，邦彦疾驱以免。帝令中人传旨，可其奏……众哄然曰：安知非伪耶？……挝坏登闻鼓,喧呼动地"①。与汉太学生党锢之狱,后先相映,亦未始非兴学养士之效也。

州群之学,始于仁宗朝。庆历四年(1044),诏诸路州军监各令立学。学者二百人以上,得更置县学。自是州群无不有学,置教授,以经术行义训导诸生,掌其课试之事,而纠正不如规者。宋人文集,多有州群建学碑记,可是一代风气。

三 书院

私人设教,始于孔子。两汉经师,聚徒尤众。唐以文词取士,讲学之风衰歇,至宋而有书院之制,历元、明至清,日增月盛。至光绪二十七年(1902),改各省书院为学堂,其绪始绝。然书院存在,几历千年,与学校并行不废。其于学术、士风,关系甚巨。大师掌教,传其学说;学生膏火,取之学田。所谓讲学自由与学款独立,为今人所渴想者,古人乃实行之,此研究本国教育史所当注意也。

案书院之名,仿自唐朝。集贤殿书院,掌刊缉古今之经籍,以辨明邦国之大典。而备顾问应对,初非讲学之所也。宋始于各州之学外,有书院之建置。宋初四大书院曰:白鹿洞、岳麓、应天、嵩阳。此外则衡州石鼓书院,设置亦久。书院性质,有官立,有私立,亦有由私立而改为官立者。规模大小不等,如白鹿洞书院,初不过小屋四五间。而全祖望记杜洲书院:"有先圣碑亭,有礼殿,有讲堂,有六斋:曰志道,曰尚德,曰复礼,曰守约,曰慎独,曰养浩……有书库,有祭器,门廊庖湢,纤悉毕备。"②学生膏火,或取之田租,或取之官费。其讲学者,或主者自教,或官吏延师。北宋诸儒,多讲学于私家,而南宋诸儒,多讲学于书院。故南宋时书院尤盛。《续通考》载:"宁宗开禧中,衡山有南岳书院,掌教有官,育士有田,略仿四书院之制。嘉定中,则涪州有北岳书院。至理宗时尤伙,其得请于朝,或赐额,或赐御书,及间有设官者。应天有明道书院,苏州有鹤山书院,丹阳有丹阳书院,太平有天门书院,徽州有紫阳书院,建阳有考亭书院,崇安有武夷书院,金华有丽泽书院,宁波有甬东书院,衢州有柯山书院,绍兴有稽山书院,黄州有河东书院,丹徒有淮海书院,道州有濂溪书院,兴化有涵江书院,桂州有宣成书院,全州有清湘书院。度宗朝则淳安有石峡书院,衢州有清献书院,其他名贤戾止,士大夫讲学之所,自为建置者不与焉。"大抵当时学校多近于科举,不

---

① 参见《续资治通鉴》卷第九十六。——编校者
② 全祖望:《杜洲六先生书院记》。——编校者

能餍淡于荣利志于讲求修身治人之法者之望。于是学校以外，另辟一自由讲学之书院。黄宗羲谓："所谓学校者，科举嚣争，富贵熏心，亦遂以朝廷之势力，一变其本领。而士之有才能学术者，且往往自拔于草野之间……于是学校变为书院。"（见《明夷待访录》）观于朱子《白鹿洞赋》云："曰明诚其两进，抑敬义其偕。允莘挚之所怀，谨巷颜之攸执。彼青紫之势荣，亦何心于俯拾。"又有诗云："珍重个中无限乐，诸郎莫苦羡腾骞。"①其所规勉之意可见也。或者又谓宋儒学说，受禅宗影响最深，即书院制度，亦未尝不受禅林组织与教法之暗示，亦或然欤？

四　科举

宋时科举，分贡举及制科。

贡举初仍唐制，有进士及明经各科。明经试帖经，墨义。进士则加试诗赋、论策，天子临轩亲试，奖遇优渥。而糊名考校，解衣阅视之令亦极严。神宗变法，以王安石之议，罢诗赋及明经诸科，以经义论策试进士。苏轼、司马光等狃于成见，曾发对之，自安石《三经新义》（《周官》、《诗》、《书》）颁行，士子专诵王氏章句而不究经义。安石后亦悔之，谓："本欲变学究为秀才，不谓变秀才为学究。"②盖科举取士，任何方法，不能无流弊也。徽宗崇宁三年（1104），诏取士悉由学校罢科举。然不久又复。南渡以后，且复诗赋焉。

制科为专才而设，有宏词科，试表章露衣等文，南宋改为博学鸿词科，获隽者亦赐进士。哲宗元祐间，立十科取士法：一曰行义纯固，可为师表；二曰节操方正，可备献纳；三曰智勇过人，可备将帅；四曰公正聪明，可备监司；五曰经术精通，可备讲读；六曰学问渊博，可备顾问；七曰文章典丽，可备著述；八曰善听狱讼，盖尽公得实；九曰善治财赋，公私俱便；十曰练习法令，能断请谳。此外又有童子科、医学科及武举。③

---

① 朱熹：《白鹿洞讲会次卜丈韵》。——编校者
② 朱熹：《三朝名臣言行录》。——编校者
③ 参见《续资治通鉴》卷第八十。——编校者

第十四章　王安石

于叙列宋代诸儒以前，有国史上一大政治家，亦大教育家，不可不先论述之者，则王安石是也。

王安石，字介甫，临川人。宋真宗天禧五年（1020）生，哲宗元祐元年（1086）卒，年六十六。安石二十一岁成进士，见赏于曾巩、文彦博、欧阳修等。知鄞县，有政绩。仁宗末，知常州，上书言事。神宗立，除翰林学士，越次入对，熙宁二年（1069），遂参知政事，时年四十九。七年（1076）出至江宁府，八年（1077）复召回同中书门下平章事，九年（1078）罢，以使相判江宁府，盖先后执政凡九年，至是遂称病不复起，年五十七，后封荆国公。

宋鉴唐藩镇之祸，开国以后，务以减兵弱将为事。然巽懦无勇，上下成风。辽夏侵掠，束手无策。神宗与王安石，承此极敝之末流，荷无量之国仇国耻于其仔肩，而蹶然以兴，欲知熙宁变法图强之伟业者，不可不先了解其时代之背景也。

一　执政前之政论

安石少时有《忆昨诗示诸外弟》中有句云："端居感慨忽自悟，青天闪烁无停晖。男儿少壮不树立，挟此老穷将安归？吟哦图书谢庆吊，坐室寂寞生伊威。材疏命贱不自揣，欲与稷契遐相希。"盖隐然见志矣。其《上仁宗皇帝言事书》，直可视为一政见之宣言，而于教育与政治建设之保关，又发挥尽致。其首段有云："夫二帝三王，相去盖千有余岁，一治一乱，其盛衰之时具矣。其所遭之变、所遇之势亦各不同，其施设之方亦皆殊，而其为天下国家之意，本末先后，未尝不同也。臣故曰：当法其意而已。法其意，则吾所改易更革，不至乎倾骇天下之耳目，嚣天下之口，而固已合乎先王之政矣。"次言方今之世，虽欲改易更革天下之大事，而势必不能者，则由于人才之不足；人才之不足，由于陶冶而成之者非其道。

"所谓陶冶而之者何也？亦教之、养之、取之、任之有其道而已。所谓教之之道何也？古者天子诸侯，自国至于乡党，皆有学……博置教导之官而严选。朝廷礼乐刑政之事，皆在于学……苟可以为天下国家之用者，则无不在于学。此教之之道也。所谓养之之道何也？饶之以财，约之以财，约之以礼，裁之以法也。……所谓取之之道,何也?先王之取人也,必于乡党,必于立庠序,使众人推其所谓贤能,书之以告之于上而察之。诚贤能也,然后随其德之大小、才之高下而官使之……所谓任之之道者,何也?人之才德,高下厚薄不同,其所任有宜有不宜。先王知其如此,故知农者以为后稷,知工者以为共工。其德厚而才高者,以为之长,德薄而才下者,以为之佐属。又以久于其职……而待之以考绩之法……"以下乃痛论当时教之、养之、取之、任之之不得其道。尤以军事教育一段,为沉痛切中,摘录如下:

"方今州县虽有学,取墙壁具而已……学者之所教,讲说章句而已。讲说章句,固非古者教人之道也。近岁乃始教之以课试之文章,非博诵强学穷日之力则不能。及其能工也,大则不足以用天下国家,小则不足以为天下国家之用……又有甚害者,先王之时,士之所学者,文武之道也。士之才,有可以为公卿,有可以为士。其才之大小,宜不宜则有矣,至于武事,则随其才之大小,未有不学者也。故其大者,居则为六官之卿,出则为六军之将也,其次则比闾族党师,亦皆卒两师旅之帅也。故边疆宿卫,皆得士大夫为之,而小人不得奸其任。今之学才,以为文武异事,吾知治文事而已,至于边疆宿卫之任,则推而属之于卒伍,往往天下奸悍无赖之人。苟其才行足自托于乡里者,亦未有肯去亲戚而从召慕者也。边疆宿卫,此乃天下之重任,而人主之所当慎重者也。故古者教士以射,御为急,其他技能,则视其人才之所宜而后教之其才之所不能,是不强也。至于射,则为男子之事。人之生,有疾则已,苟无疾,未有去射而不学者也。在庠序之间,固当从事于射也。有宾客之事则以射,有祭祀之事则以射,别士之行同能偶则以射……居则以是习礼乐,出则以是从战伐。士既朝夕从事于此而能者众,则边疆宿卫之任,皆可以择而取也。……今乃以夫天下之重任,人主所当至慎之选,推而属之奸悍无赖、才行不足自托于乡里之人。此方今所以嚚而然常抱边疆之忧,而虞宿卫之不足恃以为安也。"其卓识深谋如此!

二 熙宁之变法

安石所行之新法,以经济政策为其主要部分,此俗士所以谬与掊克聚敛同视也。其重大之设施:(1)设制置三司条例司(三司为盐铁、度支、户部,皆理财之官,安石改之如此)为最高财政机关。意在举财权悉集于国家,然后酌盈剂虚,摧抑兼并,以富民而致治。(2)青苗法——用意略如近世之农业银行。(3)均输法——以通天下之货,制为轻重敛散之术。(4)市易法——注重分配,使小农小工，有所获殖制造，鬻之于市，不致为豪富所抑勒。青苗在扶植生产，市易则重在平均分配，皆民生之要政。(5)募役法——变当时最病民之差役制而为募役制，令民出代役之税以充募资。以上青苗、均输、市易、募役四法，皆安石所特制，其他就旧法改良整顿者，有(6)农田水利，(7)方田均税等。

熙宁军事政策之最要者，(1)省兵——宋以养兵敝其国，此策留精汰弱，省冗兵凡十之五。(2)置将——分配所有之兵，为若干将，或师团，择险要扼塞之地配置之，以巩固国防。(3)保甲——此为国民皆兵之策，其性质为地方自治团体之员警，亦为国民之后备兵。改募兵为征兵，此为造端。

三　教育的设施

其教育政策：(1)学校——行三舍之制，大学生员，始分三等：初入学为外舍，外舍升内舍，内舍升上舍。上舍员百，内舍二百，外舍不限员，又置京东、京西、河东、河北、陕西五路学。(2)科举——以经为主，人专一经，熙宁八年(1075)，以安石所著《三经新义》(《周官》、《诗》、《书》)颁于学官。安石经学，不主章句之烦，而专求大义。其书《洪范传》后云："古之学者，虽问以口，而其传以心；虽听以耳，而其受以意……孔子曰：不愤不启，不悱不发，举一隅不以三隅反则不复也……以谓其问之不切，则其听之不专；其思之不深，则其取之不固，不专不固，而可以入者，口耳而已矣。"其注重问与思，而不重记与诵，是与汉人之学异趣者也。(3)科举——罢诗赋而试经义。安石极论科举之弊，而未能即革之者，殆所谓"患于无渐"也。

方新法之行，谤议蜂起，号为正士者，一时多引退。安石自信至坚，自谓"创法于群几之先，收功于异论之后"①，顾以朋党分争，君子不相合作，有治法，无治人，所设施者，多不能无弊。然良法美意，固不能以成败论也。司马光与苏轼，皆阻挠新法最力之人。然轼后与滕达道喜，谓："吾侪新法之初，辄守偏见，至有同异之论。虽比心耿耿，归于忧国，而所言差谬，少有中理者。"②安石没后，光《致吕晦叔书》，亦谓："介甫文章节义，过人处甚多……不幸谢世，反复之徒，必诋毁百端。光意以为朝廷宜特加优礼，以振起浮薄之风。"则知党争之中，正论亦未全泯也。

---

① 王安石：《谢赐元丰敕令格式表》。——编校者
② 苏轼：《与滕达道书》。——编校者

第十五章　理学诸儒

唐之衰也,纪纲既坠,藩镇明兴。悍将骄兵,宦官盗贼,充塞宇内。风俗日即于奢淫,士习日趋于猥陋。五代之季,人群梦乱极矣。宋世诸儒,鉴于已往社会之堕落,徒骛词章训诂之无益于身心,于是以穷理尽性,躬行实践为天下倡。同时承佛教勃兴之后,濡染其学说,而以孔孟之道比附之。遂成所谓理学之宗派。《宋史》为别立一道学之名。然道学之名,固不见于古。《道学传》云:"道学之名,古无是也。三代盛时,天子以是道为政教,大臣百官有司以是道为职业,党、庠、术、序师弟子以是道为讲习,四方百姓日用是道而不知。是故盈覆载之间,无一民一物不被是道之泽,以遂其性。于斯时也,道学之名,何自而立哉?……宋中叶,周敦颐出于舂陵,乃得圣贤不传之学,作《太极图说》、《通书》,推明阴阳五行之理,命于天而性于人者,了若指掌。张载作《西铭》,又极言理一分殊之旨,然后道之大原出于天者,灼然而无疑焉。仁宗明道初年,程颢及弟颐实生,及长,受业周氏,已乃扩大其所闻,表章《大学》、《中庸》二篇,与《语》、《孟》并行,于是上自帝王传心之奥,下至初学入德之门。融会贯通,无复余蕴。迄宋南渡,新安朱熹得程氏正传,其学加亲切焉。大抵以格物致知为先,明善诚身为要,凡《诗》、《书》,六艺之文,与夫孔、孟之遗言,颠错于秦火,支离于汉儒,幽沉于魏、晋六朝者,至是皆焕然而大明,秩然而各得其所。此宋儒之学所以度越诸子,而上接孟氏者欤。"

理学大儒,除上列周程张朱五氏而外,尚有陆九龄、九渊兄弟,亦有重要地位。兹分述之。

一　周敦颐

周敦颐,字茂叔,道州人。历官至知南康郡。因家于庐山莲花峰下,前有溪,合于湓江,取营道所居濂溪以名之。其学精明微密,超然自得于天人性命贞一之际,于世泊如也。晚年,闲居乐道不除窗前之草。曰与自家生意一般。程颢、颐兄弟师事之,氏常使寻孔颜之乐何在。颢"再见濂溪以后,吟风弄月以归,有'吾与点也'之意"①。黄庭坚曰:"濂溪先生胸怀洒落,如光风霁月。"②朱熹赞

---

① 《宋史·道学传一》。——编校者
② 《宋史·道学传一》。——编校者

其遗像曰："风月无边,庭草交翠。"①可以想见其精神矣。

考朱震《汉上易解》："陈搏以先天图传种放,放传穆修……修以太极图传周敦颐,敦颐传程颢、程颐。"濂溪之学,出于道家,盖无可疑。其《太极图说》曰:

"无极而太极。太极动而生阳,动极而静,静而生阴,静极复动。一动一静,互为其根。分阴分阳,两仪立焉。阳变阴合,而生水火木金土。五气顺布,四时行焉。五行一阴阳也,阴阳一太极也,太极本无极也。五行之生也,各一其性。无极之真,二五之精,妙合而凝。乾道成男,坤道成女。二气交感,化生万物。万物生生而变化无穷焉。唯人也得其秀而最灵。形既生矣,神发知矣。五性感动而善恶分,万事出矣。圣人定之以中正仁义而主静,立人极焉。故圣人与天地合其德,日月合其明,四时合其序,鬼神合其吉凶,君子修之吉,小人悖之凶。故曰立天之道,曰阴与阳。立地之道,曰柔与刚。立人之道,曰仁与义。又曰:原始反终,故知死生之说。大哉易也,斯其至矣。"

此文大都分为宇宙论,其心性论则见于《通书》,以为人性得太极之秀,本为至善之"诚",惟其"几"则以感于外物而有善恶,易其恶而至其中,则教之事也。其言曰:

"诚无为,几善恶。"②

"或问曰:曷为天下善?曰:师。曰:何谓也?曰:性者,刚柔善恶中而已矣。不达。曰:刚善,为义,为道,为断,为严毅,为干固;恶为猛,为隘,为强梁。柔善,为慈,为顺,为巽;恶为懦弱,为无断,为邪佞。惟中也者,和也,中节也,天下之达道也,圣人之事也。故圣人立教,俾人自易其恶,自至其中而止矣。故先觉觉后觉,暗者求于明,而师道立矣。师道立,则善人多。"③

其实际修为之法,上引《太极图说》中已有"主静"说,《通书》中又有"无欲"说。其言曰:

"无欲则静虚动直。静虚则明,明则通。动直则公,公则溥。明通公溥,庶矣乎。"④

"君子乾乾不息于诚,然必惩忿窒欲,迁善改过而后至。"⑤

案周氏以宇宙根原为"太极"一理,太极本体,无始无终,无声无臭,故又谓

---

① 朱熹:《六先生画像·濂溪先生》。——编校者
② 《通书·诚几德第三》。——编校者
③ 《通书·师第七》。——编校者
④ 《通书·圣学第二十》。——编校者
⑤ 《通书·乾损益动第三十一》。——编校者

之"无极",其意殆从老子"玄"之本体,为静寂无象之说而来。其万物生生之历程,则取之《易·系辞》;阴阳五行之说,则取之汉儒,立诚致中和之说,则又原于《中庸》。盖糅合道家儒家思想,而自构成一种体系者。

二 程颢、程颐

程颢,字伯淳,河南人。官至宗正丞。年十五六时,与弟颐闻濂溪论学,遂厌科举之习而学焉。尝与王荆公议事,荆公厉色待之。颢徐曰:"天下事非一家之私议,愿平气以听。"①荆公为之动容。其卒也,文彦博采众意,表其墓曰明道先生。颐为撰行状,有曰:"先生资禀既兴,而充养有道。纯粹如精金,温润如良玉。宽而有制,和而不流,忠诚贯于金石,孝悌通于神明……胸怀洞然,彻视无间……先生为学,自十五六时,闻汝南周茂叔论道,遂厌科举之业,慨然有求道之志。未知其要,泛滥于诸家。出入于老释者几十年,返求诸六经而后得之。明于庶物,察于人伦。知尽性至命,必本乎孝弟;躬神知化,由通于礼乐。辩异端似是之非,开百代未明之惑。秦汉而下,未有臻斯理也。"②

颐字正叔。少尝伏阙上书,后屡被举不就。哲宗时,为崇正殿说书,以严正见惮,见劾而罢。著《易传》。门人为集语录,称伊川先生。程氏兄弟,明道和粹,伊川尊严,其性质较然不同。或谓明道似颜子,伊川似孟子。《近思录》载:"谢显道(良佐)云:明道先生坐如泥塑人,接人则浑是一团和气。侯师圣(仲良)云:朱公掞(光庭)见明道于汝,归谓人曰,光庭在春风中坐了一个月。游(酢)杨(时)初见伊川,伊川瞑目而坐,二子侍立。既觉,顾谓曰,贤辈尚在此乎?日既晚,且休矣。及出门,门外之雪深一尺。"可见二人之气象。或者谓如程氏兄弟之两贤竞秀,世界哲学史上,除印度论师无著,世亲兄弟外,殆无俦匹云。

明道论性,谓:"生之谓性,性即气……人生气禀有善恶,然不是性中元有此两物相对而生也。有自幼而善,有自幼而恶,是气禀有然也。善固性也,然恶亦不可不谓之性也。盖生之谓性,人生而静以上,不容说,才说性时,便已不是性也。凡人说性,只是说'继之者善'也,孟子言人性善是也。夫所谓'继之者善'也者,犹水流而就下也。皆水也,有流而至海,终无所污……有流而未远,固已渐浊;有出而甚远,方有所浊。有浊之多者,有浊之少者。清浊虽不同,然不可以浊者不为水也。如此,则人不可以不加澄治之功。故用力敏勇则疾清,用力

---

① 《宋史·道学传一》。——编校者
② 《河南程氏文集·明道先生行状》。——编校者

缓怠则迟清;及其清也,则却只是元初水也。亦不是将清来换却浊,亦不是取出浊来置在一隅也。水之清,则性善之谓也。故不是善与恶在性中为两物相对,各自出来。此理,天命也;顺而循之,则道也;循此而修之,各得其分,则教也。自天命以至于教,我无加损焉。"①

明道教人识仁,曰:"学者须先识仁。仁者,浑然与物同体,义礼智信皆仁也。识得此理,以诚敬存之而已,不须防检,不须穷索。若心懈,则有防;心苟不懈,何防之有。理有未得,故须穷索,存久自明,安待穷索?"②又谓:"天地之常,以其心普万物而无心;圣人之常,以其情顺万物而无情。故君子之学,莫若廓然而大公,物来而顺应。"③多本濂溪主静无欲之说。

伊川论性,谓"性出于天(理),才出于气。气清则才清,气浊则才浊。才则有不善,性则无不善。"④又谓:"性即理……天下之理,原无不善。喜怒哀乐之未发,何尝不善?发而中节,往往无不善。发而不中节,然后为不善。"⑤故其为学之方法,袭孔子养气,集义之说,又本《易传》"敬以直内义以方外"之语,极重主静。谓:"涵养须用敬,进学在致知。"⑥又谓:"人道莫如敬,未有能致知而不在敬者。"⑦

伊川论教学之法,极重深思。其语录中说:

"不深思则不能造于道。不深思而得者,其得易失。"⑧

"人思如泉涌,汲之愈新。"⑨

"学者先要会疑。"⑩

"孔子教人,不愤不启,不悱不发。盖不待愤悱而发,则知之不固。待愤悱而后发,则沛然矣。学者须是深思之,思而不得,然得为他说,便好。"⑪

伊川又有论古者教人之法,云:"古者兴于诗,立于礼,成于乐,如今人怎生会得。古人于诗,如今人歌曲一般,虽闾巷童稚,皆习闻其说而晓其义。故能兴

---
① 《近思录·道体》。——编校者
② 《河南程氏遗书》卷二上。——编校者
③ 《河南程氏文集·答横渠张子厚先生书》。——编校者
④ 《近思录·道体》。——编校者
⑤ 《近思录·道体》。——编校者
⑥ 《河南程氏遗书》卷十八上。——编校者
⑦ 《河南程氏遗书》卷十八上。——编校者
⑧ 《河南程氏遗书》卷二十三上。——编校者
⑨ 《河南程氏遗书》卷二十四上。——编校者
⑩ 《近思录·致知》。——编校者
⑪ 《河南程氏遗书》卷十八。——编校者

起于诗。后世老师宿儒,尚不能晓其义,怎生责得学者?是不得兴于诗也。古礼既废,人伦不明,是不得立于礼也。古人有歌咏以养其性情,声音以养其耳目,舞蹈以养其血脉,今皆无之,是不得成于乐也。古之成材也易,今之成材也难。"①知古人教育之原理,而遂谓无今人教育之方法,此泥古之咎也。

三 张载

张载,字子厚,家于凤翔之横渠镇。少喜谈兵,本跅弛豪纵士。范仲淹授以《中庸》,翻然志道。出入于释老者几年,反求诸六经,及见二程,语道学之要,尽弃异学焉。嘉祐中,举进士。所著有《正蒙》、《经学理窟》、《语录》、《西铭》、《东铭》等。吕与叔撰《横渠行状》云:"晚自崇文移疾西归渠,终日危坐一室,左右简编,俯而读,仰而思,有得则识之,后自中夜起坐,取烛以书。其志道精思,未尝须臾息,亦未尝须臾忘也。"

横渠以宇宙本体,为太虚,中含凝散之二动力,为阴阳,由阴阳而发生种种现象。因之立"理一分殊"之观念。其《西铭》中说:

"乾称父,坤称母;予兹藐焉,乃混然中处。故天地之塞,吾其体;天地之帅,吾其性。民,吾同胞;物,吾与也。大君者,吾父母宗子;其大臣,宗子之家相也。尊高年,所以长其长;慈孤弱,所以幼其幼;圣其合德;贤其秀也。凡天下疲癃、残疾、惸独、鳏寡,皆吾兄弟之颠连而无告者也。……"②

天地之塞吾其体,亦即万人之体;天地之师吾其性,亦万人之性。然而人类有贤愚善恶之别,何故?横渠于是分性为二,谓为天地之性与气质之性。其言曰:

"形而后有气质之性,善反之,则天地之性存焉。故气质之性,君子有弗性者焉。"③

人所以不能使吾心合于太虚,而存天地之性,乃为气质之性所累。故横渠之学,第一义在"变化气质",其言曰:

"为学之大益,在自能变化气质。不尔,则卒无所发明,不后见圣人之奥,故学者先当变化气质。"④

如何而能变化气质,第二义即在习礼。横渠揭气质之性,已兼取性恶之意,

---

① 《近思录·教学》。——编校者
② 《正蒙·乾称》。——编校者
③ 《正蒙·诚明》。——编校者
④ 《近思录·为学》。——编校者

其学又重礼,力主"矫轻警惰"颇似荀子。其治家接物,既正己以感人,教门下,主日常动作,必何于礼。谓:"恭教撙节退让以明礼,仁之至也,爱道之极也。"①又自谓:"言有教,动有法,昼有为,宵有得,息有养,瞬有存。"②其强学不懈之功如此。其论教人之法,则谓:

"教人者,必知至学之难易,知人之美恶……知至学之难易,知德也。知其美恶,知人也。知其人且知德,故能教人使人德。仲尼所以问同耳答异以此。"③

此发适应个性之旨颇精。

四　朱熹

朱熹,字仲晦,号晦庵,婺源人,父松仕闽,生于尤溪。年十九,登进士第。官枢密院编修,知南康军。尝建白鹿洞书院以教士。屡以伪学被劾,讲习不辍。年七十一卒。门人黄干状其行曰:"其色庄,其言厉。其行舒而恭,其坐端而直。其闲居也,未明而起,深衣幅巾方履,拜家庙以及先圣。退而坐书室,几案必正,书籍器用必整。其饮食也,羹食行列有定位,匕箸举措有定所,倦而休也,瞑目端坐,休而起也,整步徐行……威仪容止之则,自少至老,祁寒盛暑,造次颠沛,未尝须臾离也……谓圣贤道统之经训。"④所著有《易本义》、《诗集传》、《大学中庸章句》及《或问》、《论语孟子集注》、《资治通鉴纲目》、《楚辞集注》、《韩考文异》、《近思录》、《小学》等,又文集一百卷。其学问之精博,生活之有规律,惟德哲学家康德(Kant)仿佛之。

晦庵综合周、程、张诸氏之说,(一)本伊川理气之辨,而以理当濂溪之太极。谓:"由其横于万物之深底而见时,曰太极;由其与气相对而见时,曰理。"⑤(二)本横渠之说,立本然之性与气质之别。谓:"本然之性,纯理也,无差别者也。气质之性,则因所禀之气之清浊,而不能无偏。"⑥又本横渠心统性情之说,谓:"心之未动时,性也;心之已动时,情也,欲是由情发来者,而欲有善恶。"⑦其中重要之中和说、仁说等,不外《易系辞传》、《中庸》,以及周程诸说之参伍旁通。(三)其论养心之法,主存夜气,主静坐,主君敬,亦皆周程之旧绪。所不同者,氏不以

---

① 《近思录·教学》。——编校者
② 《近思录·为学》。——编校者
③ 《正蒙·中正》。——编校者
④ 黄干:《行状》。——编校者
⑤ 《朱子语类》卷九四《周子之书》。——编校者
⑥ 《朱子语类》卷九四《程子之书》。——编校者
⑦ 《朱子语类》卷五《性理二》。——编校者

主观德养性存心，而废客观的博学多识。亦因此而与陆象山氏有道问学与尊德性之分歧。此其所以在诸理学大儒中，在学术上之贡献为独钜也。

晦庵论教学之法，亦视他家为独详。（一）关于目的者，其《白鹿洞书院学规》如下：

"父子有亲，君臣有义，夫妇有别，长幼有序，朋友有信。

右五教之目。尧舜使契为司徒，敬敷五教，即此是也。学者学此而已，而其所以学之之序，亦有五焉，其别如下：

博学之，审问之，慎思之，明辨之，笃行之。

右为学之序。学、问、思、辨，四者所以穷理也。若夫笃行之事，则自修身以至于处事接物，亦各有要，其别如下：

言忠信，行笃敬，惩忿窒欲，迁善改过。

右修身之要。

正其义不谋其利，明其道不计其功。

右处事之要。

己所不欲，勿施于人。行有不得，反求诸己。

右接物之要。"①

此学规揭出古道德教育之目的，而于"学问思辨"之穷理工夫，亦并不废知识教育。晦庵最重读书，鹅湖之会，朱陆论辩之焦点，亦即在是。致象山有"尧舜以前，读什么书"之激问。朱氏书中指导门人为学读书之处甚多。语录中（二）关于方法者，如：

"书不记，熟读可记；义不精，细思可精。惟有志不立，直是无着力处。"②

"直须抖擞精神，莫要昏钝。如救火治病然，岂可悠悠岁月？"③

"读书始读未知有疑，其次则渐渐有疑，中则节节是疑。过了这一番后，疑渐渐解，以至融会贯通，都无所疑，方始是学。"④

"格物十事，格得其九通透，即一事未通透，不妨。一事只格得九分。一分不通透，最不可。须穷到十分处。"⑤

"读书之法，在循序而渐进，熟读而精思，字求其训，句索其旨。未得于前，

---

① 《朱文公文集》卷七四《白鹿洞书院揭示》。——编校者
② 《朱文公文集》卷七四《沧州精舍谕学者》。——编校者
③ 《朱子语类》卷一百一十九《朱子十六》。——编校者
④ 《宋元学案·晦庵学案》。——编校者
⑤ 《朱子语类》卷一五《大学二》。——编校者

则不敢求其后,未通乎此,则不敢志乎彼。先须熟读,使其言皆若出于吾之口;继以精思,使其精思,使其意旨若出于吾之心。"①

以上数条,皆关于读书穷理之事。至其论静坐居敬者甚多,不录。彼谓"学者工夫,惟在居敬穷理。此二事互相发明,能穷理而居敬工夫日益进,能居敬则穷理工夫日益密。"②居敬与穷理,彼视为并重。尝有诗云:"半亩方塘一鉴开,天光云影共徘徊。问渠那得清如许,为有源头活水来。"③盖为静中穷理之妙境写照也。

五 陆九龄、陆九渊

陆九龄,字子寿,号复斋,抚州金溪人。与兄九韶(子美,号梭山)、弟九渊(子静,号存斋)并称为江西三陆。复斋少肆力于学,广览博咨,深观默养。兄弟自为师友,和而不同。休暇与子弟适场圃习射,自是里中士不敢鄙弓矢为武夫末艺。登进士第,先后为兴国军及全州教授,不以职闲自逸,端桀获,肃衣冠,如临大众,劝绥引翼,士兴于学。弟九渊,学者称象山先生。象山分高,出语惊人。少闻人诵伊川语,即谓:"奚为与孔子、孟子之言不类?"④读古书至"宇宙"二字,解曰:"四方上下曰宇,往古来今曰宙。"⑤忽大省曰:"宇宙内事,乃己分内事,己分内事,乃宇宙内事。"⑥尝谓:"东海有圣人出焉,此心同也,此理同也。西海有圣人出焉,此心同也,此理同也。南海北海有圣人出焉,此心同也,此理同也。千百世之上有圣人出焉,此心同也,此理同也。千百世之下有圣人出焉,此心同也,此理同也。"⑦登进士第,为吕祖谦(伯恭,号东莱先生)所识。官崇安主簿,既归,学者从之甚众。每诣城邑,环坐二三百人,至不能容。结茅象山,学徒案籍逾数千人。除知荆门军。卒于官。象山才高意广,不屑于墨守拘牵之末。《语录》⑧中如:

"激励奋迅,决破罗网;焚烧荆棘,荡夷污泽。"

"仰首攀南斗,翻身倚北辰。举头天外望,无我这般人。"

"学苟知本,则六经皆我注脚。"

---

① 《朱文公文集》卷七四《玉山讲义》。——编校者
② 《朱子语类》卷九《学三》。——编校者
③ 朱熹:《观书有感》。——编校者
④ 《宋史·儒林传四》。——编校者
⑤ 《宋史·儒林传四》。——编校者
⑥ 《宋史·儒林传四》。——编校者
⑦ 《宋史·儒林传四》。——编校者
⑧ 《陆九渊集·语录》。——编校者

其思想之自由，精神之解放，工夫之简易，人生观之平等，视其他宋贤，另是一种气象。

象山不认前人天理人欲之别，以为"心即理"，又谓"塞宇宙一理耳"，又"万物皆备于我，只要明理而已。"① 故宇宙即理，理即心。彼持纯粹之一元论，于所谓气质，物欲之由来，殊不假研究。教人本孟子说"先立乎其大"②，谓学者"汝耳自聪，目自明，事父母自能孝，事兄自能弟，本无少缺，不必他求，在乎自立而已"③。其工夫则在于"思"。其言曰：

"义理之载人心，实天之所与而不可泯灭者也。彼其受蔽于物，而至于悖理违义，盖亦勿思焉耳。诚能反而思之，则是非取舍，盖有隐然而动，判然而明，决然而无疑者矣。"④

"学问之功，切磋之始，必有自疑之兆。及其至也，必有自克之实。"⑤ 故彼注重静坐，而不汲汲于读书。又教学者："不可用心太紧，深山有宝，无心于宝者得之。"⑥"棋所以长吾之精神，瑟所以养吾之德性，艺即是道。"⑦ 其学多自由活泼之趣，与朱氏之严密拘束不同。

朱陆之战，盛于《太极图说》之论辩。象山谓"无极"二字，明背孔子，且决非周氏之言。朱氏则谓孔子虽不言，而周子言之，实有以见太极之真体。象山与晦庵往复辩难，至数万言。先是淳熙二年，吕伯恭偕陆子寿，子静，约晦庵为鹅湖之会，会终，益不欢。《象山语录》记之甚详，摘录如下：

"吕伯恭为鹅湖之集，先兄复斋谓某曰：伯恭约元晦为此集，正为学术异同。某兄弟先自不同，何以望鹅湖之同？先兄遂与某议论致辩，又令某自说，至晚罢。先兄云，子静之说是。次早，某请先兄说。先兄云，某无说，夜来思之，子静之说极是。方得一诗云：孩提知爱长知钦，古圣相传只此心。大抵有基方筑室，未闻无址忽成岑。留情传注翻榛塞，着意精微转陆沉。珍重友朋勤切琢，须知至乐在于今。某云：诗甚佳。但第二句微有未安。先兄云，说得怎地，又道未安，更要如何？某云，不妨一面起行，某沿途却和此诗。及至鹅湖，伯恭首问先兄别后新功，先兄举诗才四句，元晦顾伯恭曰：子寿早已上子静船了也。举诗

---

① 《陆九渊集·语录》。——编校者
② 《孟子·告子上》。——编校者
③ 《陆九渊集·年谱》。——编校者
④ 《陆九渊集·语录》。——编校者
⑤ 《陆九渊集·与胡季随书》。——编校者
⑥ 《陆九渊集·语录》。——编校者
⑦ 《陆九渊集·语录》。——编校者

罢,遂致辩于先兄。某云,途中某和得家兄此诗云:墟墓兴哀宗庙钦,斯人千古不磨心。涓流积至沧溟水,拳石崇成泰华岑。易简工夫终久大,支离事业竟浮沉。举诗至此,元晦失色。至欲知自下升高处,真伪先须辨只今。元晦大不怿。于是各休息。翌日,二公商量数十折,议论来,莫不悉破其说……伯恭甚有虚心相听之意,竟为元晦所尼。"①

后三年,陆子寿复自抚访晦庵于信州铅山观音寺。晦庵有诗《和鹅湖寺子寿韵》云:"德义风流夙所钦,别离三载更关心。偶扶梨杖出寒谷,又枉篮舆度远岑。旧学商量加邃密,新知培养转深沉。只愁说到无言处,不信人间有古今。"②陆氏之学,以尊德性为宗,而朱氏则以道问学为主。自是崇朱者诋陆为狂禅,宗陆者以朱为俗学。两家弟子,各成门户。然淳熙八年,陆子静访晦庵于白鹿洞,晦庵请升讲席,率僚友诸生听其讲"君子喻于义,小人喻于利"③一章。讲说痛快,听众有流涕者。晦庵请笔讲义于简藏之,为跋其后。又《象山语录》中记:"一夕岁月,喟然而叹。包敏道侍,问曰先生何叹?曰,朱元晦泰山乔麓,可惜学不见道,枉费精神,遂自担阁,奈何?包曰,势既如此,莫若各自著书,以待天下后世之自择。忽正色厉声曰:敏道!敏道!恁地没长进,乃作这般见解。且道,天地间有个朱元晦、陆子静,便添得些子,无了后,便减得些子。"④则知朱陆虽终为诤友,不改其敬畏之度也。

参考书举要

《宋史·道学传》

黄宗羲:《宋元学案》

朱熹:《近思录》

王懋竑:《朱子年谱》

蔡元培:《中国伦理学史》

---

① 《象山全集》卷三十四《语录》。——编校者
② 《陆九渊集·年谱》。——编校者
③ 《论语·里仁》。——编校者
④ 《象山全集》卷三十四《语录》。——编校者

第十六章　元明之教育与文化

十三世纪之后叶,蒙古人入据华夏,国号曰元。其占有中国者,九十年(1277—1367)。朱明崛起,建都金陵,垂统二百七十余年(1368—1643)。明亡于法路易十四践祚之年,十七世纪之中叶也。

一　元之学校与科举

成吉思汗以武力起于西北,其疆域奄有今内外蒙古天山南北路,中国之西北部,阿富汗、波斯之北部,俄之南部,分为四大汗国。世祖(忽必烈)灭宋,而有中夏。其文化兼中国、印度、大食、欧洲四种,不属中国一系,亦东方史上一特色。

元时人种复杂,言文互殊,故学校亦因种族而异。京师设蒙古国子学、回回国子学及(汉人)国子学。地方则各州有书院,路有路学,县有县学。此外又有诸路蒙古字学、医学、阴阳学等。国子学以《孝经》、《小学》、《四书》、《六经》为课本,博士助教,亲授句读音训及讲说,次日抽签令诸生复说。其功课如对属、诗章、经解、史评,皆博士出题,生员具稿,先呈助教,俟博士即定,始录附课簿,以凭考校。蒙古国子学以《通鉴节要》用蒙古文译写教之。回回国子学,教回文备翻译。

书院视宋为尤盛。《元史·选举志》:"至元二十八年,命江南诸路学及各县学内设立小学,选老成之士教之。其他先儒过化之地,名贤经行之所,与好事之家,出钱粟赡学者,并立为书院。"凡儒师之命于朝廷者,曰教授。命于礼部及行省者,曰学正、山长、学录、教谕。书院著称者,《续文献通考》所载,不下百数。

科举之法,视宋益烦密。元太宗时,中书令耶律楚材即请用儒术选士。仁宗皇庆二年(1313),诏行科举,定条例。科场三岁一次。乡试八月,会试次年二月,御试三月。考试程式:蒙古色目人第一场经问五条,《大学》、《论语》、《孟子》、《中庸》内设问,用朱氏章句集注,以义理精明,文词典雅者为中选。第二场策一道,以时务出题,限五百字以上。汉人南人第一场明经经疑二问,《大学》、《论语》、《孟子》、《中庸》内出题,并主朱氏,复以己意结之,限三百字以上。经义一道,各治一经,分《诗》、《书》、《易》、《礼》、《春秋》,限五百字以上。第二场古赋诏诰章表一道。第三场策一道,经史时务内出题,不矜浮藻,惟务直述,限一千字以上。蒙古色目人作一榜,汉人南人作一榜。第一名赐进士及第,从六品。第二名以下及第二甲皆正七品,第三甲以下正八品。乡试选委考试官,同考试官各一员,弥封官、誊录官各一员。凡誊录试卷,并行移文字,皆用朱书。仍须设法关防,毋致容私作弊。会试选委知贡举官,同知贡举官各一员,考试官四员,监察御史二员,弥封、誊录、对读、监门等官各一员。御试委考试官二员,监察御史二员,读卷官二员。①

二　明之学校与科举

明太祖初定金陵,以元集庆路儒学为国子学。洪武十四年(1381),改建于鸡鸣山下。明年改学为国子监,设祭酒、司业、监丞、博士、助教、学正、学录、典籍、掌馔、典簿等官。分六堂以馆诸生,曰率性、修道、诚心、正义、崇志、广业,学旁以宿诸生,谓之"号房"。厚给廪饩,岁时赐布帛、文绮、袭衣、巾靴。正旦元宵诸令节,俱赏节钱,孝慈皇后积粮监中,置红仓二十余舍,养诸生之妻子。历事生未娶者,赐钱婚聘,及女衣二袭,月米二石。诸生在京师岁久,父母存,或父母亡而大父母伯叔父母存,皆遣归省,人赐衣一袭,钞五锭,为道里费。其优恤之如此。而其教之方法,每旦,祭酒司业坐堂上,属官自监丞以下首领则典簿,以次序立。诸生揖毕,质问经史,拱立听命。惟朔望给假,余日升堂会馔,乃会讲、复讲、背书、轮课以为常。所习自四子本经外,兼及刘向《说苑》及律令、书数、御制大诰,每月试经书义各一道,诏诰、表策、论判、内科二道。每日习书二百字,以二王、智永、欧虞、颜柳诸帖为法。每班选一人为斋长,督诸生工课。衣冠步履饮食,必严饬中节。夜必宿簿,有故而出,必告本班教官,令遣长师之,以白祭酒。监丞,置集愆簿,有不遵者书之,再三犯者决责,四犯者发配安置。其堂宇、宿舍、饮馔、澡浴,俱有禁例。六堂诸生,有积分之法。司业二员,分为左右,各提调三堂。凡通四书未通经者,居正义、崇志、广业。一年半以上,文理条畅者,升修道、诚心。又一年半,经史兼通,文理俱优者,乃升率性。升至率性,乃积分。其法:孟月试本经义一道,仲月试论一道,诏诰表内科一道,季月试本经史策一道,判语二道。每试文理俱优者与一分,理优文劣者与半分,纰缪者无分。岁内积八分者为及格,与出身。不及者仍坐堂肄业。如有才学超异者,奏请上裁。(以上均见《明史·选举志一》)其最盛时,监生岁及万人。各地土官及日本、琉球、暹罗诸国,皆有官生入监肄业。整理田赋、清查黄册、兴修水利等大

---

① 以上内容可参见《元史·志第三十一·选举一》。——编校者

政，亦间遣监生为之。洪武二十九年(1396)，令监生年长者，分拨诸司，历练政事。随时选任，不拘资限。其重视学校之才，殆古所未有。成祖迁都北平，设北京国子监，自是国学有南北二监。

地方则府州县无不有学。府设教授，州设学正，县设教谕各一。俱设训导，府四、州三、县二。各学有定额，其食廪者，谓之廪膳生员，增加者为增广生员。初入学，只谓之附学，廪膳增广，以岁科两试等第高者补充之。非廪膳生不得与岁贡。明设学虽普，而重心实在科举。故府县教官，亦仅典岁试，讲学具文而已。外又有社学，延师儒以教乡社民间子弟。当时儒吏，恒以兴举社学为务焉。

明初，国学网罗人才，书院稍衰歇。迨后科举大盛，国学之精神渐隳。私人讲学之风复起。阳明讲学之所，如龙冈书院、贵阳书院、濂溪书院、稽山书院、敷文书院，既皆著称。同时如邹守益之复古书院，湛若水之白沙书院，亦与阳明相应和。阳明没而其徒道处建书院以祀之，岁具宗教的性质。明末书院之著者，京师曰首善，江南曰东林。顾宪成、高攀龙讲学东林，以忤魏阉而书院毁。魏阉败，而书院复兴，如刘宗周之证人书院，其尤著者。明儒于书院外，又有寺观祠宇之集会，月有定期，以相砥砺。大师所至，集会讲学，樵夫陶匠农贾，无人不可听讲，乃至无人不可讲学。《明儒学案》称：

"樵夫朱恕……听王心斋讲，津津有味，听毕浩歌负薪而去。陶匠韩乐吾……慕朱樵而从之学，久之觉有所得，遂以化俗为仕，随机指点，农工商贾从之游者千余。秋成农隙，则聚徒谈学一村。既毕，又至一村，前歌后答，弦诵之声，洋洋然也。"①

明人集会讲学之外，又有诗文结社。始则标榜风雅，交通声气，继则联结党朋，干预政事。其季世如张溥所倡复社，以嗣东林为帜云。

明科举之法，专取四书，及《易》、《书》、《诗》、《春秋》、《礼记》命题。其文略仿宋经义。然代古人之语气为之，体用排偶，谓之八股，通谓之制义。三年大比，以诸生试之直省，曰乡试，中式者为举人。次年以举人试之京师，曰会试，中式者天子亲策于廷，曰廷试。分一、二、三甲以为名第之次。一甲只三人，曰状元、榜眼、探花，赐进士及第。二甲若干人，赐进士出身。三甲若干人，赐同进士出身。(世又以乡试第一为解元，会试第一为会元，二三甲第一为传胪。)子午卯酉年乡试，辰戌丑未年会试。乡试以八月会试以二月；皆初九日为第一场，又三日为第二场。又三日为第三场。廷试以三月朔。初场试经义四道，四书义三

---

① 《明儒学案·泰州学案一》。——编校者

道,各三百及二百字以上。二场论一道,判五道,诏诰表内科一道。三场经史时务策五道,俱各三百字。主考官,乡会试俱二人,同考官乡试四人,会试八人,提调一人。凡收掌试卷、弥封、誊录、对读、受卷,以至巡绰监门收搜检,俱有定员,各执其事。试之日,黎明入场,黄昏纳卷未毕者,给烛三枝。烛尽不成者扶出。考试者用墨,谓之墨卷,誊录用朱,谓之朱卷(考试官用青笔)。试士之所,谓之贡院。诸生席舍,谓之号房。人一军守之,谓之号军。试官入院,辄封钥内外门户;在外提调监试等谓之外帘官,在内主考,同考谓之内帘官,其防弊之严如此。①

三 元明之文物

科举之义,不足以赅一代之学术也。元人精天算之法,尤以郭守敬(若思)为集大成。又得回回之法,仪器算书渐备。又元版图辽阔,故地理之学亦重。秘书监修《大一统志》,凡六百册,一千三百卷,图志并详,惜其书不传。航海火器,并渐发达。又元文字鄙俚,而白话小说曲本繁兴,平民文艺,开一新纪录。

《明史·艺文志》,不志前代之书,仅明一代之著作,达十万零四千四百六十九卷。永乐初,解缙等奉敕总《文献大成》,后又敕姚广孝等重修,更名《永乐大典》,计二万二千九百卷。其书以韵为纲,而以古书字句排列于下。至有举全部大书悉纳于一韵之中者。南北二京,仅有三部,清初止存残本一部,庚子后则存六十四册(存北京图书馆者六十册,教育部四册),零编散册,流入外国,珍同琪璧。美国书馆以珂罗版影印一册焉。永乐间又定《周易大全》二十四卷,《四书大全》三十六卷,《性理大全》七十卷,虽拘束一般士人思想之自由,然亦一代之巨制也。

四 西学之东渐

耶稣会(Society of Jesus)以嘉靖十九年(1504)成立,其教徒渐来中国。先是在元朝已有马可·波罗(Marco Polo)来华,归选游记,侈言中朝之繁昌富厚,已脍炙人口矣。明之中叶,意教士利玛窦(Mateo Ricci)来,既贡地志、时钟,兼自述其制器观象之能,其上神宗疏,谓:

"臣本国极远,从来贡献所不通。逖闻天朝声教文物,窃欲沾被其余……用

---

① 以上内容可参见《明史·选举制二》。——编校者

是辞离本国,航海而来,时历三年,路经八万余里,始达广东。缘音译未通,有同喑哑。僦居学习语言文字,淹留肇庆、韶州二府十五年。颇知中国古先圣人之学……经籍亦略诵记,粗得其旨……臣于本国,忝与科名,已叨禄位。天地图及度数,深测其秘,制器观象,考验日晷,并与中国古法吻合。倘蒙不弃疏微,令臣得尽其愚,披露于至尊之前,斯又区区之大愿。"①

教士初至中国,习华言、易华服、读儒书、从儒教,以博得中国人之信用。如龙迪我(Diego de Pantoja,西班牙人)著《七克》《《伏傲》、《解贫》、《坊淫》、《熄忿》、《释饕》、《平炉》、《策怠》等篇),词皆渊粹,颇似儒说。又以历算之学,入掌钦天监,如汤若望(Schall von Bell,德人)于崇祯时,南怀仁(Ferdinand Verbiest,比人)于清初,均受官掌历。其他如艾如略(Giuleo Aleni 意人)著《职方外纪》,绘图立说,为吾国有五洲地志之始。郑玉函(Johan Terenz,德人)撰《奇器图说》,为力艺之权舆。中国士大大,乐与之接,名臣如李之藻、杨廷筠、徐光启等且归依其教。初亦喜其科学器艺,不仅持其教义也。而当时之外国教士,类能适应此需要,而有所传输,且了解中国文物,非如后来教师之凶犷粗鄙也。

参考书举要:

《元史》、《明史》:《选举志》

《续文献通考》

柳诒徵:《中国文化史》

---

① 朱维铮编:《利玛窦中文译著集》,香港城市大学出版社2001年版,第282—283页。——编校者

第十七章　王守仁

传程朱之学者，在元有许衡（鲁肃），在明有吴与弼（康斋）、薛瑄（敬轩）、胡居仁（敬斋）等，皆粹然儒者，惟于程朱学说，笃信谨守，绝少发明，而其绍象山之学，自立新说，巍然为明一代儒宗者，王阳明也。

王守仁，字伯安，学者称阳明先生，余姚人（1472—1518）。父华为南京吏部尚书。幼豪迈不羁。十五岁，纵观塞外，经月始反。二十八岁登进士第，授刑部主事，疏劾刘瑾下狱，廷杖四十，谪贵州龙场驿丞。处烟瘴患难者三年。瑾诛，知庐陵县，历官至左命都御史，巡抚南赣。宸濠之乱，升南京兵部尚书，封新建伯。征思田，卒于军。阳明之学，始泛滥于词章，继续考亭之书，循序格物，顾物理吾心，终判为二，无所得入。出入于佛老者久之。追居夷处困，动心忍性，忽悟圣人之道，吾心自足，不假外求。自此尽长枝叶，一意本原，以默坐澄心为学的。后更专提"致良知"三字，默不假坐，心不待澄，不习不虑，出之自有天则。有《王文成公全书》三十八卷。略述其学说于次。

一　心即理　心即理，本象山之说。阳明更畅发而证明之。谓"理一而已。以其理之凝聚而言则谓之性，以其凝聚之主宰而言则谓之心，以其主宰之发动而言则谓之意，以其发动之明觉而言则谓之知，以其明觉之感而言则谓之物。故就物而言谓之格，就知而言谓之致，就意而言谓之诚，就心而言谓之正。正者，正此也；诚者，诚此也；致者，致此也；格者，格此也。皆所谓穷理以尽性也。天下无性外之理，无性外之物。学之不明，皆由世之儒者，认心为内，认物为外，而不知义内之说也。"①阳明持唯心论，认心物一元，力辨晦庵"即物穷理"之说。

二　知行合一　朱学泥于循序渐进之义，曰必先求圣贤之意于遗书，曰自洒扫应对进退始。其弊使人迟疑观望，而不能勇于进取。阳明矫之以知行合一之说，曰："知是行之始，行是知之成。"②"知之真切笃实处便是行，行之明觉精密处便是知。"③"若行不能明觉精密，便是冥行……若知不能真切笃实，便是妄

---

① 《传习录·答罗整庵少宰书》。——编校者
② 《传习录·徐爱引言》。——编校者
③ 《传习录·答顾东桥书》。——编校者

想。"①又举浅易之例说明之,谓:"设如好好色,好恶恶臭。见好色属知,好好色属行,只见那好色时已自好了,不是见了后又立个心去好。闻恶臭属知,恶恶臭属行。只闻那恶臭时已自恶了,不是闻了后别立个心去恶。"②若必先讨论讲习以求知,俟知得真时去行,遂终身不行,亦遂终身不知。盖阳明所谓知,指德性之直觉,而所谓行,即指行为之动机。然则即知即行,直截警辟,非虚语矣。

三 至良知 阳明认心理合一,以孟子所谓"良知"代表之。又主知行合一,而以《大学》所谓"致知"代表之。于是合而言之,曰致良知。其言良知也,谓:"天命之性,粹然至善,其灵昭不昧者,此其至善之发见,乃明德之本体,而即所谓致良知者也。"③又谓:"虽妄念之发,而良知未尝不在……虽昏塞之极,而良知未尝不明。"④其进而言致知也,谓"于良知所知之善恶者,无不诚好而诚恶之,则不自欺其良知而意可诚矣。"⑤又谓:"于其良知所知之善者,即其意之所在之物而实为之,无有乎不尽;于其良知所知之恶者,即其意之所在之物而实去之,无有乎不尽。于其良知所知之恶者,即其意之所在之物而实为之,无有乎不尽。然后物无不格,而吾良知之所知者,无有亏缺障蔽,而得以极其至矣。"⑥盖统诚意格物于致知,而不外乎知行合一之义。

阳明以至敏之天才,至深之研索,由博返约,直指本原,排斥一切拘牵文义区画阶级之弊,发挥象山心理一致之义,益之以知行合一之说,促思想之自由,励实践之勇力,所以能于程朱之势力外,别开一新学派。

四 儿童教育 阳明有《训蒙大意示教读刘伯颂等》曰:"今教童子,惟当以孝弟忠信礼义廉耻为专务;其栽培涵养之方,则宜诱之歌诗以发其志意,导之习礼以肃其威仪,讽之读书以开其知觉。今人往往个歌诗、习礼为不切时务,此皆末俗庸鄙之见,以知古人立教之意哉!大抵童子之情,乐嬉游而惮拘检,如草木之始萌芽,舒畅之则利达,摧挠之则衰痿。……故凡诱之歌诗者,非但发其志意而已,亦所以泄其跳号呼啸于咏歌,宣其幽抑结滞于音节也。导之习礼者,非但肃其威仪而已,亦所以周旋揖让而动荡其血脉,拜起屈伸而固束其筋骸也。

---

① 《明儒学案·姚江学案》。——编校者
② 《传习录·徐爱录》。——编校者
③ 《王阳明全集》卷二六《大学问》。——编校者
④ 《王阳明全集》卷二《传心录中》,《答陆原静书》。——编校者
⑤ 《王阳明全集》卷二六《大学问》。——编校者
⑥ 《王阳明全集》卷二六《大学问》。——编校者

讽之读书者，非但开其知觉而已，亦所以沉潜反复而存其心，抑扬讽诵以宣其志也。凡此皆所以顺导其志意……责其检束而不知导之以礼，求其聪明而不知养之以善，鞭挞绳缚，若待拘囚，彼视学舍如囹狱而不肯入，视师长如寇仇而不欲见矣，求其为善也可得乎！"顺儿童之本性，而养成其善良之习惯，此种教育学说，在十五世纪，世界不多见也。

第十八章　清之教育

满清入关,始震武功,继扬文治,统一中国,垂二百七十年(1643—1912)。学校科举,皆沿前朝之旧。同光之际,始有改革之机。然废科举,设新式学校,则末季十余年间事耳。本章所述,以改制以前为范围。

一　学校

中央国学,仍曰国子监。设管理监事大臣一,祭酒二(汉满各一人),司业三(汉、满、蒙各一人)及汉满教授及助教。肄业者有贡生(见下)、监生(多援例捐纳)、学生,及举人之入监者。分率性等六堂如明制(见第十六章)。凡教有月课,有季考,皆第其优劣。岁终则甄别,各视学之成否而咨焉。察其经明事治一闻而备用。此外为宗室及八旗子弟专设者,有宗学、觉罗学、景山官学等。

地方则府州县皆设学,其学官,府曰教授、州曰学正、县曰教谕,皆以训导辅之。生员有廪膳生、增广生、附生,各视其大学、中学、小学以为额。(顺治四年(1647)定直省儒学视人文多寡优绌分大中小学)生员食饩久者,各以其岁之额而贡于太学,曰岁贡生。有"恩诏"则加贡焉,曰恩贡生。学官举生员之优者,三岁,学政会巡抚试而贡之,曰优贡生。十有二岁,乃各拔其学之优者而贡之,曰拔贡生。

此所谓学,即科举之初基,无当于现代之教育。且除考试给饩为外,亦无教育之工作。实际士人读书,多在家塾或闸馆。幼童以《三字经》、《千字文》等为课本。稍长则读《四书》、《五经》,课以制艺诗赋,以为应试准备;其高材者抑或入书院肄业、考课焉。

书院沿宋明之制,京师及各行省偏设之。京师有金台书院,各省如直之莲池、苏之钟山、赣之豫章、浙之敷文、湘之岳麓、陕之关中等。皆拨公帑,或学田,以供膏火。书院山长,由督抚学臣,不分本身邻省,已仕未仕,择经明行修,足为多士模楷者,以礼聘请。然主之者亦不复讲学,第以考试帖括,颁给膏火而已。惟迨后如阮扶浙始创诂经精舍,及督粤时创学海堂,黄体芳创南菁书院,张子洞建广雅书院;其掌教者,如俞樾主诂经精舍,至三十一年;朱一新长广雅书院,皆以博习经史词章为务,与当时专试时文之书院固不同,与宋明讲求理学之书院亦异趣矣。

二 科举

科举制度，一切沿明之旧。（参阅第十六章）清防弊益严，有怀挟冒籍代倩诸禁。试卷取中后，又有送礼部磨勘之例，往往摘取小疵，即致落选。科场条例，愈烦苛矣。乡会试外，同时行武举，先试弓马，次试策论，中选者称武举人、武进士。外又有特科，如清初之博学鸿词科，及清末严修奏请开设之经济特科（分内政、外交、理财、经武、格物、考工六类）皆是。

三 图书

清初诸帝，如康熙、乾隆，皆博览文学，精力过人。奖励藏书，播为风习。乾隆时，重刊《十三经》、《二十四史》。又诏求遗书，详审编校。命纪昀（字晓岚，谥文达）等汇为《四库全书》目录，计三千四百六十种，三万六千余册，分钞七部，建七阁藏之。"内廷四阁"为文渊（文华殿后）、文溯（奉天行宫）、文津（热河避暑山庄）、文源（圆明园）。今惟文源阁之书荡然无存，文汇阁在扬州，文宗阁在镇江，文澜阁在杭州。文汇、文宗二阁，毁于太平军之役。文澜之书，今补钞完成，存浙江图书馆。纪氏等遍读群书，著有《四库全书总目提要》，颇为精切简明，自亦非出一人之手也。至编制之巨著，则有《图书集成》，仿《永乐大典》，为一大百科全书。经始于康熙，至雍正三年（1725）始成。分六汇编，三十二典，六千一百零九部，凡一万卷，五千册。虽不逮永乐之富，然彼未刊布，此则印成二种，至今流传云。外如《康熙字典》、《佩文韵府》、《一统志》、《续三通》、《皇朝三通》等，皆一朝巨制。至阮元所辑《皇朝清解》一百十八种，王先谦《皇朝经解续编》二百零九种，则为汉学之大丛书。

第十九章　清儒之学

我国学术,可约分为四大时期:周秦创造时期、两汉经学时期、隋唐佛学时期、宋元理学时期。清代综合时期,万派并起,蔚为巨观。梁启超氏称之为"文艺复兴",著有《近三百年中国学术思想史》,尚未刊行,《清代学术概论》,仅其发端而已。关于清儒学说,江藩有《汉学师承记》,刘师培有《近代汉学变迁论》、《近儒学术统系论》,可资参考。

吾人如除去史学上特殊贡献(如赵翼《二十二史劄记》、王鸣盛《十七史商榷》)、文学(如骈文,散文之桐城阳湖各派,诗词曲)、天算(如王锡阐、梅文鼎)、地理(如顾景范《读史方舆纪要》)等专家之学不论,语清儒学说总派,又可分下之三时期:

(1) 顺康间——综合程朱陆王而兼采汉学;

(2) 雍乾嘉——汉学全盛;

(3) 道咸同——汉学中今文派兴起。

以上各期,可略举其代表之人物如次:(1)清初大儒,宗程朱者,有陆世仪(桴亭)、张履祥(杨园);宗陆王者,有孙奇逢(夏峰)、李颙(二曲)。然综合二派,或否认二派,继往开来,有四大家:曰顾炎武、黄宗羲、王夫之、颜元。(2)自顾氏开考证学派,至乾嘉而全盛,亦分两大宗:(子)吴派:惠周惕、士奇、栋,称吴中三惠。(栋著《九经古义》、《周易述》、《古文尚书考》,尤重要)弟子江声、余萧客、王鸣盛、钱大昕、王昶。余弟子江藩,王弟子汪中、刘台拱,均有名。(丑)皖派:休宁戴震为祖,继之者如卢文弨(《抱经》)、孔广森(《巽轩》)、段玉裁(《说文解字注》)、王念孙(怀祖)(《读书杂志》)、王引之(伯申)(《经义述闻》、《经传释词》)整理故训,旧籍始厘然可读。近世俞樾(古书疑义举例)孙诒让皆其支流。(3)今文学家,始自武进庄存与(方耕)、刘逢禄(申受)之治公羊。传之龚自珍(定庵)、魏源(默深);近世皮锡瑞、廖平、康有为述焉。

本章述其学术思想,与教育学说之最有关系者,凡顾炎武、黄宗羲、王夫之、颜元、戴震五氏。

一　顾炎武

顾黄王颜为清初四大儒,其立身为学,有相同之点五焉。(一)民族观念。

四氏皆志在恢复,终身窜伏山林。顾黄王于明亡时,历参军事,勇略甚著。奔走间关数十年,至事无可为,乃仅以纯粹学者终。如黄之《原君》、《原臣》,王之《读通鉴论》,皆富于民权思想。(二)坚忍刻苦。顾标"行己有耻"之旨,王不薙发,顾窜伏山谷中,数十年如一日。(三)经世致用。顾之《天下郡国利病书》,黄之《原法》、《律吕新义》、《勾股图说》、《开方要义》、《明夷待访录》,王之《黄书》,颜之崇六德六行六艺,以周孔之学,抵程朱之学,皆以经世致用为归。(四)客观实证。亭林出游,"以二马二骡,载书自随。所至阨塞,即呼老兵退卒,询其曲折。或以平日所闻不合,即就坊肆中发书而对勘之"①。生平浪迹四方,遍游秦晋齐豫燕代淮浙,凡六谒孝陵云。(五)尚武任侠。顾黄王均擅技击,颜则日与其徒肄习于射圃。

顾炎武,字宁人,江苏昆山人,生于明万历四一年(1613),卒于康熙二一年(1682),学者称为亭林先生,为清学开山大师。亭林反对明人空谈之学,谓:

"刘石乱华,本于清谈之流祸,人人知之,孰知今日之清谈有甚于前代者。昔之清谈谈老庄,今之清谈谈孔孟,未得其精而已遗其粗,未究其本而先辞其末。不习六艺之文,不考百王之典,不综当代之务,举夫子论学论政之大端一切不问,而曰一贯,曰无言,以明心见性之空言,代修己治人之实学。股肱惰而万事荒,爪牙亡而四国乱,神州荡覆,宗社丘墟。昔王衍将死云,吾曹虽不如古人,向若不祖尚浮虚,戮力以匡天下,犹可不至今日。今之君子,得不有愧乎其言?"②(《日知录》)彼为学主于"博学于文,行己有耻"③,其言曰:

"愚所谓圣人之道者如之何?曰博学于文,曰行己有耻。自一身以至于天下国家,皆学之事也;自子臣弟友,以至出入、往来、辞爱、取与之间,皆有耻之事也。耻之于人大矣。不耻恶衣恶食,而耻匹夫匹妇之不被其泽,故曰:万物皆备于我矣,反身而诚。呜呼!士而不先言耻,则为无本之人;非好古而多闻,则为空虚之学。以无本之人,而将空虚之学,吾见其日从事于圣人而去之弥远也。"(《与友人论学书》)

亭林于明亡之后,砥砺志节,故特重明耻之义。谓:"礼义廉耻,是谓四维,四维不张,国乃灭亡。然而四者之中,耻为尤要。人之不廉而至于悖礼犯义,其原皆出于无耻也。故士大夫无耻,谓之国耻。"④志在恢复,晚年居华阴,谓:"华

---

① 全祖望:《鲒埼亭集》卷十二《亭林先生神道表》。——编校者
② 《日知录》卷七《夫子言性与天道》。——编校者
③ 《亭林文集》卷三《与友人论学书》。——编校者
④ 《日知录》卷十三《廉耻》。——编校者

阴缩毂关河之口,虽足不出户,而能见天下之人,闻天下之事。一旦有警,入山守险,不出十里之遥。若志在四方,则一出关门,亦有建瓴之势。"①所著有《天下郡国利病书》、《音学五书》、《日知录》、《金石文字录》等。

二 黄宗羲

黄宗羲,字太冲,号梨洲,余姚人,生于明万历三八年(1610),卒于康熙一六年(1695),奔走国事,艰阻备尝,官图形捕之者十一次。晚乃幽居著述,成《明夷待访录》、《明儒学案》、《宋元学案》等书。梨洲不但抱民族思想,尤畅发民权之旨。其言曰:

"有生之初,人各自私也,人各自利也;天下有公利而莫或兴之,有公害而莫或除之。有人者出,不以一己之利为利,而使天下受其利;不以一己之害为害,而使天下释其害;此其人之勤劳必千万于天下之人。夫以千万倍之勤劳,而己又不享其利,必非天下之人情所欲居也。故古之人君,量而不欲入者,许由、务光是也;入而又去之者,尧、舜是也;初不欲入而不得去者,禹是也。岂古之人有所异哉?好逸恶劳,亦犹夫人之情也。后之为人君者不然。以为天下厉害之权皆出于我,我以天下之利尽归于己,以天下之害尽归于人,亦无不可;使天下之人,不敢自私,不敢自利,以我之大私为天下之大公。始而惭焉,久而安焉。……古者以天下为主,君为客,凡君之所毕世而经营者,为天下也。今也以君为主,天下为客,凡天下之无地而得安宁者,为君也。是以其未得之也,屠毒天下之肝脑,离散天下之子女,以博我一人之产业……其既得之也,敲剥天下之骨髓,离散天下之子女,以奉我一人之淫乐,……然则为天下之大害者,君而已矣,向使无君,人各得自私也,人各得自利也。呜呼!岂设君之道,固如是乎?……岂天地之大,于兆人万姓之中,独私其一人一姓乎!……"(《明夷待访录·原君》)

又谓:"三代以上有法,三代以下无法……三代以上之法,固未尝为一己而立也。后之人主,既得天下,唯恐其祚命之不长也,子孙之不能保有也,思患于未然以为之法。然则其所谓法者,一家之法,而非天下之法也……夫非法之法,前王不胜其利欲之私以创之,后王或不胜其利欲之私以坏之。坏之者固足以害天下,其创之者亦未始非害天下者也……"(同书《原法》)

此种大胆的民本主义,倡之于十七世纪;视卢梭《民约论》之出世,乃早百

---

① 《清史稿·儒林二》。——编校者

年焉。

氏与阳明为同里,又受学于刘宗周,故深潜于性理之学。但谓阳明致良知之"致"字即"行"字,故特重实行,而于空谈、静坐之风,绝不赞许。其学与其他清初大儒同,务博览经史,归于致用。谓:"明人讲学,袭语录之糟粕,不以六经为根柢,束书而从事于游谈,更滋流弊。故学者必先穷经。然拘执经术,不适于用,欲免迂儒,必兼读史。"①其论学校,则认为知识界之集体,可以代表民意,未必使"治天下之具,皆出于学校,而后设学之意始备……天子之所是未必是,天子之所非未必非,天子亦遂不敢自为是非而公其是非于学校"。(《明夷待访录·学校》)氏盖深感于当时士气之消沉,而又鉴于汉之党锢、宋之太学、明之东林在朝政上之影响,故有此论欤?

三 王夫之

王夫之,字而农,衡阳人,晚居湘南之石船山,称船山先生。生于万历四七年(1619),卒于康熙三一年(1692),其博学无不窥,与亭林同。所著有《读通鉴论》、《思问录》、《黄书》、《噩梦》等。清同治间始搜其遗著,得七十五种,为《船山遗书》刊之。

船山于知识论,以为有德性之知与见闻之知,而前者为知识之本。谓:"见闻所得者,象也;知象者本心也。"②"耳与声合,目与色合,皆心所翕辟之牖也。合故相知,乃其所以合一故,则岂耳目声色之力哉?故舆薪过前,群言杂至,而非意所属,则见如不见,闻如不闻,其必耳目之受而即合明矣。"③其学之目的,曰诚(说本《中庸》)。学之方法,曰格物穷理,曰笃行。力斥明儒空谈心性,谓"堕其志,息其意,外其身,于是而洞洞焉,晃晃焉,若有一澄澈之境……然而求之于身,身无当也;求之于天下,天下无当也。行焉而不得,处焉而不宜"④云云。

四 颜元

颜元,字浑然,号习斋,直隶博野人。生崇祯八年(1635),卒康熙四十三年(1704)。元生于微贱,父被满兵掠为奴,又居于穷乡。学无所传受。早年习道家言,后又学阳明学、程朱学,均下一番刻苦工夫。三十八岁以后,始觉所学之

---

① 《清史稿·儒林一》。——编校者
② 《张子正蒙》卷四《大心篇》。——编校者
③ 《张子正蒙》卷四《大心篇》。——编校者
④ 《礼记章句·大学》。——编校者

未是,自建新学派。专重习行,不主讲学著书。手著者只《四存编》:《存性》、《存学》、《存治》、《存人》,其读书随批由门人抄录者,有《四书正误》、《朱子语类评》。传其学者为李塨,字恕古,作《习斋先生年谱》。后戴望作《颜氏学记》。

颜氏之学,为彻底的实用主义。攻击程朱之主静主敬,而倡主动。习斋之名,即实习、练习之意。以为宋儒以读书为致知格物,而不知尧舜之六府(水、火、金、木、土、谷)、三事(正德、利用、厚生)——见《尚书》;周孔之三物(六德:知仁圣义忠和,六行:孝友睦姻任恤,六艺:礼乐射御书数)——见《周礼》,皆重实习。谓:"道不在章句,学不在诵读;期如孔门博文约礼,实学、实习、实用之天下。"①

"漠宋儒满眼只看几册文字是'文',然则虞夏以前大圣贤皆鄙陋无学矣。"②

"人之岁月精神有限,诵说中度一日,便习行上少一日;纸墨上多一分,便身世上少一分。"③

"文家把许多精神费在文墨上,诚可惜矣。先生(指朱子)辈舍生尽死,在思读讲著四字上做工夫。全忘却尧舜三事六府,周孔六德六行六艺,不肯去学,不肯去习,又算什么?千余年来,率天下入故纸堆中,耗尽身心气力,作弱人病人无用人者,皆晦庵为之也。"④

"宋元以来儒者皆习静,今日正可言习动。"⑤

"半日读书,便半日是汉儒;半日静坐,便半日是和尚。请问一日十二时中,那一分一秒,是尧舜周孔?"⑥

"譬之学琴焉,书犹琴谱也。娴熟琴谱,讲解分明,可谓学琴乎?……"⑦

"譬之于医……止务览医书千百卷,熟读详说,以为予国手矣;视诊脉、制药、针灸、摩砭,以为术家之粗不足学,可谓明医乎?"⑧

氏极诋宋儒教育与孔子教育之不类。谓:"请划二堂,子观之。一堂上坐孔子,佩剑,觽决,杂玉革带深衣。七十子侍,或习礼,或鼓琴瑟,或羽籥舞文,干戚舞武,或问仁孝,或商兵农政事,服佩亦如之。壁间置弓矢钺戚箫磬算器马策,

---

① 《与陆道威书》。——编校者
② 《言行录·学须篇》。——编校者
③ 《存学篇》卷一。——编校者
④ 《朱子语类评》。——编校者
⑤ 《言行录·世性篇》。——编校者
⑥ 《朱子语类评》。——编校者
⑦ 《存学篇》卷三。——编校者
⑧ 《存学篇》卷三。——编校者

及礼衣冠之属。一堂上坐程子,峨冠博带,垂目坐,如泥塑。如游、杨、朱、陆者侍,或反观静坐,或执书伊吾,或对谈静敬,或榻笔著述。壁间置书籍、字卷、翰研、梨枣。此二堂同否?"①

氏议建书院,分六斋:为"文事"(礼、乐、书数、天文、地理等)、"武备"(黄帝、太公、孙吴诸子兵法、攻守、营阵、水陆诸战法),"经史"、"艺能"(水、火、工、象数)、"理学"及"帖括"。《颜氏学记》称其"师门弟子行孝弟,存忠信,日习礼、习乐、习射、习书数,究兵农水火诸学,堂上琴竽弓矢筹管森列"。又谓先生自幼学兵法,技击驰射,阴阳象纬无不精云。

五　戴震

戴震,字慎修,一字东原,休宁人。生雍正元年(1723),卒乾隆四二年(1777)。以举人奉召为四库馆纂修官,特授翰林院庶起士,盖弁数也。师事江永。弟子段玉裁、孔广森、王念孙、引之,皆考证大师,传其学。至其哲学,则惟私淑之焦循理堂为能传之。民国十二年(1923),北平举行氏诞生二百年纪念会,梁任公撰《戴东原先生传》及《戴东原哲学》②,胡适近著《戴东原的哲学》③。戴氏所著书,有关于小学、测算、典章制度者甚多,而《孟子字义疏证》及《原善》为其哲学精髓。

氏受顾李影响,排斥程朱。其学一方为严密的考证的汉学,一方建设新理学以排宋学。严密的汉学,有四特点:(一)历史的眼光;(二)工具的发明;(三)归纳的研究;(四)证据的注重。

氏注重故训,谓:"经之至者道也,所以明道者其词也,所以成词者字也。由字以通其词,由词以通其道,必有渐。"④

氏之哲学——宋儒以理欲分开,主张"存天理,去人欲",做到"人欲净尽,天理流行"⑤。氏谓:"理者存乎欲者也。"⑥又谓:"理也者,情之不爽失者也。"⑦又谓:"通天下之情,遂天下之欲,权之而分厘不爽谓之理。"⑧"圣人治天下,体民之

---

① 《颜习斋先生年谱》卷下,《习斋记余》卷二《寄桐乡钱先生晓城》。——编校者
② 此二文发表于《晨报副刊·东原二百年纪念》,1924 年 1 月 24、25 日。——编校者
③ 此书由商务印书馆于 1927 年出版。——编校者
④ 《与是仲明论学书》。——编校者
⑤ 《孟子字义疏证》卷上,《理》。——编校者
⑥ 《孟子字义疏证》卷上,《理》。——编校者
⑦ 《孟子字义疏证》卷上,《理》。——编校者
⑧ 《孟子字义疏证》卷下,《才》。——编校者

情,遂民之欲,而王道备。"①

"人生而后有欲,有情,有知。三者,血气心知之自然也……惟有欲有情,而又不知,然后欲得遂也,情得达也……道德之盛,使人之欲无不遂,人之情无不达,斯已矣。"②

此其心理论之大异于宋儒者也。又"程朱以理为如有物焉,得于天而具于心,启天下后世人人凭在己之意见而执之曰理,以祸斯民,更淆以无欲之说。于得理益远,于执其意见益坚,而祸斯民益烈"。氏以为"事物之理,必就事物剖析至微而后能得"③。故氏之所为理,乃客观的,而非如宋儒之为主观的。此其知识论之大异于宋儒者也。

彼二元的理,主观的理,其祸至于杀人。其言曰:

"呜呼!今之人其亦弗思矣。圣人之道,使天下无不达之情,求遂其欲,而天下治。后儒不知情之至于纤微无憾是谓理;而其所谓理者,同于酷吏之所谓法。酷吏以法杀人,后儒以理杀人,浸浸乎,舍法而论理,死矣,更无可救矣!"④

氏主功利主义,谓圣人不言无欲,只言无私。然法去私先须去蔽。"凡去私不求去蔽,重行不先重知,非圣学也。"⑤

"人之不尽其才,患二:曰私,曰蔽。……去私莫如强恕,解蔽莫如学。"⑥

"最要体会《孟子》'条理'二字,得其条理,由合而分,由分而合,则无不可为。"⑦盖分析综合并行,而学之事始尽也。

---

① 《孟子字义疏证》卷上,《理》。——编校者
② 《孟子字义疏证》卷下,《才》。——编校者
③ 《孟子字义疏证》卷下,《才》。——编校者
④ 《戴震集》卷九《与某书》。——编校者
⑤ 《戴东原文集》卷十一《沈处士戴笠图题咏序》。——编校者
⑥ 《原善》卷下。——编校者
⑦ 段玉裁:《戴东原先生年谱》。——编校者

第二十章　最近之教育

一　清末之忧患与维持

清末外患亟矣。(一)道光二十二年(1842)，英人以鸦片起衅，占香港，陷上海，直逼南京，遂订《南京条约》。赔款一千二百万两，割香港，开广州、厦门、福州、宁波、上海为通商口岸，协定关税率，为值百抽五，是为不平等条约之始。(二)咸丰十年(1860)，英法联军入北京，订《天津条约》。赔款八百万两，开天津、牛庄、琼州、潮州等为商埠，并承该国领事行使裁判权。(三)光绪十年(1880)，中法之役，法人占安南。(四)二十年(甲午1894)，中日之战，日人占台湾，迫我认朝鲜独立。(五)二十六年(庚子1900)，拳匪之乱，英、俄、法、德、美、日、义、奥八国联军复入北京，翌年订辛丑和约，赔款四万五千万两，承认各国驻兵京城，保护使馆界，拆毁天津城垣及大沽炮台。自十八世纪之中，以迄其末，对外战争，无役不丧师辱国。昔之夜郎自大者，至此竟儳焉如不终日。

咸丰同治间，国内又发生极大之内战。洪秀全由粤起太平军，蔓延以及长江流域。自咸丰元年以至同治三年(1850—1865)，战争始定，又继以鲁豫之捻匪、陕西之回乱。民生憔悴，举国疮痍。而满族亲贵之愚昧贪污如故，朝吏之颠顸如故。政事益非，国势益岌岌。

此外患与内忧之交逼，促起维新之动机。光绪二十四年(戊戌1898)，康有为、梁启超上书请变法、废科举、兴学校、整军备、劝工商，新政之诏，一日数下。未几事败，康、梁仅以身免。次年而拳祸作矣。同时孙中山先生倡兴中会、同盟会，旋组织为中国国民党，奔走海外，宣传革命，其力量亦渐充实。满廷汲汲自保，至光绪之末，乃不得不以诏行立宪，为柔和之计焉。

二　初期之新教育设施

外侮既亟，时人震于西洋之船坚炮利，始一变其闭关自守，蔑视夷人之心理，而于武备及机器，思急起讲求。又以通商以后，中外交涉日繁，外国文字语言，亦日感需要。故同治以后，所谓西学者渐兴。其教授外国语文及军事机械之专门学校，如北京同文馆、福州船政学堂、上海机器学堂(附设于江南制造局)、北洋及广东水师学堂、天津及湖北武备学堂等，先后成立。

光绪十九年(1893)，张之洞设自强学堂于湖北，分方言、算学、格致、商务四斋。二十一年(1895),盛宣怀创北洋西学学堂于天津,分头等二年两级,立后来北洋大学之基础。二十三年(1897),盛氏又设南洋公学于上海,分师范院、外院(小学)、中院、上院,高等教育,略具雏形。

其初等教育方面,又于蒙塾呀唔之外,力矫旧习,自辟新蹊者。如光绪四年(1878),上海张焕伦创正蒙书院,斟酌古今,参合中外,生徒百余,分小中大各班。小班生讲解诵读并重,令以俗语译文言。并教算数,习礼仪。又有游艺技术,习投壶、射鹄、八段锦、投沙囊、超距、击球诸竞技,合智德体三育之旨。光绪二十一年(1895),钟天纬氏设三等学堂于上海,编语体文为初学课本,始习语体作作文。二十五年(1899),吴县陆基创崇辨蒙学于苏州,分甲乙两班;编《启蒙图说》《启蒙问答》以教乙班,分国文、算学、历史、地理、理科等以授甲班。

派遣游学,倡议最早者为容闳。容氏于同治七年(1868)条陈当道,选聪颖子弟赴美留学,期为十五年,年龄约十二三岁。出国后,仍由教师课以国文。曾国藩许其议,遂于十一年(1872)派第一次游学生三十人,后四年,又派遣一次。光绪七年(1881),被撤归国,其业未终。然自是国人注意新政者,多东渡日本,留学或调查。新知识之运动,实酝酿于此。

三 学堂章程颁布后之十年(1902—1912)

甲午以后,大吏多言变法自强矣。其觇大势,审国情,深忧灼见,从教育上着眼者,有张之洞所著之《劝学篇》。书中于全国学务,筹画甚详。主张于京师及各省会,立大学堂;道府设中学堂;州县设小学堂。课程中西并重,以"中学为体,西学为用"。佛道寺观可改学堂者,改建之,以其资产充学费。于科举则主张废八股,而代以时务策论。于游学之重要,一篇之中,亦三致意焉。之洞以文学显宦见重于时,《劝学篇》出,风行天下。光绪二十二年(1896),侍郎李端棻上推广学校以励人才一折,为颁布学制先声。折中请自京师以及各省府州县皆设学堂,又称与学校相须而成者三端:(一)设藏书楼;(二)创仪器院;(三)开译书局。嗣二十四年(1898)戊戌政变,设京师大学堂,命孙家鼐为管学大臣。时尚无专设之教育行政机关。管学大臣者,即以大学校长而兼领全国学政者也。同年诏各省、府、州、县,改书院为学堂,以省会书院为高等学,郡城书院为中等学,州县书院为小学。

光绪二十八年(1902),管学大臣张百熙,奉命订学堂章程。凡蒙学堂四年毕业,寻常小学堂三年,高等小学堂三年,中学堂四年,高等学堂三年,大学堂三年,大学院研究无年限。中学自第三年起,分文科实科。另设中等实业学堂,亦四年毕业。高等学堂为大学预备，分政科艺科。另设高等实业学堂，亦三年毕业。自蒙学以至大学，计二十年。规制详明，立意多法日本。世称《钦定学堂章程》。

上述章程，尚未实行。二十九年（1903），又命张百熙，会同张之洞、荣庆重订后，乃以上谕颁布之。同年张之洞奏请废科举，至三十一年（1905）上谕废止。又同年设学部，各省设提学使，各县设劝学所，为各级教育行政机关。自是学制始尽力推行矣。此学制所规定，蒙养院不定年限，初等小学堂五年（宣统元年（1909）变通初小办法以五年为完全科，四年为简易科），高等小学堂四年（初等实业学堂三年），中学堂五年（初级师范五年，中等实业学堂五年），高等学堂三年（优级师范三年，高等实业预科一年本科三年，进士馆三年，译学馆五年），大学堂三年至四年，通儒院五年。世称《奏定学堂章程》。

光绪三十三年（1907），学部奏请宣示教育宗旨，为忠君、尊孔、尚公、尚武、尚实五条，上谕中谓"总之君民一体，爱国即所以保家；正学昌明，翼教乃以扶世。人人有合群之心力，而公德以昭；人人有振武之精神，而自强可恃。务讲求农工商各科实业，物无弃材，地无遗利，期有益于国计民生。庶几风俗淳厚，人才众多，何患不臻上理"①云云。

四 民国学校系统颁布后之十年（1912—1922）

民国肇建，蔡元培氏任第一任教育总长，召集临时教育会议，征求全国教育之意见，改定学制，公布学校系统。视旧时章程，各级学校，年限均较缩短，盖顾及国民经济，而谋教育易于普及。至课程方面，废止旧时中小学之读经科，而增加手工、音乐。又规定初小得男女同校，皆显著的进步也。其《学校系统图》如次：

民国元年（1912），教育部公布教育宗旨，为"注重道德教育，以实利教育，军国民教育辅之，更以美感教育完成其道德"。八年（1919）教育部召集教育调查会，时欧战终了，世界思潮，非议军国民教育，而以大同相唱和。该会通过一教育宗旨研究案，文为"养成健全人格，发展共和精神"，提交教部，部亦始

师范学校	高等师范学校预科	师范学校预科	专科预科	中学校	补习科	高等小学	补习科	初等小学	大学院	大学	预科	甲种实业学校	乙种实业学校	年
														二四
														二三
														二二
														二一
														二十
														十九
														十八
														十七
														十六
														十五
														十四
														十三
														十二
														十一
														十
														九
														八
														七

---

① 《清实录·光绪朝实录》。——编校者

终未公布,而教育界亦始终未注意。盖所谓教育宗旨,自前清以来,成为具文久矣。

民国六年(1917),蔡氏为北京大学校长。文科学长陈独秀,教授胡适等组织《新青年》杂志,唱文学革命,引起所谓"新文化运动"。八年(1919)五月四日,以北大为中坚之学生大示威,愤外交之失败,殴伤章宗祥,而毁外交总长曹汝霖宅。全国学生,罢课为之声援,成可纪念的,热烈的"五四运动"。自是民众益觉醒,而教育的空气益紧张。

同时教育事业,亦分途殊轨,渐各有确定之目标。民国六年(1917),黄炎培氏有中华职业教育社之创设,十年(1921),袁希涛氏有《义务教育之商榷》一小册子之刊行。而蒋梦麟、陶知行先后主编《新教育》杂志,为革新教育言论之中心。民国八年(1919)以后,美国教育家杜威(John Dewey)、孟禄(Paul Monroe)、麦柯(Miliam McCall)、推士(G. R. Twiss)、帕克赫斯特(Miss Helen Parkhurst)、克伯屈(W. H. Kilpatrick)先后来华,讲演、调查或参与学制之改订,或协助方法之研究。其言论行事,腾于报章,播于众口。专籍逐译,月异日新。方法试行,炫奇争胜。开一教育宣传之新局。

五 最近之十年(1922—)

民国十一年(1922),全国教育联合会集会于广州,根据广东提案,通过一新学制系统草案。其中多采美国教育之精神,所列标准七条,为:一,适应社会进化之需要;二,发挥平民教育之精神;三,谋个性之发展;四,注意国民经济力;五,注意生活教育;六,使教育易于普及;七,多留各地方伸缩余地。原案总说明云①:

(一) 全系统分三段,即高等教育、中等教育、初等教育。

(二) 各段之划分,大致以儿童发达时期为根据。即童年时期(6—12)为初等教育段;少年时期(12—18)为中等教育段;壮年时期(18—24)为高等教育段。

(三) 中国幅员广大,地方情形各异,而社会要求亦至繁杂,故于设校分科,取美国新制之纵横活动主义。

(四) 教育以儿童为中心,学制系统,宜顾及其个性及智慧,故于高等及中等教育之编课,采用选科制;于初等教育之升级,采用弹性制。

---

① 参见陈元晖主编,璩鑫圭、唐良炎编:《中国近代教育史资料汇编学制演变》,上海教育出版社2007年版,第876—877页。——编校者

此案后经教育部公布,(惟原案总说明删去),其学制系统图如次:

又案有说明二十九条,大体为国民政府学校系统所沿用,具详后文,此不备录。

民国十六年(1927),国民政府定都于南京,全国统一,依孙中山先生之《建国大纲》开始训政。设中华民国大学院,为最高教育行政机关,蔡元培氏任院长。蔡氏夙主学术行政,合于一途,既避教育部官署之名,而成立所谓大学院,又于江苏、浙江、北平三区,废教育厅,而仿行法国大学区制。论者或非之。(国民党第二届第五次中央执行委员会全体会议于十七年(1928)

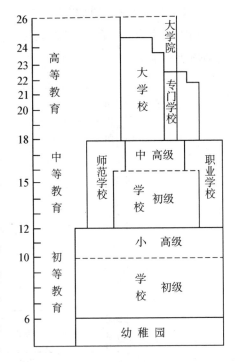

夏集会时,有经亨颐、郭春涛等提案请取消之案未决。)然蔡氏建立中央研究院,竭力奖进科学之探究,又设国立音乐院、艺术院,扶植美术之发展。其于学术上之贡献,岂可轻议哉?

十七年(1928),大学院召集全国教育会议于首都。将十一年(1922)学制系统,略加修整,为中华民国学校系统①。其年夏,氏去职,大学院复改为教育部,蒋梦麟氏继为部长。十八年(1929),国民党第三次全国代表大会通过考试院院长戴传贤氏所提《中华民国教育宗旨及其实施方针》。以上两案,并录如次。

原则:

(一)根据本国实情;

(二)适应民生需要;

(三)增进教育效率;

(四)提高学科标准;

(五)谋个性之发展;

(六)使教育易于普及;

---

① 参见中国第二历史档案馆编:《中华民国史档案资料汇编第5辑第1编教育1》,江苏古籍出版社1994年版,第9—11页。——编校者

（七）留地方伸缩可能。

本图左行年龄，示学生入学之平均标准。实施时，以智力学力或其他关系，得伸缩之。说明：

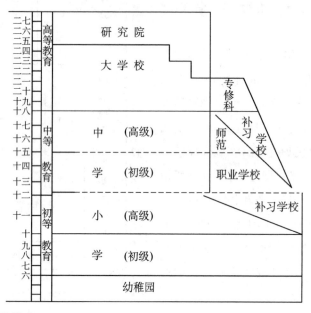

一、初等教育

（一）小学校修业年限六年。

（二）小学校分初高两级，前四年为初级，得单设之。

（三）小学课程于较高年级，斟酌地方情形，增设职业学科。

（四）幼稚园收受六岁以下之儿童。

（五）初级小学修了后，得施相当年期之补习教育。

二、中等教育

（六）中学校修业年限六年。分为初高两级，初级三年，高级三年。但依设科性质，得定为初级四年，高级二年。

（七）初级中学，得单设之。

（八）高级中学，应与初级中学并设。但有特别情形时，得单设之。

（九）初级中学，施行普通教育。但得视地方需要，兼设出除师范科外之各种职业科。

（十）高级中学，得分普通科，及农、工、商、家事、师范等职业科。但得酌量地方情形，得单设普通科。农、工、商、师范等科，得单独设立为高级职业中学校。修业年限以三年为原则。

（十一）除师范外,得设相当初中程度之职业学校。为初级职业中学校。以收受高级小学毕业生修学三年为原则。

（十二）初级中学自第三年起,得酌行选科制。

（十三）各地方应设中等程度之补习学校(或称民众学校)。其补习之种类及年限,视地方情形酌定之。

（十四）为推广职业教育计,得于相当学校内附设职业师资科。

（十五）高中师范科,或师范学校,收受三年制初中毕业生者,修业年限三年;收受四年制初中毕业生者,修业年限二年。

（十六）为补充乡村小学教员之不足,得设乡村师范学校。收受初级中学毕业生,或相当程度学校肄业生之有教学经验且对于乡村教育具改革之志愿者,修业年限暂定一年以上。如收受小学毕业生,则修业年限至少两年。

三、高等教育

甲　大学

（十七）大学得分设文、理、法、医、工、农林等科为各学院。

（十八）大学文、理、农林科,修业年限四年,法、工科,修业年限五年,医科修业年限七年。

（十九）大学得附设各种专修科。

（二十）研究院为大学毕业生而设,年限无定。

乙　专门学校

（二一）专门学校,得就农业、工业、商业、药学、美术等各科分别设立。

（二二）专门学校,招收高级中学或同等学校之毕业生。

（二三）专门学校修业年限:农、工、商、美术等科各三年。经大学院之许可,得延长或缩减之。

中华民国教育宗旨及其实施方针[①]

甲　教育宗旨

中华民国之教育,根据三民主义,"以充实人民生活,扶植社会生存,发展国民生计,延续民族生命"为目的,务期民族独立,民权普遍,民生发展,以促进世界大同。

---

① 1929年,中国国民党第三次全国代表大会通过戴传贤所提《中华民国教育宗旨及其实施方针》。——编校者

乙　实施方针

前项教育宗旨之实施，应守下列之原则：

（一）各级学校三民主义之教学，应与全体课程及课外作业相贯连；以史地教科，阐明民族真谛；以集合生活，训练民权主义之运用；以各种之生产劳动的实习，培养实行民生主义之基础；务使知识道德，融会贯通于三民主义之下，以收笃信力行之效。

（二）普通教育须根据总理遗教，陶融儿童及青年"忠孝仁爱信义和平"之国民道德，并养成国民之生活技能，增进国民生产之能力为主要目的。

（三）社会教育必须使人民具备近代都市及农村生活之常识，家庭经济改善之技能，公民自治必备之资格，保护公共事业及森林园地之习惯，养老恤贫防灾互助之美德。

（四）大学及专门教育，必须注重实用科学，充实科学内容，养成专门知识技能，并切实陶融为国家社会服务之健全品格。

（五）师范教育为实现三民主义的国民教育之本源，必须以最适宜之科学教育，及最严格之身心训练，养成一般国民道德上学术上最健全之师资为主要之任务。于可能范围内，使其独立设置并尽量发展乡村师范教育。

（六）男女教育机会平等，女子教育并须注重陶冶健全之德性，保持母性之特质，并建设良好之家庭生活及社会生活。

（七）各级学校既社会教育，应一体注重发展国民之体育。中等学校及大学专门，须受相当之军事训练。发展体育之目的，在增进民族之体力，尤须以锻炼强健之精神，养成规律之习惯为主要任务。

（八）农业推广，须由农业教育机关积极设施，凡农业生产方法之改进，农民技能之增高，农村组织与农民生活之改善，农业科学知识普及，以及农民生产消费今作之促进，须以全力推行。

吾人当此国民政府训政开始之时，躬受数千年深厚的文化遗产，迎着二十世纪错杂的世界潮流；亟待解决之难题，纷梗于目前；所应认定之方针，萦回于脑际。何从何择，言非一端。附录大学院《全国教育会议宣言》一篇、许崇清《教育方针草案》一篇、陶知行《中国乡村教育之根本改造》一篇、黄炎培《职业教育的理论与方法》一篇于后。好学深思之读者，于此必有会心焉。

附录 全国教育会议宣言[①]

中华民国大学院召集的全国教育会议,于五月十五日在首都开始集会。列席的各省区、特别市,和大学院当然会员,及专家,共七十八人。收到的议案,有四百零二件,会期历两星期。现在敬将会议结果,向国人作一个概括的陈述。

我们深信一国的教育,必有个一贯的宗旨,才可以确立国家生存的基础,而筑成国民文化向上的轨道。中华民国成立十七年了,虽然也曾定过教育宗旨,但是很空洞很容易发生歧义。换句话说,就是没有主义,所以等于没有宗旨。十七年来,国家生存不但没有能确立它的基础,而且簸荡动摇的程度一天一天地增加。国民的文化,不但没有能筑成它向上的轨道,而且只有后退和横决的现象。这个固然由于政治上革命尚没有成功,而教育上没有一贯的宗旨,也应该负大部分的责任的。中国国民党以三民主义建国,也就以三民主义施教,此后中华民国的教育宗旨,就是"三民主义的教育",已丝毫不容怀疑。所谓三民主义的教育,就是以实现三民主义为鹄的教育,决不是简单在教科书中搀入些三民主义的话,或在教育行政机关里,贴几张三民主义的文告,就算完事的。我们全部的教育,应当发扬民族精神,提高国民道德,锻炼国民体格,以达到民族的自由平等。应该养成服从法律的习惯,训练团体协作和使用政权的能力,以导入民权的正轨。应该提倡劳动,运用科学方法,增进生产的技能,采取艺术的陶熔,丰富生活的意义,以企图民生的实现。总之,我们全部的教育,应当照着三民主义的宗旨,贯彻着三民主义的精神。

我们既确定了教育宗旨,就该根据这个宗旨,订定实施的方案。我们这次会议中各种议案,多含着教育上各个实际问题。综合起来,在形式上虽然不是一部系统的完整的方案,但是经过这两星期来讨论和考虑,已可表示我们一致的主张。现在就议案的性质,分为十大项,摘要说明一下。

(一)教育行政与经费

整理学制系统,增高教育经费,并保障其独立载在本党的政纲。我们对于学制问题,有长久的讨论。我们觉得中国地大物博,各处情形不同,制度上盛须

[①] 原文可参见中华民国大学院编:《全国教育会议报告》,商务印书馆1928年版,第1—7页。——编校者

留一点伸缩可能。同时鉴于现行学制实施未久,尚无何显著的利弊。教育事业重在精神,也不必徒在制度形式上多所改变。只有几点,照我们的理论经验,认为是须改订的,如师范教育,为普及教育的基本,最为重要。我们承认于高中合设的师范科外,得有单独设立的师范学校。但六年制师范,不合青年能力与需要,应当废止。又如女子中等教育,应培养女子特有的社会职分,有适应其特需的需要。所以我们认定女子中学校,以单独设立为原则,但因地方人才经费的限制,不能分设两种学校时,亦得予一校内,根据女子特殊的需要,变通办理。我们对于教育经费问题也有极郑重的考虑。我们主张凡国省县除享有指定的教育专款外应于各种税收中带征教育附税,同时实行遗产税所得税为教育税,以平均国民对于教育的负担。收用官产荒地,山林沙田,以尽地利,以裕民生,以兴教育。我们主张,由中央指定海关吨税,发行教育基金库券三千万元,以俄国庚款发行库券五千万元,以比、义二国庚款发行库券二千万元,(关于他国庚款,否认现有一切组织,另组委员会统筹办法)合共得教育基金一万万元,作党国新教育建设之用,我们为保障教育经费的独立,草定教育经费管理处组织条例、教育经费会计条例、教育经费保障条例,请求政府采择颁行。

我们深感近年来的学生运动,失却正当的指导,而发生许多可避免的错误和牺牲,所以由审查会根据各方提案,草拟学生自治会组织大纲,和学生参加群众运动标准案,提出本会。本会为慎重起见,请大学院转呈中央党部审核办理。

我们注意海外侨民的教育,决定了奖励补助和指导的办法。我们为促成教育机会的均等,决定了奖励优良贫苦学生设计委员会的组织。

我们为提倡国货,议决了学校师生服装一律采用国货,仪器用品尽量采用国货的规定。

(二) 普通教育

厉行教育普及,也载在本党政纲。要谋教育普及,应先从学龄儿童的义务教育始。我们决定于中央各省区各市县均设义务教育委员会,调查实况,确定程式督促进行。各地方失学儿童数每两年减少百分之二十,至迟民国十八年五月止,各省区各特别市应将义务教育实施计画,呈报于大学院。

中小学课程的标准,我们不能在大会短少期间匆促拟订,决定请大学院组织中小学课程标准起草委员会,以六个月制定草案,三个月征集各方意见,三个月整理,一年以内全部完成。

我们注意到现在幼稚园和乡村小学师资的缺乏,决定于各省区环境适宜的地点，开设幼稚师范，及乡村师范学校，以培养普及教育所急需的师资。我们对于小学教师的待遇，认为确有提高的必要，决定订立优待原则以作全国奉行的标准。

(三) 社会教育

于学龄儿童的义务教育以外，谋教育的普及，便当着重民众补习教育。我们议决请大学院设立民众教育设计委员会，制定各种计画和法令，各教育行政机关和各级学校，都应有专司民众教育的部分。一切机关学校和公共团体，都应利用原有房屋器具设备，附设民众学校，或补习班、民众图书室、公共体育场、公园等，给予民众以种种教育上的便利。

为各地方图书馆的示范，并为全国最高学术文化的库藏，就要有中央图书馆的设立。我们希望在最短期间，首都的中央图书馆，得开始筹备。

(四) 高等教育

大学教育，应该严定标准，提高程度。我们议决请大学院颁布大学毕业考试及学位授予条例以后，各大学办理毕业时，应举行学生历年课程的总考试，合格的给予证书，不得授予学位。凡学士博士两级的学位，均须另经大学院考试或审查合格后，由大学院授予。严定公费留学的资格，对于大学师资设备上有特长，由大学院给予岁费，设立特种研究所，以奖励高深学术的研究。

(五) 军事教育及体育

我们为要锻炼青年身心，养成纪律、服从、负责、耐劳等习惯，提高国民献身为国的精神，增进国防的实力，郑重通过了实施军事教育的议案。凡中学以上应以军事教育为必修科(女生习看护)，由大学院请军事委员会派正式陆军学校毕业军官为教官，每年暑假期内，各校学生，应授三星期连续的严格军事教练。

关于体育，尤其国术的训练，也应当积极设施，确定经费，多方提倡，以振起国民的体力。

(六) 职业教育

我们确认中小学教育，均应以培养生产技能为中心。惟各区市县应于可能之范围内，单独设立特种职业学校，专授直接生产的技能。至于职业学校的设置，以适应地方需要，及利用其环境为原则，注重实习，增加技能的熟练，并施行职业指导，为青年升学和职业的补助。

(七) 科学教育

我们为提倡科学实验，奖进研究，议决规定中小学自然科学实验设备的标准。在经济困难的地方,设立公共实验所,使各校学生得轮流实验,各大学设科学讲座,奖励科学的研究与发明。

(八)艺术教育

我们为增高国民艺术的兴味和欣赏,议决建设国立美术馆,并举行大规模的美术展览会和音乐奏演会,筹定基金,奖励艺术的作品。

(九)出版物

我们议决筹集大宗基金,以奖励科学的著作。编辑学校各种补充读物,养成学生自动读书的能力。注重国耻教育,以唤醒民族的观念。

(十)私立学校

我们规定私立学校课程师资和设备的标准,从事积极的指导奖励或取缔。

以上我们已将这次全国教育会议的结果,不惮琐屑地摘要说明了。我们会议上所能尽力的止此,而我们在实际教育上所当尽力的,决不止于此。

只因会期短促,议案繁多,有许多详细的计画,留待各种专门委员会的规定,还有许多未解决的问题,须留供将来中央教育研究所的探讨。

要使这各种议决案不能托之空言,而能一一见之行事,这不是单靠我们薄弱的力量所能成功的。一方面要求政府的领导实施,一方面也要靠全国民众的共同努力。现在国民革命大功未竟,而暴邻侵压,外患方殷,我们应该奋起精神,勿畏勿懈,在政府领导和全国民众协力之下,来开始我们十年生聚十年教训的工作。

一七(1928),五,二八

教育方针草案[①]

许崇清

中国的教育,只是关于支配行动的教育;关于生产行动的教育,在中国是从来所无的。自从施行新教育制度后,非独不是只在关于从来所行支配行动的教育外,附加一种关于从来所无生产行动的教育;而且关于支配行动的教育,是全然以现代政治科学为基础。关于生产行动的教育,是全然以现代技术的科学为基础。这种教育的目的,是在于推翻从来关于支配行动的一切原理,及从来关于生产行动的一切方法;而扶植一种为中国从来所无的政治组织的新原理,及中国从来所无的经济组织的新方法。

然而这种教育在中国至今未能彻底推行,实由于在中国今日的社会里面,经济的发达不能与它相适应。现行新教育的特征,实不外乎科学知识,及科学技术的修习。这纯是出于现代的生产方法必然的要求。中国社会现在还是停滞在前科学的状态,生产方法尚很幼稚,事务的指导,自然力的运用,尚很简单。在这个经济的发达阶程上,对于现代科学的知识,及科学的技术,尚未有切实的需要。对于这种教育,当然是没有回应。

试看看日本当年明治维新,封建制度倒了,资本主义制度恰好发展的时候,日本的产业政策,即注其全力于怎样移植欧美的产业,怎样模仿欧美科学的技术。明治政府当初修筑铁路,设立工厂,开垦荒地,举行牧畜,无非是些移植模仿的事业。到后来供给补助金,设定保护关税,并用种种方法鼓励民间事业,亦不外乎移植模仿。一方面行新教育制度,同时亦注其全力于科学技术的输入,供应国家及资本家产业移植技术模仿的需求;并且这些产业的发达,是不须经过自由竞争的阶段,自始就带着独占的侵略的色彩。明白地讲,就是自始就带着帝国主义的色彩。所以能够一鼓作气,向前蓦进。各种新企业的增加,非常迅速。对于科学知识及科学技术的需要,自然亦是增长得很急。新教育制度因为有了这个紧急的需要,自然就发展得更快,效果也就更显著。

至于中国处在如今的境地,已自成了外国工商业资本家仰给原料的库藏,推销货物的大市场,金融资本家绝好的投资地。国内脂膏被人家日剥月削,以

[①] 原文见于《中华基督教教育季刊》,1926年8月,第2卷第3期。——编校者

趋枯竭。经济的发达,从欲依着社会进化自然的路程前进,在势必非所许。即使有了方向,前路已被堵塞。在这样社会的条件底下,产业技术,亦只能辗转于原有手工业的发展阶程上。科学的知识及科学的技术,自然没有实效的需要。即使教育制度能够供给,犹如绝了销路的商品,也是等于无用。这种教育的不能推行,也是必然的事理。

若从革命史的见地来看日本的明治维新,是由于封建制度转为资本主义。经济制度的革命,教育的革命,亦是同时并起的。所以只要资本主义能够走上轨道,向前发展,教育制度能够顺着这个发展路程进行,它的目的自能贯彻,它的价值自可发挥。而在中国则屈处于资本帝国主义底下,经济的发达,前程已被堵塞,无路可行;资本主义革命,无从而得贯彻。现代的科学技术,虽非资本主义制度的专有物,但在从来社会进化的自然历程里面,科学技术的发达,实由资本主义制度的发展所促成。亦只有资本主义制度,能够助长科学技术的发展。中国资本主义革命,既不能行,则这些科学技术,自亦无从发达。因而教育自身的革命,亦不能成就。其所设定的目的,亦自不能贯彻。

然而经济的发达,虽自有它一般的进程,但它的发达形式,却是各因其所处境遇而相异。日本资本主义的发达,未尝经过像欧美那样的自由主义,一步便踏入帝国主义的阶程。在俄罗斯则竟由小布尔乔亚经济组织,经过无产阶级的革命,而趋向于社会主义经济组织的建设。前者的特殊形式,足以政治力夺取资源,贩鬻于海外,以帝国主义促进资本主义机能的发达。后者的特殊形式,是以政治力集中全国的经济力于无产阶级政府底下,去助成资本主义到社会主义必然的进化。这两国民所取的形式,虽出于殊途,而其所造就经济进步的成绩,则同为世界所惊异。

中国如今所处的境遇,照以上各方的观察,既亦有它本身的特殊性,则它今后的发达形式,当然亦可不为一般常例所制约。而且中国如今所处的,照以上各方的观察,竟直是一个绝地,则亦只有超脱这种制约向前跃进,为今后发展的惟一的可能。

先总理所定下节制资本、平均地权,以及发展实业的计划,即是我们今后的跃进所当遵由的一条线路。这个计划的目的,是要排除个人的无政府的生产,而采用全国的组织的生产方法;以期打通资本主义今日所不能夺出的绝路,而趋赴于社会进化的必然的历程所归向的共同生产的境域。然而这个计划完成的关键,则系于帝国主义的颠覆,及一般民权的确立。前者是要消除帝国主义的一切障碍压制及侵略,以利革命事业的发展。后者是要以一般民权来节制政府,使它的组织形态,不致发生致命的矛盾,而趋于正轨,以发挥其固有的机能。我们相信这个跃进所向往的,确是中国处在如今的境遇底下,社会发达必然的惟一可能的进路;亦即是我们今后应该致力的革命的一般政策。

中国今后社会发达必然的惟一可能的进路,我们今后应该致力的革命的一般政策,既是如此;则中国今后的教育政策,当然亦应该与这个革命的一般政策相并动,然后所施设的教育,才能成为确有实效的教育。而且今后的教育政策,所指导的方向,亦只有与这个革命的一般政策所进取的方向相一致;然后所设施的教育,才能尽致发挥它固有的价值,教育的发达才能预期。除了跟着社会发达必然历程前进,教育的发达没有别一条路可走。即使它现下不能预先认定这个方向,走上目的的发展路程去,将来在它发生的发展路程上,终亦必与这个方向相合。

以上所考察的是现行教育制度所由失败的原因。今后教育政策所当进取的方向,以下须述明教育本身的性质。

依晚近生物学研究所得结果看来,生物因要维持它的生命,即有连续活动,且有使其适应环境的必要。而此适应的调节,又非全是受动的有机体的形态,不是独因环境而定。在生物当中,全然服从环境的事是决不能有的。生物因要维持它的生命,可以将环境的要素变形,生物受环境的作用;同时又各因其构造形态以作用于环境,其结果生于环境的变化,又反而作用于有机体及其活动。生物自身的行为结果,生物反自受之,这个能动所动的关系,即构成吾人所谓经验;能够制驭环境,及利用环境。这样适应作用的有机体与环境的相互作用,即成为生活历程里面的第一义的事实。这个生活的历程,亦即是一个教育的历程。

吾人所谓知识,即是使环境顺应于吾人的要求,又使吾人的欲望或目的顺应于环境,因而构造的吾人的心的倾向。知识不是只限于吾人所能意识的而止,却是当吾人解释当面的事实及现象的时候,吾人有意运用的心的倾向所构成。吾人所谓道德,亦不过是在人我相交处一个社会的关系里面,体察疑问中一切条件,人我间一切要求,及发现于意识内一切价值,而后真正把捉着的一个状态。

从这些的根本事实来制定教育的原理,学校教育当与社会生活的活动事务相结合,不独是材料的内容要与社会环境相联络,并其方法的内容亦须与社会生活相一致。

我们一面依照这个教育原理,一面因应前述革命的一般政策来拟定今后的教育方针。当面第一个紧急问题,应该就是产业教育问题,这当然不是单独学校的设置,教法上的讲义所能奏效,必定要革命的实际政策,现行经济秩序里面展开了新经济秩序的诸要素,学校教育同时又与这些进步的要素相协动,然后才能成功。即使工厂农场不能与学校并合,亦当在学校内设置类似的境遇,使生徒在日常学校生活内,能得充分实际活动的机会。然后各学科所养成心的反应,才能确为实际社会所要求的反应。这样在实际环境里面所施的教育,才能获收彻底的效果。

这个学校的社会化,当然要将现行学校组织,及教育的实际大加变更。至少要将现在的小学校和中学校,加以适当的改造。在小学六年间,至少亦要采用类似实际活动的设备和方法,以教授日常生活所必需的普通学科。在中学校则从第一年起,六学年间依产业教育的见地,逐渐分化其课程。课程分化的程度,一视地方生产事业情形而定;更由授用类似实际活动的设备和方法,渐进而与地方实际事业相联络。以半日从事实际工作,半日研究其所事工作的理论,总求在这样的学校毕业后,人人都成为一个具有实用常识,而且兼备科学知识的生产者。在生产组织底下,都是有机的全体内一个自觉的分子。至于其他学理,则任人以实际活动的余暇,在国家所设极完备的大学或研究所里面自由研究一切事业,均须负供给学者研究资料的义务。

这些设备及方法的变更,必定所费甚巨。农业工业等学科,课程所应备机械、装置、说明、材料,及优良教师等所需费用,必定比现在所支出的更多。教育费必定比现在增加数十百倍。但我们的目的既然是在增加教育的效果,发挥其经济的价值,以协助革命的速成,则费用虽多,亦不应畏缩。

或者有人会疑惑说,"这是偏重生产业而忽略道德文化"。但我们对于这些人现在只说一句话,道德文化都是立在经济的基础上面者。我们所以注重生产业,并非忽略了道德文化,正是要建筑道德文化的基础。

其次,就是政治教育问题。这个要求当然不是要将治者的政治意识硬灌注到一般民众去。我们所主张的学校教育,既然是要与社会的实际事业相结合,以实际活动来长养生徒的创造力。则这个政治教育问题,当然亦应在实际活动里面求解决。

本来所谓政治,即是社会生活的统制,不过在阶级对立的社会,政治成了阶级支配的用具。中间生出种种传统种种势力关系,遂成了一种特殊的机构耳。政治进化淘汰了这些阶级支配的历史的要素,必然仍是一个社会生活的统制。而一般民权的设定,其目的亦不外是,要将从来的政治组织化为一个纯粹的社会统制，使民众得在社会里面自由发挥其统制力，以期获收政治上美满的效果；所以今后的政治教育，必定要是长养这个社会统制力，方足以副革命的要求。然而这个社会统制力的长养，仍是要以社会的经济的实际活动做基础，才能得彻底的成效。我们试看看现在许多治者，政治所不及的社会单位，民众自身在这些单位的统制里面，因应其实际生活条件而发挥的创造力，怎样的伟大，便可以知道社会的经济的实际活动，在政治教育上确有莫大的功能。若必以治者的政治意识，强加灌注，必至窒息民众的创造力。不特于教育为无功，反而有害。

又次，就是军事训练问题。这种训练，在平时所要求的原不外是绝对地服从命令，和敏捷地履行职务两事。它的基础立在权威上面，只是一种机械方法，在教育上价值是极少的。但在目下世界上一切殖民地及半殖民地，都已蓄存着许多发火材料，战争革命的爆发，已具有充分的可能性。即在资本主义极发达的列强，本国革命的气势，亦已逐渐紧张。而中国处在如今的形势底下，为谋革命事业的发展，对于帝国主义什么时候要起军事上的斗争，亦是未可预料。战斗的准备，当为我民族目下所不容稍懈的一个重大任务。在这样时势，有了这个民族的动机，军事训练在教育上的价值，当比平时更大。

这些问题，本与一般政治的活动，尤其是经济的建设事业，简言之，即革命的进行，密切相关联在教育者方面。所有理论的势力，及一切实际的经验，固然是都要动员。而在政府方面，则尤须励行其革命的一般政策，以与之相呼应，然后可望解决。然而革命的一般政策，断非一朝一夕所能彻底。推行教育的理论，及实际的一致动员，更非一朝一夕所能实现；则这些问题的解决，当然亦应有一定步骤，不能一蹴而就。而处于现在这样客观的形势底下，亦只有以这些问题作为我们的主要方针，在可能实现的范围内，力谋下列诸纲领的贯彻。

一、教育行政组织的改良及统一。

二、义务教育的励行及其教育费的国库补助。

三、中等学校的扩张及其设备教学训练的改善。

四、产业教育组织的建设。

五、乡村教育的改造。

六、民众教育事业的扩张。

七、贫困儿童就学的补助。

八、优良教师的养成。

九、大学教育内容的充实。

十、军事训练的实施。

十一、宗教与教育的分离。

十二、外国人经营学校的取缔。

十三、革除偏重书本的陋习,励行学校的社会化。

十四、打破学科课程的一元主义。

(许先生于民国十五年(1926)撰此文,时任广东教育厅长,兼国民政府教育行政委员会委员)

中国乡村教育之根本改造

陶知行

中国乡村教育走错了路！他教人离开乡下向城里跑，他教人吃饭不种稻，穿衣不种棉，做房子不造林；他教人羡慕奢华，看不起务农；他教人分利不生利；他教农夫子弟变成书呆子；他教富的变穷，穷的变得格外穷；他教强的变弱，弱的变得格外弱。前面是万丈悬崖，同志们务须把马勒住，另找生路！

生路是什么？就是建设适合乡村实际生活的活教育！我们要从乡村实际生活产生活的中心学校；从活的中心学校产生活的乡村师范；从活的乡村师范产生活的教师，从活的教师产生活的学生，活的国民。活的乡村教育要有活的乡村教师。活的乡村教师要有农夫的身手，科学的头脑，改造社会的精神。活的乡村教育要有活的方法；活的方法就是教学做合一：教的法子根据学的法子，学的法子根据做的法子；事怎样做就怎样教，怎样学就怎样做。活的乡村教育要用活的环境，不用死的书本。他要运用环境里的活势力，去发展学生的活本领——征服自然改造社会的活本领。他其实要叫学生在征服自然改造社会上去运用环境的活势力，以培植他自己的活本领。活的乡村教育，要教人生利。他要叫荒山成林，叫瘠地长五谷。他要叫农民自立、自治、自卫。他要叫乡村变为西天乐园，村民都变为快乐的活神仙。以后看学校的标准，不是校舍如何，设备如何，乃是学生生活力丰富不丰富。村中荒地都开垦了吗？荒山都造了林吗？村道已四通八达了吗？村中人人都能自食其力吗？村政已经成了村民自有、自治、自享的活动吗？这种活的教育，不是教育界或任何团体单独办得成的，我们要有一个大规模联合的，就是教育与农业携手。中国乡村教育之所以没有实效，是因为教育与农业都是各干各的，不相闻问。教育没有农业，便成为空洞的教育，分利的教育，消耗的教育。农业没有教育，就失了促进的媒介。倘有好的乡村学校深知选种调肥、预防虫害之种种科学农业，做个中心机关，农业推广就有了根据地、大本营。一切进行，必有一日千里之势。所以第一要教育与农业携手。那最应当携手的虽是教育与农业，但要求其充分有效，教育更须

---

① 原载于《中华教育界》，1927年4月，第16卷第10期。系陶行知1926年12月12日在上海中华教育改进社举行的乡村教育讨论会上的演讲词。——编校者

与别的伟大势力携手。教育与银行充分联络，就可推翻重利，教育与科学机关充分联络，就可破除迷信；教育与卫生充分联络，就可预防疾病；教育与道路工程机关充分联络，就可改良路政。总之，乡村学校是今日中国改造乡村生活之唯一可能的中心！他对于改造乡村生活力量大小，要看他对于各方面势力联络的范围多少而定。乡村教育关系三万万四千万人民之幸福！办得好，能叫农民上天堂；办得不好，能叫农民下地狱。我们教育界同志，应当有一个总反省，总忏悔，总自新。我们的新使命，是要征集一百万个同志，创设一百万所学校，改造一百万个乡村。我们以至诚之意，欢迎全国同胞一齐出来，加入这个运动，赞助他发展，督促他进行，一心一德的来为中国一百万个乡村创造一个新生命。叫中国一个个的乡村都有充分的新生命，合起来造成中华民国的伟大的新生命。

改造全国乡村教育宣言书[①]

陶知行

本社的乡村教育政策是要乡村学校做改造乡村生活的中心,乡村教师做改造乡村生活的灵魂。我们主张由乡村实际生活产生乡村中心学校,由乡村中心学校产生乡村师范。乡村师范之主旨在造就有农夫身手,科学头脑,改造社会精神的教师。这种教师必能用最少的金钱,办最好的学校,培植最有生活力的农民。我们深信他们能依据教学做合一的原则,领导学生去学习那征服自然改造社会的本领。但要想这种教育普遍实现,必须有试验、研究、调查、推广、指导之人才,组织、计画、经费及百折不回的精神,方能成功。本社的事业范围很宽,但今后主要使命之一即在厉行乡村教育政策为我们三万万四千万农民服务。我们已经下了决心要筹募一百万元基金,征集一百万位同志,提倡一百万所学校,改造一百万个乡村。这是一件伟大的建设事业,个个国民对他都负有绝大的责任。我们以至诚之意欢迎大家加入这个运动,赞助他发展,指导他进行,一心一德的为中国乡村开创一个新生命。(陶先生于民国十五年(1926)为中华教育改进社撰此宣言)

[①] 原名《中华教育改进社改造全国乡村教育宣言书》,原载于《新教育评论》,1926年12月3日,第3卷第1期。——编校者

职业教育的理论和方法[1]

黄炎培

最近时期，所称新教育，他所表现的特色，只有两点：一是科学化，一是平民化。

从直里看来，一部近世教育史，在这百十年里头，好像五花八门，其实不过两点；从横里看来，吾们中国在这百十年里头，受世界潮流的影响，开着大门打躬作揖的欢迎，欢迎什么？也只欢迎这两点。盖十八世纪欧洲工业革命，为最近全世界一种最大的变化。因此动机，而愈感科学的权威有不可一世的倾向。所以关于物质的问题，皆将用科学解决，关于人事的问题，皆将用科学方法解决，而教育不啻为扩大科学运动的先声。又自工业革命，而劳资阶级分明，社会不公平的现象显著，自然而然的发生尊重劳工观念。因劳工占社会大多数，一切问题，皆以大多数的平民为总目标。尤以平民渐渐的自觉，唤起各方注意，政治则重平民政治，经济则重平民经济，乃至文学亦重平民文学。其在教育，安得不重平民教育？虽科学观念，基于人类的天赋，初非近世纪的产物，即平民问题，亦自有社会即有之。但至近世纪，对前者因为他功能非常显著了，对后者因为他环境太不安了，所以两者成为新时代最热烈的要求条件，在教育上就成为两大中心问题。

职业教育，却与两者成连锁的形势，就是一方要用科学来解决职业教育问题，一方要用职业教育来解决平民问题。

人类先有职业，后有职业教育。因从事于生活需求之供给，本于分工的自然趋势，养成专门工作，而职业以兴。其后因生活竞争日烈，谋工作之传授与精进，才有所谓职业教育。一百五十年来的工业革命，领导者谁？就是科学。那个时候，不啻在昏沉的大宇中间，得一颗斗大明星——科学做他的先导，使行客得长足的进步。因而前方的行客，对后方的行客，想稍尽他们提挈的义务。请问他们的心光、目光，除却这一颗明星，还有什么地方够他们的注射呢？老实说，最近高唱职业教育的动机，无论中国，外国都起于承认科学。用科学解决，

---

[1] 原名《我来整理整理职业教育的理论和方法》，原载于《教育与职业》，1929 年，第 100 期。——编校者

百业有进步；不用科学解决，便无进步。外国用科学较早，占了先着，中国落后，就为不早用科学。这种道理，已为一般人所公认。职业教育，直接求百业的进步，间接关系民生国计大问题，并不会在科学以外，另有解决的新方法。

讲到民生国计大问题，职业教育家常常提出这句话，也许有人以为"大言炎炎"。其实在外国讲职业教育，诚哉求进步的意思较多，在中国怎能不把国计民生当大前提呢？请观最近政府发表首都人口统计，总数四十九万七千五百二十六人，其中不识字的，倒有三十六万三千七百九十四人，占了百分之七十二，而无职业的，倒又有二十六万九千一百八十二人，占了百分之五十六。试问，解决了失学问题，还有失业问题是不是可以不管？而况一般平民的心理，总以为"书是有钱的人读的"，他们的眼光，总认谋生是第一，求学是第二；又况事实上，他们许多青年所以失学，就为是困于生计压迫，早早谋挣钱的缘故。所以我们认得清楚：要推广平民教育，定要从他们生计问题上着手，更认得清楚：要解决一切平民问题，定要从职业教育上着手。诚哉吾们不主张极端的物质论，要不能不承认物质问题的严重呀！

怎样用科学来解决职业教育问题呢？请看下列种种方面的关系：

（一）职业心理和职业指导问题；

（二）农艺化学和农业应用科学问题；

（三）机械工业问题；

（四）化学工业问题；

（五）工厂、商店、学校以及各机关的科学管理法问题；

（六）商业应用科学问题；

（七）家庭应用科学问题；

（八）其他以科学解决一切职业问题。

试问以上哪一种可不用科学或科学方法来解决呢？其中可分两大类：一类为物质问题，用科学来解决，如农业、工业、家事应用、化学、机械学等是，又一类为人事问题，用科学方法来解决，如工厂、商店、学校以及各机关应用科学管理法等是。而尤可注意者，因职业的各各不同，与人的天性、天才、兴趣、环境的各各不同，替他分别种类，谁则宜某种，谁则不宜某种，发明所谓职业心理学，以为选择和介绍职业的标准，不是极科学的能事么？

怎样用职业教育来解决平民问题呢？请看下列种种方面的关系：

（一）农民教育问题，推而至于全部的农村问题；

（二）工人教育问题，推而至于全部的劳动问题；

（三）商人教育问题；

（四）妇女教育问题；

（五）无告者教育问题；

（六）残废者教育问题；

（七）军队教育问题；

（八）其他关于一般的职业教育问题。

试问以上那一种不是把平民做物件？而所谓教育，又那一种不是在职业教育范围以内呢？

从事职业教育，如果对于上列种种方面，没有用分析的方法、专攻的手段，来深切的研究，——取得比较正确的解决方法，而徒盲目的或囫囵的提倡和试验，吾敢断言其无有是处。

所以我十二分诚恳的希望：

一、希望教育行政方面完备的设置，热烈的提倡，隆重的奖励，以期研究和试验上列种种问题；

二、希望大学和其他相当的教育机关，特聘专家，设专科，来研究和试验上列种种问题；

三、希望教育家和青年有志教育者，各就他们天性、天才、兴趣和环境，把上列问题，拣取一个或几个，来研究和试验；

四、希望职业团体，各就他们的地位，把上列问题，拣取一个或几个，来研究和试验。

如果研究和试验得有结果，一个一个都得正确的解决，那时候便没有职业教育问题了。如果上列问题，一个一个都有人来研究和试验，即不谈职业教育，也没有什么不可以。

十八（1929），一，十五　　上海职业教育社

教育社会学讲义

东南大学教授孟宪承先生在
江苏全省师范讲习所联合会讲演

目 录

第一讲　导言 ·· 241
　　教育是一种社会的职能　241
　　研究社会现象的学问是社会学　242
　　教育社会学的产生　243

第二讲　教育与社会的关系（一）社会需要之适应 ············ 246
　　学校课程代表社会经验　246
　　课程要适应社会需要　246
　　适应需要必根据社会调查　247
　　乡村学校之注意点　247

第三讲　教育与社会的关系（二）社会进步之动力 ············ 249
　　社会有进步吗？　249
　　社会怎样能进步？　250
　　社会进步的原动力是什么？　250
　　教育的两重使命　251

第四讲　教育与社会的关系（三）教育势力之联络 ············ 252
　　社会的分类　252
　　各种社会均有教育的效力　252
　　学校是联络各种教育势力之中心　254
　　乡村学校与乡村社会　255

第五讲　教育是社会的过程（一）教学 ························ 256
　　学习效能有赖于团体的刺激　256
　　教授方法趋向于群化的精神　256

第六讲　教育是社会的过程(二)训育 ………………………………… 259
　　训育的理想和社会的理想相融合　　　　　　259
　　训育应积极的建设的而非消极的限制的　　　　259
　　训育应间接的而非直接的　　　　　　　　　　260
　　训育要用学生所能了解的最高方式　　　　　　261

教育社会学讲义

第一讲　导言

教育是一种社会的职能　近来教育上常用一句标语，说"教育是一种社会的职能。"什么意义呢？我们可从教育的原始上作发生的（Genetic）研究；我们也可以从教育学理上，当他作为一种理论上的主张，请分这两层来解释。

（一）我们考论教育的原起，就知道教育与社会分不开，有社会，就有教育；无教育，社会也不能存。这话我们不可空空洞洞说过，要得着深切的意义。譬如现在忽发现一种瘟疫，把一社会里的人统统毒死，一个也不留，那个社会是永远地消灭，无疑了。可是在无论何社会里，其中各个人，都免不了死亡，正如受那瘟疫之毒一般，所异者，各人死亡的时期参差不齐而已。社会中各个人，既免不了要死亡，同时这个群体，要保持于不敝，用何法呢？只有用新分子来常常填补，才能把这社会的生命，绵延下去。怎样得到新分子？未成熟的儿童，怎样叫他能获得他那社会里必需的技能、希求的理想、同具的好尚、公认的行为？就靠教育。这个教育，不一定是有学校的形式教育。在高级社会里，这教育自然是有机关有组织的。但在原始的、简单的社会里，就只有模仿的游戏，直接的参与（如战斗、畋猎、捕鱼）以学习实际生活之技能；"族教"（Initiation）以学习社会生活之理想。

"族教"实是最原始的教育。我们从这上看，可见"群"与"教"之合一。一有社会，就有教育；教育之起，原是维持社会生活，适应社会需要的。我们所以可说，教育是一种社会的职能。

（二）再从教育学说上讲，西洋教育思想史上，可看出从个人到社会的注重点的转移。在希腊、罗马时代，教育理想，只是健全的心灵，健全的体格。后来中古时代，宗教的教育，则又注重道德。到近代流行的理想，为个人能力才性的均衡发展，然仍属个人的。裴斯泰洛齐、福禄培尔、赫尔巴特等出，社会的观念始稍稍萌芽。晚近杜威博士，乃大倡社会的教育观，此派学者，在欧在美风起云涌，蔚为一个时代精神。几于没一人不晓得个人的完全发展是不够的。个人发展才性而无社会的同情与理想，于社会为有害，于个人亦不能真得其充分之实现。所以个人必和社会环境有活动的，适应的关系。教育不但期求个人的效能，也要社会的效能。在教育思想史上，这从个人观到社会观的转变，是比较晚近的一件事，我们任取几家代表的学说，便可做个例证。二千年前苏格拉底说

"教育目的是祛除错误而发现真理"。一千年前烦琐学派①说,教育是运用智慧的力量来维持对于宗教的信仰。三百年前夸美纽斯说教育目的,是"知识道德与宗教的虔信"②,而他已主张教育普及,不问男女贵贱贫富要有同等教育机会了。

一百年前裴斯泰洛齐说:"教育是人们一切能力之自然的、循序的、系统的发展。"③这还指个人的发展,而他在瑞士乡村办的贫儿学校,他著的教育小说,都表现出他是的确相信教育是谋社会幸福的唯一工具,我们不能不说他是有教育上社会的眼光了。二十年前,杜威博士始明明白白地说:"我相信学校本来是一种社会的机关。教育是一种社会的过程,学校不过是人群生活之一型式,在其中我们将能使儿童分享种族相传的文化的各种原动力,集中起来,又能使儿童运用他的能力,到社会的(团体的)目的上。所以我相信教育是生活的一种过程,不仅是将来生活的一种预备。"(《我的教育信条》)④二十年来,世界教育,渐渐都带了这社会的色彩。所以我们在学理上研究,我们也可以得到这结论,教育是一种社会的职能。

研究社会现象的学问是社会学 教育与社会关系这样密切,当然那研究社会现象的学问,于教育定有很大的贡献。所谓研究社会的现象的学问,就是社会学。这门学问,是各科学中最幼稚的,最没充分发展的一种。他的名词,产生了不过八十年,是1842年法学者孔德所创的。学者如斯宾塞、歇弗尔、华特,各人有各的社会学,也没一定的研究的领域。至于这门学问,在大学的课程上,成为一科目,不过是二十年的事。可是从社会学成了学校的学科以后,大家要拿来教,就不能不先拿来作有系统的研究。这一来使社会学的内容,渐渐整理出来。社会学的定义,我们可采(美)吉丁斯(F. H. Giddings)说,如下:

> 社会学是一种研究,要用自然、人生、心理的各原因,照进化的通则,来解释社会的起源、生长、组织和活动⑤。

---

① 烦琐学派,中世纪哲学中的一个学派,因主要在学院中讲学,故又称"经院学派"。——编校者
② 参见夸美纽斯著,傅任敢译:《大教学论》,人民教育出版社1984年版,第27页。——编校者
③ 参见裴斯泰洛齐著,夏之莲等译:《裴斯泰洛齐教育论著选》,人民教育出版社2001年版,第475页。——编校者
④ 参见赵祥麟、王承绪编译:《杜威教育名篇》,教育科学出版社2006年版,第3—4页。——编校者
⑤ 参见吉丁斯著:《社会学原理》(*Principles of Sociology*),1896年版,第8页。——编校者

关于社会起源、生长、组织的研究,斯宾塞叫它"社会的静学",关于社会活动,斯宾塞又叫它"社会的动学"。

前面我们泛说教育是社会的职能,教育与社会,有怎样密切的关系。此时有了社会学的界说,我们更可看出社会学的观察法于教育学有怎样的补助。杜威说过的,"仔细考察各时代的教育制度,都是以社会的情形,为重要的枢纽。不但制度的形状是如此,就是教授的学科和教授的方法,也是如此"①。这话的确不错。例如中国的家庭制度最为发达,所以向来的学校组织也带着家庭色彩,父权制度最为发达,所以教书的先生十分尊严与"天"、"地"、"君"、"亲"并立。所教授的科目,也映照社会的情形,例如中国社会,奉孔孟言行道德为模范,所以《论语》、《孟子》成为几千年来传习的教科书。又如以前政府以科举取士,科举成为一种社会制度,所以书生都去揣摩制艺,做八股试帖。现在政府举行文官考试、法官考试,一般学生,也就要求学校里添出所试的科目来。教授方法,也映照社会状况,如中国社会,向来没有组织的共同讨论,只有命令者与服从者的关系,所以教育上也只有个人的教授,一人讲解,众人危坐静听。不像希腊民治发展,在苏格拉底时,已用问难质疑的启发式了。(参看陶孟和:《社会与教育》)②

教育社会学的产生 社会学与教育学,有如此深切的关系。可知教育上有许多问题,需要社会学的知识,才能作正确的解答。所以论到教育的基本科学,可说是一个三角形,由三种基本合成之。三种基本,即(1)生物学,(2)心理学,(3)社会学。凡属具有生命的物件,皆属生物学研究之  范围。人类是生物之一种,受生物学原理的支配的。教育当然不能轻视这种原理,况且它又是心理学、社会学两种所同依附的,更可说是基本的基本了。至于心理学乃学校中教授训育各项无往不需之知识。教育是社会的过程,教育目的,在养成适于社会生活的人——即所谓有社会的效能的人,则社会学的原理,尤为重要。有人说"心理学是决定教育方法的,社会学是决定教育目的的",也是确论。

研究教育,既需社会学的知识,从社会学,到教育的社会学,不过求用力上的经济,当然的步骤。教育社会学,如教育心理、工程数学、农业化学、医药生物

---

① 参见杜威著,王承绪等译:《道德教育原理》,浙江教育出版社2003年版,第357页。——编校者
② 陶孟和:《社会与教育》,商务印书馆1934年版,第16—17页。——编校者

学等,都是采取纯粹科学的一部分,应用到人生一种事业上去,而成为一种应用科学。教育社会学简单的定义就是:

"教育社会学,是社会学的精神、方法和原理之在教育研究上的应用。"①——史密斯

前已说过了,社会学自身,还是种幼稚的科学;它在人生事业上应用,以前不过是社会问题如贫穷、罪犯等的处理;与社会政策如劳动保护、妇女保护等之决定。至于"社会主义"已属经济学者与政治理想家的事了。社会学在教育上的应用,所以简直是刚刚开始的事;它的内容,幼稚与没系统,当然也在意料之中。然而一种学问,不能为了幼稚即不研究,能研究,才能从幼稚到成熟的地位。

教育社会学,既然刚有短促的存在;它的历史,也就是几句话可说完的。在学校里第一次成为学科,是十几年前吉来德博士(J. M. Gillette)的试验。1908年哥伦比亚教育院开始设此科。至于此项学问的著作,更寥寥可数。1917年斯内登(David Snedden)教授,始出版《教育社会学纲要》两小册;同年史密斯(W. R. Smith)也出《教育社会学》一书。1919年钱色勒(W. E. Chancellor)又出一书,而学者认其为无价值。1920年克劳(F. R. Clow)出《社会学原理与教育的应用》。这两年来研究最力,著作最多的要推哥伦比亚的斯内登。他的《纲要》既于1920年订正再版,1921年,他又刊《教育目标之社会学的决定》,为一集论文;去年(1922)又出版一部《教育社会学》,实此学中的巨著了。

这次演讲,只六小时,不够叙述哪一家的学说,更不够综合比较各家的结论。只能简单敷陈,提示其中重要的部分与问题,分六讲如次:

第一讲　导言
第二讲　教育与社会的关系(一)社会需要之适应
第三讲　教育与社会的关系(二)社会进步之动力
第四讲　教育与社会的关系(三)教育势力之联络
第五讲　教育是社会的过程(一)教学
第六讲　教育是社会的过程(二)训育

---

① 参见史密斯著,刘著良译:《教育社会学导言》,安徽教育月刊,1918年1月,第12期。——编校者

汉文里参考的书籍,可惜太少了。我介绍重要的,至少三种:
陶孟和:《社会与教育》。
赵作雄译:《社会学与现代社会问题》。
常道直译:《平民主义与教育》。

第二讲　教育与社会的关系(一)社会需要之适应

学校课程代表社会经验　前言教育是社会的职能,用以保持社会的生活,而适应它的需要的。社会生活和需要,是多方面的;社会里成年分子的经验是繁富的、混杂的。如何将这繁富混杂的经验,来传递给未成熟的儿童呢？因为它是繁富,多方面(如职业的、家庭与公民的、艺术的、道德的,各方面),我们决不能把它一块地、整个儿传授儿童;我们须得把它来整理、组织,分出个头绪来。若者关于自然的,若者关于社会的,若者关于语言文字的,若者关于数量的,若者关于艺术的,若者关于个人体格的。分了头绪,还要按照儿童智力发达之顺序,循序渐进地引导他去学习、参加,所以还要组织。成人经验本是繁富得很的,经过整理组织,却简单化了。因为成年人经验是混杂的,善与不善互有的,我们要社会进步,决不能照样地传给儿童,我们必须得把它来提炼、选择,叫它纯净无疵。譬如社会经验里有许多知识技能习惯,我们却要加以淘汰或取缔,而不让儿童来分享。(如《黑幕大观》等书①,也藏着多般知识;斗牌和各种赌博,也是须专心而后能学会的技能;吸烟、喝酒,也是社会通行的习惯。我们要淘汰它,就为它是不善良的,有害社会幸福的。)成人经验本是混杂的,经过这提炼、选择,却理想化了。社会中成年分子的经验之简单化、理想化的,即是学校课程。学校课程,本是社会经验,不过因为要传给儿童的缘故,经过一番简单化、理想化罢了。

课程要适应社会需要　但是学校课程与教材一次确定以后,就容易变为固定的、没有伸缩的、传习的一个程序,终至与实际社会需要渺不相涉。读书是读书,做人是做人。在学校所传习的,到实际社会生活上,不能运用他来担荷事业,应付环境,换言之,就是不能适合社会的需要。商业学校的毕业生,一入商店,不懂得商情商事,人家说,他是学生,不比旧式的徒弟。女学校的学生,一入家庭,不会得烹饪缝衣,人家说,他是学生,不比未入学的妇女。好像学生便只有纸片的学问,要讲实际生活的需要,当然是不比旧式的学徒,未入学的妇女的。这不是我们商业学校,女学校未能适应社会需要,而单具一种传习的课程

---

① 《黑幕大观》,全名《中国黑幕大观》,1918年3月由中华图书集成公司出版,共收集170位作家所撰的黑幕小说724篇,成四册,100多万字。全书内容分军、政、学、商及会党、匪类、报界、僧道、慈善事业等。——编校者

之明证吗？有了课程，那各学科教材的支配，还须有适应社会的标准。譬如算术，初级小学要到什么程度呢？高级小学到什么程度呢？美国教育家，对于这一项，就有很详细的讨论。因为他们调查，算术所占的时间，学生所耗的心力，实比他科多得多。试调查他们将来实际社会生活的需要，是否必得这样程度的算术呢？旧时注重算术多由一种心理，以为算术是一种陶冶、一种训练，可以增进智力的，这话有道理吗？又譬如现在我们中学里的外国语，我们想要提高吗？如要提高，就要问到什么标准？升学要什么标准？志愿入文科，或理工科要什么标准？职业要什么标准？哪几种职业最用得着外国语？

适应需要必根据社会调查 决定这种标准，当然不能凭着各人主观的臆见，而要根据于客观的调查。倘教育行政机关闭门造车，编定公布一种教授细则，实在是很不科学的办法。这次新学制课程标准，集合明了学理富有经验的教育家，共同编定，是一个极大的进步。将来若再进一层——这一层，尤其是中学课程标准为要——就要根据于实际的调查。譬如中学的数学，要代数、几何，我们从前还学三角，有多少升学的人用得着？有多少入职业的人用得着？斯内登氏以为社会上大部分可分为消费者与生产者的需要。消费者的需要是大众的需要——我们大家，不论男女，到市上买物，到家里记账，向人家算钱，家居、旅行、交际，总之社会生活里，都用着若干数量的知识技能。这是我们处于消费者的地位的需要。生产者的需要，是专门职业的需要。如我们做一种职业，如银行里的记账员，这所需的数学是多少？如我们铁路运输的职业，这所需的数学又多少？这是我们处于生产者地位的需要。实际调查的方法，斯内登说，譬如银行或商店办事员，我们可以在银行或商店里任便拣出一百人，请几位专家，把这一百人，评定甲乙，分为四组。甲组最高，二十人；乙组次之，三十人；丙组又次之，三十人；丁组最后，二十人。我们应取乙组作为标准。他们所有的数学知识、技能，或对于数量的欣赏，就可作为我们那志愿入这项职业的数学标准。斯内登的教育社会学，就是根据社会调查的课程标准研究。所以他有一书——论文集——即名为《教育目标之社会学的决定》。他对于美国各级学校标准，都有很精密的分析研究。有人要问，这不是课程编制问题吗？何为立一"教育社会学"之名？我想上边也讲得很多了，这疑问不须详答。我们晓得课程编制中最重大的两项准则，是社会需要与学生心理状态。教育社会学对于课程编制，当然应作一部分贡献的。

乡村学校之注意点 以上泛说原则，现在要应用到乡村学校来。乡村与城市，社会迥不相同。自然环境异，社会生活也异。在乡村里人口少、交通慢、交际稀，事业因仍罕变。倘使办乡村教育，或为乡村学校教师，自己所受的是城市教育，对于乡村环境，先不领略，甚至五谷不辨，土壤地势不明，又并无改造农村的理想与志愿，对于田野生活之兴趣。对于教学，也不研究，就以城市课程，移用于乡村。所教所学，只是书本上的知识。而这种书本，又从城市眼光做的。所取的材料，所引的例证，多是城市环境所有，而乡村环境所无，往往反使生徒有羡慕都市生活而厌弃乡村生活的倾向，这样的教育，就绝端不适应乡村社会的需要。倘使能根据实际乡村社会生活的需要，利用乡村环境里所有的资料，定出课程标准，选择教材，譬如自然研究，就不应空讲氢气、氧气的性质，矿物之鉴别和用途（除非那乡村有这矿产），而应该即就农村环境所有的田园、树木、溪流、动物、土壤、天气、地形、出产等项，引导生徒去领会，去欣赏，去研究。教授地理，也就不急于知道五大洲怎样怎样，河流山脉怎样怎样，而要注重本村的地势和四围的地理事实，使生徒对于乡土增加兴趣，增加同情。公民科，也就不应空讲市政组织、市民义务等等，而要先讲乡村生活之组织和改良，个人对于村内共同事业之参加，共同幸福之企划。语言文字当然也不注重城市特殊的材料和城市生活需要的技能，而要顾到农家生活上实际需要。美国克柏莱教授（E. P. Cubberley）在所著《乡村生活与教育》一书中说："乡村的文明，集中于两点：一家庭，一农田。最大的乡村需要，就关于家庭与农业的生活。怎样能有更良好的家庭，怎样能有更快乐更美善的生活样法，怎样改良农田和增加农产物，怎样使农民有更丰富的社会生活，这些是今日乡村社会的根本需要……所以在乡村学校里，自然、农艺、家事、音乐、游戏的教学，应当特别注意。"以上所讲，多关于课程问题。我对于乡村学校，既没有经验，单照抽象的原理讲，总不能十分真切。我知道"小学课程"，也另有专家演讲。这里不过是讲到学校课程与教材，应适应社会生活的需要，所以不能不提及罢了。（参照克柏莱《乡村生活与教育》）

第三讲　教育与社会的关系(二)社会进步之动力

社会有进步吗?　前言学校教育,须适应社会环境,假定那话可以成立,我们还有一疑问,就是:倘使学校永远随着社会的程度,而顺适它的情形,那么,陈陈相因,社会不是永远没有进步了吗?教育学者常说"教育要保存固有的经验,也要创辟新经验而求进步"。但是第一问题,是社会究竟有进步之可能没有?社会生活,绵延不断;其中的分子,新旧代谢,事物的变换,一定有的,我们眼前能指出的变换,就很多了。但是变换不一定是进步,我们非从人类历史长期间上作一番观察,不能说它究竟向上向前没有。现在试一回顾人类在地球上的历史。不要远,即五十年前,已另是一个世界。工厂还不多,电灯电话,有许多地方没有。无线电、汽车、飞机、潜艇、影戏,还没有发明。若再回溯二百年前,那是铁道没有,蒸汽机没有,纺织是用手工的,新闻纸和书籍价值太贵,享用的人很少,能阅读的人也是很少的。三百年前,西洋印刷术还没有发现,火器刚才应用。眼镜和别种镜子都没有。自然科学,不消说,是不存在。西洋的国家制度,还没有产生,尚在封建制度之下。二千年以前,那是世界文明,除了东方早已开化,而中国正在汉朝文景之治以外,只有地中海沿岸,有一点文明。八千年前,我们简直到了文明的背后去了。文字没有发明,还在所谓结绳而治的时代。所以没有记载,没有历史,因此要计算年代,我们不凭借历史而倚赖古物遗迹如坟墓、人的骸骨、铜器石器、圹内的壁画或雕刻,等等。有史以后的年代,社会学者,称它为"历史的时间";有史以前的年代,称为"古物的时间"。古物学者,考究先民在那文化将近启蒙的时候,多用铜器——虽革、木、骨多用,而没有遗留的——所以这时代,称为"铜器时代"。铜器时代以前,为"石器时代"。石器时代以前,遗迹古物都稀少了,那个年代,不能用古物来计算,而要用地质学来计算,所以称为"地质的时间"。地质的时间,约一万万年,直到人类不存在,而下等生物,刚渐成熟,地球渐渐适于人类居住的状态。若地质的时间以上,还要追算,那就到了"天文的时间"了。德国有一位学者,计算过人类的生存,约已二十四万(240,000)年。倘使把这时期,用十二点钟来代替他,每一点钟,代表二万年,每一分钟,代表三百三十三又三分之一年。假定我们现在生在十二点钟的时候,我们就发现一件可惊奇的事实,即那十一点半钟以前,人类没有事情记载。到十一点四十分的时候,埃及、巴比伦,文明方才开始出现。希腊的文艺思想,是七分钟前的事。培根的伦理学,是十一点五十九分时候的事。蒸汽机的发明,是半分钟前的事。从这活泼的印象,我们得到二项事项:(1)人类是有进步的,(2)这进步在那极长的过去时代中并没有,或有而很慢;到了近代,进步却异常迅速起来。这是因为什么缘故呢?我们不能不讨论第二问题,就是社会怎样会有进步?(参照鲁滨逊:《新历史》)①

社会怎样能进步? 进化论者,说进化有两程序:(1)变异,(2)自然淘汰(严复译天择、淘汰指消极方面,汰除不能生存者。天择指积极方面,择留其能生存者。两者是一个程序)。自然淘汰,包含三条件:(1)生物的繁殖超过食物的增加。(2)个体间因为食物有限发生生存竞争(严译物竞)的现象。(3)无能力竞争者灭绝,有能力竞争者保存。用简单的两句话包括起来,就是"生存竞争,适者生存"。生物界的进化,可以这原则解释之。即社会人事,亦可以这原则解释之。如都市之盛衰,上海、天津、汉口,何以发达,别的地方,何以不能并驾,一定是它们形势、位置、交通等,有特别适宜于工商业之处,它们的兴盛,是一种自然淘汰(或言选择)的结果。又如交通方法之兴替,铁路开了的地方,骡车轿子减少了。汽船开驶了,航船减少了。有了电车,脚踏车人力车又被淘汰了。但是社会的进化,除了自然淘汰以外,又另有一种程序,人类与其他生物不同,它的进化另有一种特色,这是什么呢?人类有智慧,智慧逐渐增加;能支配自然界的势力,更能支配社会的各种势力,以求达他的目的。能运用智慧将一种制度废除,另创造一种新制度代之,以适应它的需要。这个程序,称为人为淘汰(或言选择)。自然淘汰是没定向的、迂缓的。人为淘汰,是有目的的、合理的、直捷的。社会的进步,就靠这人为淘汰。进步的快慢,就看人为淘汰的多少(蹊径与敷设的马路为喻)。前面那个人类进化的钟上,到了十一点半以后,那进步突飞奋迅起来,就是人类在那里努力用人为淘汰去替代自然淘汰而已。人为淘汰的关键在"人",社会进步的关键,就在社会各分子的自身,这各分子的智慧怎样,性格怎样。将来社会如要比现在社会进步一点,就看将来社会的分子——现在未成熟的儿童——智慧是否比现在分子高明一点,性格比现在的分子健全一点。能改良个人智力和性格的方法,就是社会进步之原动力。这是什么?为我们应讨论的第三问题。

社会进步的原动力是什么? 人是遗传和环境的产物。一是先天的禀赋,一是后天的教养。要改良人的智力和性格,就得从遗传与环境上下手。改

---

① 参见[美]鲁滨逊著,何炳松译:《新历史》,东方出版社2012年版,第53页。——编校者

良遗传,是优生的事。改良环境,是教育的事。优生的事业,是要淘汰社会中能遗传的元素,灭绝其不适的,存其适的。这是两方面的,消极方面,譬如限制犯罪的、低能的,或有遗传病的,和其他不适的人的婚姻生产。积极方面,譬如指导或支配同等智力体格最适者的婚姻、生产。这事现在一时还不能办到,所以不能不专靠第二种方法,来改良人的智力和性格,就是改善环境——或者说教育。这里有人要问,教育的事,止于改善环境而已吗？此不可不略为说明。此环境,指"社会"的环境。实际上儿童学习,决不是教师把某项知识,倾注在他的脑里,而总要以社会的环境做个媒介,引起他本能上适当的反应。凡语言、习惯、好尚的获得,无不由社会环境内的模仿、暗示、感化等作用。为要这些作用,更增效能,我们所以特设一种社会环境——谓之学校。学校即是社会生活,不过简单化、理想化的而已。总括上文,我们可以说,社会进步,就靠人的智力与性格之改良,这改良要从遗传与环境下手。遗传方面,我们还没有可以实施的方法,所以不得不专重环境,不得不专重教育,所以教育是社会进步根本上一种原动力。

教育的两重使命 教育一方面适应现社会的需要,一方面又供给将来社会进步的动力,实负有两重的绝大使命。一面因袭,而一面开创。两层并没有冲突,倘使我们说,教育要适应社会的需要,而为谋社会进步,教育又要加多和提高社会的需要。以乡村教育言,那农村生活,简单朴陋,要适应其需要,再容易也没有,只要他安于简陋,习于俭啬。而那种教育,就是静止的,不进步的。倘使教育要恪尽他第二种使命,就还要指示农家以更多更高的需要,更丰富更美满的生活。要使一般人知道他们农产的量数,还要增加,而怎样去增加。他们物质上的享乐——如衣食住等——还可丰厚,而怎样得丰厚。他们精神上、社会上,还可以多得快乐,多得满足,而怎样用种种方法——如读书,如游戏,如音乐,如同乐组织——去满足快乐。讲到这里,我们不知不觉的得了一个结论,就是教育不但适应现社会的需要,且要做革新与改造现社会的中心,教育家的任重道远,即此可以概见。至于学校怎样联络集中社会上各种教育势力或工具,而造成一个改造社会的中心,又到了下一讲的题目。

第四讲　教育与社会的关系(三)教育势力之联络

杜威博士说:"社会这个名词,很容易叫人误解,好像有一件东西,名为社会。其实现代的社会是多数的社会,关系或疏或密地联络起来的。每一家庭和他的亲友是一个社会。每一村庄或一条街上的游戏侣伴是一社会。每一商业组织,每一集会或结社,是一社会。这是亲近的社会团体,此外在一个国家内,有各种族,各宗教,各经济机关。在一个都市以内,也有各种风习,希望不同的结合。"①这样说起来,究竟所谓社会怎样分类呢?

社会的分类　库雷(C. H. Cooley)教授,分社会团体为三种:即为(一)初级的,(二)居间的,(三)次级的。他这分法,取三项标准:(一)各分子关系的亲疏,(二)团体内分子的多寡,(三)团体所占地域的大小。初级的社会团体,各分子关系最亲密,常有晤面的机会,人数较寡,所占地方也较小,如家庭、游戏团体、如邻里。次级社会团体,各分子关系疏,彼此交通非直接的,常靠文字印刷物等为媒介。人数多,地域广。如国家,如较大的文化团体、经济团体。所谓居间的一种社会团体,乃一种团体,其各部分中分子的关系很亲,然这团体自身也有较大的较远的关系,人数可多可少,地域可大可小。如学校,如教会等等。

各种社会均有教育的效力　我在第一讲里说过了,社会与教育是分不开的,有群就有教,有社会的接触,就有观念的暗示作用,行为的模仿作用,理想的感化作用,一言以蔽之,就有教学。教育原不独特别组织的社会团体——学校——内才有,这是已经反复说明了。我们现在试述一述各社会团体,所具的教育效力。

(一)初级的社会团体　(1)先从家庭讲起。家庭是人类最早最久的团体,所以有人说家族是社会的胚胎,社会的单位。家族的最要职能为生殖,而它的教育职能,也很大。人的身心最初的发达,都在家族里;儿童最早所受的教育,就是母教。单就心理一方面说,"人"、"我"的识觉,先从家庭里产出来。儿童最初不能判别"我"与"非我"。以后渐渐才晓得己与母与父与兄弟姊妹的分别,从己与他人的关系上,才发生出依赖、反抗、同情、忌恨、恋爱等精神状态。从知识技能方面说,儿童幼时在家里学得的不少,如女子随着母亲就学会做饭

---

① [美]杜威著,王承绪译:《民主主义与教育》,人民教育出版社2001年版,第27页。——编校者

缝衣,男子随着父兄就学会牧牛耕田。从行为习惯方面说,儿童在家庭所得最早的印象,和他以后行为很有关系。至于合理的服从、清洁、恭敬、容止、语言习惯,个个人免不了一些"家风"。所以家庭的教育效力很大啊! (2)再说游戏团体。儿童在游戏里,第一,自然发展他的身体的机能。运用他的筋肉的力量,支配他的筋肉的活动。初游戏的时候,是蠢笨的、费力的,到练习熟了,活动变为灵巧的、有力的、美观的、有联络的。我们看儿童打球、竞走,都是如此。身体的灵敏,于人的事业有大关系,如医师的精巧手术,工程师运用机械,演说家优雅的态度,都是从小时候练习的。游戏还有知识上的价值,凡游戏都可以使感官和知觉锐敏,应用各种知识,训练判断力、想像力和模仿。而游戏最大的教育效力,在道德的、社会的(两名词在这里同一意义)识觉之发展。儿童在游戏里,社会识觉发展很快。独自游戏,常把玩具当朋友,同他想像的伴侣谈话。到同别的儿童游戏,便生竞争心,而启发互助、自动、忍耐、勇武、快乐、公道、忠心等良好的精神,守规则的习惯,修练意志与自我制裁的能力。这无形中的道德训练,效能很深,影响很大。游戏团体的教育效力如此。(3)再说邻里。邻里的界说很难定,不定是"五家为邻,二十五家为里"①的古义。那原民的部落,现在的村庄,出入相友,守望相助的,固然是邻里。但这种邻里,近来因为物质界的进化已经改变,交通方便,邻里不限一隅,有隔着几百里几千里而仍利用邮电的工具,有不断的相互接触,所以邻里的范围也就扩大,所谓"天涯若比邻"②了。但邻里——有亲近的接触的团体之势力,仍旧存在。我们对于经济、政治、宗教上的最早的暗示,从邻里得来。邻里的风俗、制度、礼仪等,对于人有极大的权威。这也是一种广义的教育效力。

(二)居间的社会团体　讲到居间的社会团体,除学校以外,可举教会、工会、农会,职业的结合,社交及文艺、科学、美术会社等。这些团体的结合,本来不是为教育的,而差不多每个都是很有力量的教育机关。那教会,教人定志凝神于养魂修性之道,不用说,是一种教育了。工会是劳动的结合,这种劳工,大都缺乏教育的。然因为社会意识的发展,在集会时,也要按着规则议事,照了次序说话。而且要发表意思,也须整理观念,应用知识。它的影响,是有教育效力无疑的。农会的性质,也略同。如美国的农会,不但自身有一种教育效力,并且对于乡村学校教育,直接有很多的补助。至于职业的团体,如律师会、医学会、

---

① 朱熹:《论语集注》。——编校者
② 全句为"海内存知己,天涯若比邻。"出自王勃:《送杜少府之任蜀州》。——编校者

工程学会，本来是为职业上之互助与学术的研究存在的。其他文艺、科学、美术等会社，或直接，或间接，于那各种学问、技艺，都有裨益的，他们的教育势力，不必多赘了。

（三）次级的社会团体　最要的即国家。中国自古政教不分，国家有养士敷教的职能。西洋情形稍异，它是宗教与教育不分的。但到了近代，国家采平民政治，而人民的教育，乃成国家的治乱生死问题。主权既在平民，平民而没有知识，没有训练，怎样能运用那样复杂的政治机械？所以"普选"先要"普教"。教育不普及，选举权普及，无论代议制与非代议制，总没有"民治"，只有"民乱"。因此民治国家自身就应当是一个大规模的提倡教育机关。

以上一大段话，是说明各种社会团体，都是有教育作用的，都与教育有关系的。现在要问，我们特殊组织的一个社会团体，拿教育当它唯一的职能的学校，对于别的社会团体，有怎样的地位呢？

学校是联络各种教育势力之中心　既然各社会团体，都有教育的作用，学校要集中各教育势力，作一种共同的进行，赴一个共同的目标，当然要和社会相联络，此其一。学校的学生，同时是他社会团体——如家庭、游戏团体、邻里、教会等——的分子。要完成学校教育之任务，不得不注意到其余各社会团体的教育影响是怎样，就不得不与之联络，此其二。要拿学校做社会改造的中心，社会进步之动力，对于其他社会团体，就要从联络而予以指导，此其三。所以学校与其他社会团体的关系，可以图表之如下：

这样从社会辅助学校的地位，看学校好像一个蓄电器，把各方的电力储起来，积成一个雄厚的力量。从学校指导社会的地位看，学校好像发电机，把光与热传达到各方面去。学校办到这样，适应社会的需要了，也足为社会进步的原动力了。但是讲到这层，我们应附带着两项结论：就是（一）教育者于学校以内职务外，应分出时间和精力去参加社会的活动；（二）这参加要有个限度，因为学校是中心，是本位，要以不减损学校的效能为限。讲参加是没有疑义的，因为教师也同时是其他社会团体之一员。但这里的参加,特别指他以教育的目的而去参加的。如体育场,学校里应有人去帮助提倡和指导。如家庭、学校应和他有融洽的关系,常常有父母教师之联合恳亲会,或家长的自由参观等等。如职业或文化的结合,教师也应尽力参与,以增进他的学识,不致落伍。如公民活动,自更有参加的必要了。但是这些活动,如果妨碍学校本身的职务,而减低它的效能,那就有很大的危险,因为所谓联络社会各种教育势力,是以学校为中心,为本位的,学校自身没效能,没力量,还联络什么?至于一种人借了服务社会的名,去妄为,去盲动,去作无谓的奔走,无益的应酬,那就发生个人人格问题,还讲什么参加社会活动?以上二层,是讲学校联络社会时应附带提起的。

乡村学校与乡村社会 乡村学校,如要做改革乡村社会之中心,对于四围的社会活动,尤须注意。美国乡村改革运动,最好的例,就是赫斯珀里亚[①]运动(Hesperia Movement)。赫斯珀里亚是密歇根省(Michigan)一个小地方,因为他们的办法,从这地方传播到密歇根的他部,又传播到密歇根以外的各省,所以成为一个运动。这运动开始在1905年。最初这乡村学校的教员组织一会,请学生父母到会,讨论双方有益的问题。后来定期在各校开会。众人在冬季用学校做他们集会的地方,所以他们极感谢学校。从此学校家庭,互相了解,有了联络。共谋乡村学校及乡村生活之改善。照他们的经验,乡村改革,有五方面:(1)利用乡村环境的资料,改良课程。(2)发展学生的社会活动。(如展览会、观摩会,预备乡间赛会出品,整理学校庭园及建筑,搜集标本图画等类协助的事业。)(3)发展学校与家庭间同情的协助。(4)使学校为社会的聚会场所,供演讲娱乐之用,借着开会可以灌输知识,开拓乡人的见解与眼光。(5)使热心乡村生活的教员为改革乡村的领袖。以上不过举赫斯珀里亚运动,做学校与社会联络的一例。至于方法,自然不限于此。

我们以上讲教育与社会的关系三层:(1)社会需要之适应;(2)社会进步的动力;(3)教育势力的联络。其中屡说学校也是一社会,现在要更进一层说,教育是一个社会的过程。

---

① 今美国加州南部城市。——编校者

第五讲　教育是社会的过程（一）教学

我们以前一再讲有群即有教,教育不能离社会环境、知识、理想,不像砖瓦,可以传递给人。只可经由社会的环境（如用语言来发表,文字来传播,语言文字,即社会环境之一部分）,让儿童去分享,去模仿,去接受暗示与感化。那么教育是社会的过程,本已无须多讲。现在要在教育上,更细分为两层观察:（一）教学;（二）训育。看其中有多少社会的作用。先讲教学,又分两层:（1)学习效能,有赖于团体的刺激;(2)教授方法,趋向于群化的精神。

学习效能有赖于团体的刺激　社会心理学者,承认人生最高度的效能,只能在团体刺激之下得到。伟大的功勋、崇高的思想、奇巧的发明、艺术的创作,都是团体的刺激致之。即使那文豪诗圣,独自委身于岩穴,不和俗人往来;那科学家,独自埋头于试验室,至于废寝忘食。他们的动机,还不是社会的赞赏;他们的材料,还不是社会的遗传吗?（即使社会不能赞赏,曲高和寡,但艺术家还是希求同情与欣赏的。不过不期望当世庸俗的同情,而希求名山不朽之业,未来之崇拜而已。）团体的刺激愈强,他的迫压力愈大。运动家一到了那千万只眼光注视的体育场,会显出平时没有的身手;音乐师一临了那千万个耳朵倾听的演奏会,能演出自己所梦想不到的神技。人逢着死生危难的时候,于一生的气节攸关,只要想到天下的人,后世的人,都对他看着,即平时怯弱的人,也会视死如归,从容就义。这种团体刺激,于大事如此,于小事亦如此;于成年人如此,于儿童亦如此。讲到团体刺激对于学习的效能,学者曾经做过多少试验来证明。如德国麦耶博士(Mayer)用默写、算术、记忆等测验儿童单独工作或团体工作的效力。结果团体工作比单独工作时间少,工作多,成绩好。美国特里普利特(Triplett)亦有同样试验。施密特(Schmidt)又仔细调查儿童在学校的作业和在家庭的作业,比较起来,在学校的作业,好得多。团体内暗示模仿作用很厉害的。一儿读书,他儿随之;一儿游戏,他儿也跟着。他们的思想、情绪、活动,差不多一致的。学校的特殊社会生活,于学习上能有效能,就也一半为团体的刺激。

教授方法趋向于群化的精神　什么是群化（或社会化）的精神呢?就是社会生活,或群体生活,必具的精神。个人要结成团体,无论大小,无论善与不善,先要有"同心"(Like-mindedness),即先要有共同的祈向、共同的兴趣、共同的目标。有了这个,还要"合作"(Cooperation),即去作共同的努力。这样利害相关,休戚与共,才成为群。在教学里,我们有这种"同心"、"合作"的精神吗?教授法的改变,原因有多种,而其趋向,总是朝着群化的。

注入式 先说注入式的教学法。所谓注入式,乃是由教师以组织好的知识技能,用符号(语言、实物、图画、模型、标本、图表等。)传达于儿童。这种教法,本是最经济的,在正当情形下,且最有效力的。而它的毛病,就在(1)教师活动而生徒完全被动,没有合作在内;(2)专用符号来授受经验,常常只得了符号,而与实际经验绝缘;(3)生徒习惯了听受教师的讲授,不易发展批评的态度。总之社会的精神缺乏;实际社会经验的参加、分担,不是如此的。

启发式 启发式重谈话讨论,就好得多了。古代大教育家,如希腊的苏格拉底,他的教法,完全是问答体裁,看他的门人柏拉图所记的《问答集》可知了。中国如孔子、孟子的书,亦多记问答的话。孔子说:"不愤不启,不悱不发。"不但那启发两字,与我们的名词偶合。我们看孔门学校,实是群化的学校;(如《论语·四子侍坐章》)实是很愉快的社会生活。他的教法,也含有启发的精神。至于苏格拉底的启发式教法,更是显著。我们现在还有"苏格拉底法"的名称。他教人总是从最浅的问到最深,起先人家都会答的,到后来恍然大悟自己实是没有能答,或全答错了。再加一两句话的指示,"顽石"也能点头。我不要举他自己书上的例,翻译出来不易了解,我就引孟子与陈相问答一段话做个例,与苏氏法一样的:

陈相见孟子,道许行之言曰:"滕君,则诚贤君也。虽然,未闻道也。贤者与民并耕而食,饔飧而治,今也,滕有仓廪府库,则是厉民而以自养也,恶得贤?"

孟:"许子必种粟而后食乎?"陈:"然。"

孟:"许子必织布而后衣乎?"陈:"否,许子衣褐。"

孟:"许子冠乎?"陈:"冠。"

孟:"奚冠?"陈:"冠素。"

孟:"自织之乎?"陈:"否,以粟易之。"

孟:"许子奚为不自织?"陈:"害于耕。"

孟:"许子以釜甑爨,以铁耕乎?"陈:"然。"

孟:"自为之乎?"陈:"否,以粟易之。"

孟:"以粟易械器者,不为厉陶冶,陶冶亦以其械器易粟者,岂为厉农夫哉？且许子何不为陶冶？舍皆取诸其宫中而用之，何为纷纷然与百工交易？何许子之不惮烦？"陈："百工之事，固不可耕且为也。"

孟："然则治天下独可耕且为与？"……①

这种问答，意味深长，自难适用于儿童。我们举此一例，以见那种谈话问答是启发式教学法之要素，亦是社会化的教学的精神。因为他是相互的活动，是教者与学者的合作。后来赫尔巴特的五段阶归纳法，系统更完密了，然其缺点，也是太拘形式，而没有自然的活动，所以现代讲教学法，连这个也要活用。

设计式 设计教学法，那是纯乎群化的精神了。他是汇合众多潮流的结晶，适合现代社会理想的教法。……（以下讨论以限于时间，且另有专门演讲，故从略。）

---

① 以上引文出自《孟子·滕文公上》——编校者

第六讲 教育是社会的过程(二)训育

学校训育的问题,很严重了。在报纸上,政潮以外,添了一个学潮的名词,这实在是我们学校里训育失败的证据。问答逼到眼前,我们再要不注意也不能了。(关于这问题,顾述之先生著有《学潮研究》,请参考。)①

照教育社会学者的研究,训育有四条根本原则:(1)训育的理想,要和社会的理想融合调和;(2)训育应积极的、建设的,而非消极的、限制的;(3)训育应间接的而非直接的;(4)训育应用学生所能了解的最高方式。

训育的理想应和社会的理想相融合 学校生活,是反映社会生活的情形的。社会很安宁有法纪,学校不会时常扰乱,常起风潮。社会混沌黑暗,学校也就不免受其影响。照现在的社会,无道揆,无法守。试看有几件依法解决的事,有几个守法不渝的人?纷纷攘攘,昏天黑地,即使我们教职员学生,都能办到古人说的"天下虽乱,吾心自有太平"②,而耳濡目染,在家庭、邻里,看报、谈话中,所得的恶影响之传播,恶势力之诱惑,已很可怕。况且我们说人军阀,人家还骂我们是学阀;我们称人家政客,人家还说我们是学客。也许是我们受了社会环境之毒吗?那更可惧了。既知道学校与社会分不开,它的生活,反映社会生活,我们就知道训育不单是学校本身问题,也是社会问题。所以学校里训育的理想,就是要和社会的理想不融合不调和,不但不可,也是不能。学校也是社会生活之一部分,如何能遗世独立,只有做社会的先导,把社会的理想逐渐提高。若社会理想是民治,是解放,而学校内反要专制、抑压,那所训育的生徒,何以能适应将来社会的生活?所以说不可。其实即使要和社会理想违逆,也做不到。只看外国教会在中国开设的学校,向来严格管理,现在也一个一个起风潮。在时代社会潮流上开倒车,总要出轨的,所以说不能。怎样得知道社会理想是什么,就靠社会调查了。

训育应积极的建设的而非消极的限制的 如要免除不正当的活动,不贵禁阻,而贵有正当的活动以代之。禁阻所得的结果,是暂时的服从,并没有永久气质的变化。倘使积极的有建设活动,如游戏、文艺、自治组织、音乐、园艺、公

---

① 《学潮研究》由中华书局于1922年出版。——编校者
② 原句为:"时事虽乱,吾心自太平也。"出自恽毓鼎:《澄斋日记》。——编校者

民活动等等。于其中施行社会的训练,收效比消极禁令为多。这层和下一层相关,这里且不多讲。

训育应间接的而非直接的　直接的训育,是教师学生两方面都觉得的,如训话,如命令等等。间接的训育,在教师方面是有心的,而学生方面,只是活动,却潜移默化于无形。除非学生不能遵守那活动应有的规则时,才用得着直接训育。但就是这里,也最好不用直接的形式(个人谈话,比揭示儆戒好的多)。间接训育——也常是积极的训育——就是学校里要有社会的活动。这种训育,与其说是教师对学生的影响,不如说学生对学生的影响。(1)譬如现在的学生,最缺乏一种服从的习惯,不晓得民治社会里,有领袖,也有服从,两种训练都重要。而要养这习惯,靠命令强制是没用,应使他知道社会生活上是要服从,而服从是荣誉的事。这种训练,如英国公立学校的学仆制(Fagging,上级学生对初级学生如仆役一样。"爱之能勿劳乎?忠焉能勿诲乎?"①)。美国现在大学的级战,(Haze)都是很可笑,而实最有影响于学生的人格。(2)又譬如教学生公民的义务,自治的能力,口头训话也没用,就靠一种组织:如基尔氏的学校市、纽约的学生市民委员会、乔治氏的少年共和国、美国大学的学生评议会及法庭,还有最普通的就是童子军。这个组织,在练习手工技能,发展身体活动,组织的游戏中,施行公民训练。(誓约:(1)对天对英皇的职分,(2)随时助人,(3)服从规则。其规则十条:(一)童子军的诚实是应为人信托的,(二)忠心的,(三)有用于人与帮助人,(四)为他人之友为童子军之弟兄,(五)谦恭有礼的,(六)动物之朋友,(七)服从命令,(八)在一切艰难中,笑笑叫叫,(九)节俭的,(十)思想上、言语上、行为上,要清洁。)像我们现在的学生自治会,有的是"学生自乱"或"学生他治",这种活动,无教育的价值,不如其已。(3)又譬如要训练劳动精神,如学校劳动日,如 Abbotsholme School② 的做干草、勤劳、服从、协作、合群、美感等精神,都发展了。至于教节俭要学生储蓄,教诚信如信实的考试制,都是好的法子,说也说不完,且随时可以创造。我们学生,倘使把他们的做代表,发通电,攻评校长,侮辱教员的活动,变做这些活动,多有趣啊,多高贵啊!但是他们今日还不改变,是谁之责? 一种人,自登广告,说他们学校里,没有外务,专心读书,不晓得这些活动,不是止于活动而已,乃是精神教育,人格教育,乃是最高的训育,他们真在那里做梦。至于干这些活动的人,也多有随声附和,莫

---

① 出自《论语・宪问》。——编校者
② 即英国的阿伯茨霍尔姆学校。创办于 1889 年,是一所乡村寄宿制学校。——编校者

名其妙,依样葫芦,只晓得活动就算了,不晓得为着什么要这样活动,他们也在那里做梦。

训育要用学生所能了解的最高方式 最高方式,对于较低方式或平面而言。训育有三平面:(一)武力强制,(二)个人训导,(三)社会迫压。或谓之军队的、个人的、社会的三种训育。军队的训育,全用威权,不顾个性,所用的方法是一定的规则,严厉的惩罚,这自然是最低的平面。但也有它的长处。服从与守法的习惯,赖之养成。美国学者说他们民族的缺乏柔顺,轻视法律,多由未受这种训练。第二平面是个人的训导。军队的训育,学生动机是恐怖。个人的训育,学生的动机是敬爱。教育者拿自己的人格去感化生徒,是较高的一个平面了。最高的平面,为社会的训育,教育者退处于背景中而施其指导,没有直接命令,也没有什么成文的规律,但是学生到了那环境中,就要做那样的生活。这样不是没有训育,而实在是最费心机最难指导的一种训育。我们这三种中,用哪一种,就看学生程度能了解哪一种。这里要想着我们前面说的第一层训育理想与社会理想调和的话。我们现在把二层,同时解决。现在学校训育上困难,就是学生只能了解个人的甚至军队的训育,而偏要来运用社会的训育,所以弄到不可收拾。我们不好责备未成熟的学生,他们的动机纯洁的、头脑简单的。你看我们成年的社会,几时配得上民治,而硬来逼上民治,弄到连民治影子也没有,我们成年人的社会就很糟了,何独于未成年人的模仿而责之?我们谁也不怪,这是时代潮流,无可避的。谁再要想恢复君主政治,就做梦了,我们只得忍苦来赶上民治的路程,从生计与教育上,下些工夫了。讲到学校训育,明晓得学生还没有能了解社会的训育,但是时代潮流,也不容你再回到军队的训练,我们只得忍苦的来赶上社会训育的路程,从我上面所说的那些活动,来做一番努力。我们自己呢,个人拿人格来感化,我们人格上还要赶紧修养,不要说现在更进一步,要运用社会的训育,我们的责任更重,事务更难了。

社会学家,说社会是一有机体,其中细胞与全体,息息相关。我们每个人,对于社会,有自己想不到的大影响。我们今天烧了一斤煤,那现在与未来社会无量数的人都缺少这点煤,再也不会补足了。我们这里吐了一口痰,那现在与未来社会无量数的人,或受其中细菌的传染,遗祸也没有完结了。小事如此,莫说天天在这里为人师表,一言一行,都影响社会无数的人。小小赫斯珀里亚乡村的一个教师家族恳话会,可以影响美国农村百世之福利;哈浮夫人小小的一个乡村学校,可以改造泡特农村一社会的生活。你和我——说起来不过当个教员，办个学校，谁也不承认我们在社会生活上占重要的地位。但是我们自己看清了我们的使命，就不宜"妄自菲薄"。我们天天上课，天天办事，都要献出我们十分的服务社会精神，才不辱我们的使命。

孟宪承著述目录

(一) 著作

序号	书名	出版社	出版时间	备注
1	太平天国外纪(译著)	商务印书馆	1915	[英]林利(A. F. Lindley)著
2	少年旅行谭(译著)	商务印书馆	1916	霍布(A. R. Hope)著
3	鬼语(译著)	商务印书馆	1916	[英]拔柯(Parker)著
4	明眼人(译著)	商务印书馆	1919	[英]威尔斯(H. G. Wells)著
5	黑伟人(译著)	商务印书馆	1919	[美]布克·华盛顿(B. T. Washington)著
6	教育社会学讲义		1923	在江苏全省师范讲习所联合会上的讲义
7	实用主义(译著)	商务印书馆	1924	[美]詹姆斯(W. James)著,列入"尚志丛书",1930年列入"汉译世界名著","万有文库"重译
8	教育哲学大意(译著)	商务印书馆	1924	[美]波特(B. H. Bode)著,列入"现代教育名著丛书"
9	教育方法原论(译著)	商务印书馆	1927	[美]克伯屈(W. H. Kilpatrick)著,与俞庆棠合译,列入"现代教育名著丛书"
10	民众教育辞汇	江苏省立教育学院印行	1929	张锺元、马祖武、周耀、阎敦建等参与编写
11	教育通史(上下)	国立中央大学出版	1928、1930	
12	现代教育学说(译著)	商务印书馆	1930	[美]波特(B. H. Bode)著。列入"现代教育名著丛书"
13	丹麦的民众学校与农村(译著)	商务印书馆	1931	[丹麦]贝脱勒(H. Begtrup)等著
14	西洋古代教育	商务印书馆	1931	列入《万有文库》,1933年又以"师范小丛书"单印
15	新中华教育史	中华书局	1932	

续表

序号	书名	出版社	出版时间	备注
16	民众教育	世界书局	1933	
17	教育概论	商务印书馆	1933	
18	大学教育	商务印书馆	1934	列入"万有文库"（第一辑）和"百科小丛书"
19	教育心理辨歧（译著）	南京正中书局	1936	[美]波特著，与张楷合译
20	思维与教学（译著）	商务印书馆	1936	[美]杜威著，与俞庆棠合译。列入"汉译世界名著"
21	教育通论	商务印书馆	1948	与陈学恂、张瑞璠、周子美合编
22	中国古代教育史资料	人民教育出版社	1961	
23	中国古代教育文选	人民教育出版社	1979	1963年完稿

（二）论文

序号	篇名	刊名	卷(期)	发表时间	备注
1	伍子胥申包胥合论	约翰声	23(9)	1912-12	
2	论驻沪领事团拟用鞭刑以惩治莠民	约翰声	24(3)	1913-4	
3	阮籍登广武观楚汉战处叹曰时无英雄遂使竖子成名论	约翰声	24(6)	1913-5	
4	文字不灭论	约翰声	24(7)	1913-10	
5	民国教育制度概念	约翰声	24(8)	1913-11	
6	苏子瞻论商鞅论	约翰声	24(9)	1913-12	
7	卫生工程谈	约翰声	25(1)	1914-2	
8	科学与迷信	约翰声	25(2)	1914-3	
9	史记封禅书书后	约翰声	25(3)	1914-4	
10	范蠡浮海论	约翰声	25(5)	1914-6	
11	韩非论论	约翰声	25(6)	1914-6	
12	曹参相汉清静无为论	约翰声	25(6)	1914-6	

续表

序号	篇名	刊名	卷(期)	发表时间	备注
13	原孝	南洋公学新国文	1	1914-7	
14	战疫说	约翰声	25(9)	1914-12	
15	关羽岳飞合祀论	约翰声	25(9)	1914-12	
16	论墨子与庄子之异点(高级考作)	约翰声	26(2)	1915-1	
17	论华文与英文之难易(高级考作)	约翰声	26(2)	1915-1	
18	至人不知厉害论(高级考作)	约翰声	26(2)	1915-1	
19	少年旅行谭(译文)	学生杂志(上海)	2(3—5、7—12)、3(2—3)连载	1915-3-20至1916-3-20	霍布(A. R. Hope)著
20	论抵制外货之无益	约翰声	26(5)	1915-4	
21	救国储金之希望	约翰声	26(5)	1915-4	
22	金窟	小说月报(上海)	6(4)	1915-4-25	
23	英公主玛丽小传	妇女杂志(上海)	1(6)	1915-6-5	
24	入则无法家拂士出则无敌国外患者国恒亡论	约翰声	26(6)	1915-6	
25	周程张朱论	约翰声	26(6)	1915-6	
26	德国般哈提将军之战争哲学(译文)	东方杂志(上海)	12(8)	1915-8-10	[英]玛罗克(W. H. Mallock)著
27	吾人能预言未来事乎(译文)	学生杂志	2(10)	1915-10-20	亚尔邱(Wm. Archer)著
28	约翰生让乞斯德斐尔特伯爵书(译文)	英文杂志(上海圣约翰大学)	2(3)	1916-3-1	
29	系铃解铃	小说月报	7(8)	1916-8-25	
30	麦克罗博士演讲录	清华学报	2(2,4,6)	1917-2至1917-4	
31	蔡孑民先生演说要旨	清华学报	2(6)	1917-4	

续表

序号	篇名	刊名	卷(期)	发表时间	备注
32	LORD CHESTERFIELD'S LETTERS TO HIS SON：爱儿鉴（中英文对照）	英文杂志	3(5)	1917-5-1	亦译：拆斯忒飞伯爵家书
33	哲姆士记忆论	清华学报	2(8)	1917-6	
34	汤济武先生国庆演说述要	清华周刊	(116)	1917-10-25	
35	译话(1)—(4)	清华周刊	(119—121)、(123)	1917-11-15至1917-12-13	
36	代议主义发达史（译文）	清华学报	3(2)	1918-1	[美]麦克罗在清华演讲时的节录
37	人生效率增加说	清华学报	3(2)	1918-1	《东方杂志》15(5)1918年5月15日简介。《尚志》1(9)重刊（1918年7月1日）
38	学生法庭之真义（未完）	清华周刊	(132)	1918-3-14	
39	学生法庭之真精神（续完）	清华周刊	(133)	1918-3-21	
40	哲学要诠（译文）	清华学报	3(8)	1918-6	[美]华尔特（G. D. Walcott）演讲
41	Contemporary Chinese Writers	The Peking Leader（《北京导刊》英文版）		1918-7-27	
42	当今第一伟人：美国总统威尔逊（演讲）	清华周刊	(163)	1919-3-20	

序号	篇名	刊名	卷(期)	发表时间	备注
43	教育的国际联盟(译文)	教育杂志(上海)	11(8)	1919-8	译自1919年5月29日《伦敦时报·教育周刊》
44	留美学生与国内文化运动	留美学生季报(上海)	7(20)	1920-6	
45	艺术欣赏应如何教授(译文)	民铎(上海)	3(3)	1922-3-1	史奈钝(David Snedden)著
46	所谓美育与群育	新教育(上海)	4(5)	1922-5	
47	教育哲学之一解	新教育	5(5)	1922-12	《北京大学日刊》(1170)1923-2-22重刊
48	智力测验之论争与教育学说	教育杂志	15(1)	1923-1	选入《教育杂志》十六周年汇刊之《测验之学理的研究》,商务印书馆,1925年7月
49	公共必修科社会问题学程纲要	教育杂志	15(7)	1923-7-20	
50	不列颠学会年会记	申报·教育与人生	1(3)	1923-10-29	
51	新教育之诤友	申报·教育与人生	1(4)	1923-11-5	
52	哈沃特制	申报·教育与人生	1(6)	1923-11-19	
53	初中国文教材平议	申报·教育与人生	1(28)	1924-4-28	

续表

序号	篇名	刊名	卷(期)	发表时间	备注
54	REPORT OF THE DEPARTMENT OF CHINESE FOR THE YEAR 1923-1924	上海档案馆：Q243-1-72《关于本校各院系工作报告文件》		1924-4-30	孟宪承写给卜舫济的关于1923—1924年度国文教学的工作报告
55	初中国文之教学	新教育	9(1、2)	1924-9	中华教育改进社年会提交的论文，并被选入《中学国文教学论丛》一书，商务印书馆，1927年9月
56	教育与民治	申报·教育与人生	2(51)	1924-10-6	目录标题为"教育与文化"
57	评陶著《社会问题》	申报·教育与人生	2(59)	1924-12-1	
58	教育行政独立问题	约翰声	36(2)	1925-1	
59	查特斯论编制师范课程的原理	教育杂志	17(3)	1925-3	
60	初中读书教学法之客观研究	新教育	10(3)	1925-4	选入《中学国文教学论丛》一书，商务印书馆，1927年9月

序号	篇名	刊名	卷(期)	发表时间	备注
61	初中作文教学法之研究	教育杂志	17(6)	1925-6	《中华基督教教育季刊》1(4),1925年重刊。并选入《中学国文教学论丛》一书,商务印书馆,1927年9月
62	大学普通科国文教学之计划	清华周刊	24(6)	1925-10-16	
63	教育学科在大学课程上的地位	新教育评论(北京)	1(1)	1925-12-4	
64	小学读经也成问题么?	新教育评论	1(2)	1925-12-11	
65	女师大女大问题的一段落	新教育评论	1(3)	1925-12-18	
66	最近德国教育的趋势	新教育评论	1(4)	1925-12-25	
67	最近英国教育的趋势	新教育评论	1(6)	1926-1-8	
68	麦克门	新教育评论	1(8)	1926-1-22	
69	什么是改革教育的方案	新教育评论	1(10)	1926-2-5	
70	公民教育之一说	新教育评论	1(13)	1926-2-26	
71	学生运动与教育者	新教育评论	1(18)	1926-4-2	
72	公民教育周到了	新教育评论	1(22)	1926-4-30	目录标题为"公民教育周快到了"
73	商戴克讲学25年纪念	新教育评论	1(23)	1926-5-6	

续表

序号	篇名	刊名	卷(期)	发表时间	备注
74	高等教育的新试验	新教育评论	1(26)	1926-5-28	
75	今后留学的目标	清华周刊	25(16)	1926-6-11	
76	大学区制在江苏的试验	第四中山大学教育行政周刊	(1)	1927-7-25	
77	国难与民生	申报		1928-5-17	《国立中央大学教育行政周刊》(43)1928年5月28日重刊。《陕西教育周刊》(56)以"国艰与民主"重刊，1928年
78	遗产税兴学提议案	教育行政之理论与实际		1928-10	与程时煃合撰。教育编译馆1935年出版
79	全国教育会议宣言	全国教育会议报告		1928-8	与许寿裳、王云五合撰。商务印书馆出版
80	整理学校系统案	全国教育会议报告		1928-8	与程时煃合撰。商务印书馆出版
81	活动与指导	教育汇刊(南京)	(1)	1929-3	
82	成年补习教育问题	教育与民众	1(4)	1929-11	

续表

序号	篇名	刊名	卷(期)	发表时间	备注
83	关于"直译"与"意译"（四）	安徽教育	1(3)	1929-11-30	
84	成年补习教育研究发端	民众教育月刊	2(2)	1929-12	在江苏省立民众教育院的演讲，朱秉国记
85	成年生活的需要与教育	教育与民众	1(5)	1929-12	
86	浙江省立民众教育实验学校十九年度计划	浙江教育行政周刊	2(16)	1930-12-20	
87	怎样做民众教育的试验？	民众教育季刊（杭州）	1(1)	1930-12-20	
88	英美两大辞书中的成人教育	民众教育季刊	1(2)	1931-2	
89	民众学校的三难	浙江教育行政周刊	2(27)	1931-3	民众教育季刊（浙江）1(4) 1931年6月重刊
90	成人教育与儿童教育	民众教育季刊	1(3)	1931-4-20	
91	评教育的实验	国立中央大学教育季刊	1(4)	1931-6	
92	识字运动的将来	浙江教育行政周刊	3(40)	1932-6	民众教育季刊 3(2)，1933年4月31重刊
93	《改进学制系统确立社会教育地位案》分析和意见	社友通讯（无锡）	1(2、3)	1932-8-10	
94	介绍西洋成人教育学说者底棒喝	民众教育通讯（镇江）	2(8)	1932-11	

续表

序号	篇名	刊名	卷(期)	发表时间	备注
95	关于中学教育的讨论	浙江教育行政周刊	4(16)	1932-12-17	目录标题为"关于中等教育的讨论"
96	卷头语	中华教育界	21(7)	1934-1	与郑宗海、陈选善合撰
97	民众教育的新途径	政治季刊(南京)	1(2)	1934-3	
98	为汪懋祖《中学制度之检讨与改进》作的前序	湖北教育月刊	1(7)	1934-3	
99	乡村建设具体方案之讨论(第一篇)	教育与民众	6(1)	1934-9-28	
100	现代教育鸟瞰	教育与民众	6(2)	1934-10-28	《中华教育界》22(8),1935年2月重刊
101	黑格尔的教育哲学	国立中央大学日刊(1345—1948)		1934-12	《教育杂志》25(2),1935年2月重刊
102	遗产税兴学提议案	教育编译馆		1935	与程时煃合撰
103	教育学所不能解答的教育问题	政治季刊(南京)	1(3)	1935-5	《中华教育界》23(4),1935年10月1日重刊
104	我国大学教育	江苏学生(镇江)	6(3)	1935-6	在江苏省立扬州中学的演讲
105	最近苏联与美国的成人教育	教育与民众	7(7)	1936-4-11	段蕴刚记。《民众教育月刊》7(3)(山东),1936年4月25日,黄如常记

续表

序号	篇名	刊名	卷(期)	发表时间	备注
106	中学国文的教材问题	江苏教育（镇江）	6(1、2)	1937-2	
107	北夏实验区的最近	教育与民众	8(10)	1937-6-28	与马祖武合撰
108	战区教育之动态	国命旬刊（浙大）	(15)	1939	《国立浙江大学校刊》复刊第6期简介，1939年1月9日
109	教育哲学引论	教育通讯（重庆）	3(45)	1940-11-25	
110	道德形上学探本	行仁（湖南蓝田）	(1)	1943-11	
111	未来之展望	国立师范学院旬刊	(103)	1943-12-1	
112	沃立与杜威	浙江学报	1(2)	1947-12	
113	为吴志尧著《裴斯泰罗齐》作的序	商务印书馆		1948-2	
114	浙大教授发表声明,反对美帝文化侵略	文汇报(上海)		1950/12/12	与陈立、俞子夷、郑宗海、王承绪、陈学恂、赵端瑛、周淮水、顾子含、吕静、董远骞等联合发表
115	迎接新中国的新学制	新教育(上海)	4(2)	1951-10	
116	做一个人民教师是光荣的！	文汇报		1951-10-17	
117	庆祝华东区足球比赛大会胜利开幕	文汇报		1951-11-4	
118	凯洛夫《教育学》第一编学习提纲	新教育(上海)	4(4)	1951-12	

续表

序号	篇名	刊名	卷(期)	发表时间	备注
119	凯洛夫《教育学》第二编学习提纲	新教育(上海)	5(3)	1952-3	
120	练好身体,迎接祖国大规模建设的到来	文汇报		1952-8-29	
121	进一步开展体育运动,迎接国家建设的新任务	文汇报		1953-2-7	又刊于《新民晚报》1953年2月7日
122	实用主义的反动的教育目的论	解放日报		1955-3-29	编入《胡适思想批判》(第五辑),河南人民出版社,1955年7月。《资产阶级教育思想批判》(第一集)文化教育出版社,1955年
123	让我们来努力吧	文汇报		1955-1-1	
124	努力完成第一个五年计划中高等教育的任务	文汇报		1955-10-22	
125	迎头赶上	文汇报		1956-1-21	
126	为繁荣教育科学创造有利条件	人民教育(北京)	(7)	1957-7	此为《人民日报》记者对上海南京高师院校部分教授的访谈录的标题,除孟宪承观点外,还有廖世承、高觉敷等人的意见。

续表

序号	篇名	刊名	卷(期)	发表时间	备注
127	向自己的资产阶级思想作生死斗争	新华半月刊(北京)	(8)	1958	与陈建功、叶企孙、王淑贞、王菊生、贺绿汀等联合发言
128	上海市教育事业的重大胜利	新华半月刊	(11)	1960	与陈望道、廖世承、吴若安、苏步青、周志宏、左淑东等联合发言
129	关于高师教学问题	华东师范大学学报(教科版)	(4)	1987-12	写于1957年5月
130	《中国古代教育史资料》第三章修订工作总结	华东师范大学学报(教科版)	(4)	1987-12	
131	札记两篇	华东师范大学学报(教科版)	(4)	1994-12	
132	教育哲学三论	华东师范大学学报(教科版)	25(3)	2007-9	根据金锵教授的抄录稿整理

(三) 演讲词

序号	篇名	刊名	卷(期)	发表时间	备注
1	孟伯洪先生辞社演说词	清华周刊	(89)	1916-11-30	沈浩记
2	孟伯洪先生伦理演讲述要	清华周刊	(117)	1917-11-1	闵杰启记
3	教学之艺术观	教育汇刊(南京)	(5)	1923-6	曹俊陆记
4	现代教育上两大思潮	时事新报·学灯(上海)	5(12)	1923-12-7	沈炳魁、王芝瑞、胡镕成、张炳坤记

续表

序号	篇名	刊名	卷(期)	发表时间	备注
5	民众需要的是什么教育	民众教育月刊(南京)	2(1)	1929-11	在江苏省立民众教育院的演讲,孙恭记
6	孟宪承先生演说辞	东吴(半月刊)	2(4)	1927-11-15	薛文雄记
7	最近欧美学制之变迁	苏中校刊	1(1)	1928-3-1	许自诚记
8	近代教育思潮	教育学术演讲汇编		1928-11	芮麟记,国立中央大学民众教育院编。《武进教育月刊》(80—81)重刊,1934年8。
9	何谓实验学校	教育杂志	21(5)	1929-5	在中央大学实验小学全体教员研究会上的演讲,吴增芥记。《安徽教育》1(2),1929年10月30日重刊
10	教育与民生	中央大学区立上海中学校半月刊	20	1929-5	施泽清、高人瑞记
11	民生主义的教育政策	教育建设(上海)	(1)	1929-6	徐雪亭、马雪瑞记
12	民众文学浅说	教育与民众	1(6)	1930-1	在江苏省立民众教育院的演讲,朱秉国记
13	识字教学的两个问题	教育与民众	1(10)	1930-5	在浙江省政府广播无线电台演讲。《浙江教育行政周刊》(39)以"孟宪承先生讲演词"为题重刊,1930年5月31日。《上海县教育月刊》(29)1930年,节录。

续表

序号	篇名	刊名	卷(期)	发表时间	备注
14	识字教学问题	浙江教育行政周刊	2(36)	1931-5-9	在江苏省识字运动宣传周的中央广播电台的演讲。《宣传周报》(27)(湖南),1931重刊
15	丹麦的民众学校	福建教育厅第二届暑期学校学术讲演集		1931	福建教育厅编
16	师范教育的新展望	师范教育讲座讲演集	(1)	1932-6	浙江省立杭州师范学校印
17	论今日中国的教育	文理(浙江杭州)	(3)	1932-5	在浙江大学文理学院教育学会的演讲,陆永福记
18	治学的方法：准备会考的点金术	苏中校刊	3(80)	1933-4	俞衍、宋廷采记
19	关于大学	振华女校季刊	1(1)	1934-3-17	范琪、姜桂侬记
20	关于读书	振华女校季刊			黄丽云记
21	欧洲之汉学	国学界(无锡)	1(1)	1937-5-15	虞斌麟记,演讲于1934年12月12日
22	语文的学习	振华女校季刊	15	1937-5	范瑛记
23	自由与纪律	国立师范学院旬刊	(97)	1943-7-1	李伯棻记

(四) 通信、书评及辞条

类别	序号	名称	刊名	卷(期)	时间	备注
通信	1	黄炎培、孟宪承致胡适			1923-8-16	《胡适来往书信选(上)》中华书局1979年版

续表

类别	序号	名称	刊名	卷（期）	时间	备注
	2	孟宪承先生致贺麟君函	清华周刊	(291)	1923-10-26	
	3	与孟宪承先生谈话记	清华周报	(289)	1923-9-28	贺麟撰
	4	致陈中凡的信			1925-7-17	吴新雷，姚柯夫编撰：《清晖山馆友声集》，江苏古籍出版社，2000年版
	5	小学教育问题	新教育评论	1(7)	1926-1-15	
	6	人名与略历	新教育评论	1(19)	1926-4-9	
	7	写给王云五的信			1932-8-15	
	8	写给商务印书馆的信			1932-8-16	
	9	孟宪承致李廉方的信	开封实验教育季刊	1(2)	1935-4	
	10	孟宪承致李廉方的信	开封实验教育季刊	2(1)	1936-4	
	11	孟宪承致郑晓沧的信			1952-8-14	
书评	1	评两种教育新著	新教育评论	1(3)	1925-12-18	
	2	世界教育年鉴	新教育评论	1(5)	1926-1-1	
	3	大学到民间去	教育与民众（无锡）	1(3)	1929-10	选入《民众教育名著提要》（第一辑），江苏省立民众教育劳农学院实验部编
	4	成人教育之精神的价值	教育与民众	1(3)	1929-10	选入《民众教育名著提要》（第一辑）

续表

类别	序号	名称	刊名	卷(期)	时间	备注
	5	出路	教育与民众	1(4)	1929-11	选入《民众教育名著提要》(第一辑)
	6	英美工人教育	教育与民众	1(5)	1929-12	选入《民众教育名著提要》(第一辑)
	7	工人与教育：今日的几种试验	教育与民众	1(5)	1929-12	选入《民众教育名著提要》(第一辑)
	8	关于丹麦民众高等学校的书六种	教育与民众	1(6)	1930-1	选入《民众教育名著提要》(第一辑)
辞条	1	杜威	教育大辞书		1930-7	商务印书馆出版
	2	真谛尔	教育大辞书		1930-7	商务印书馆出版
	3	教育哲学	教育大辞书		1930-7	商务印书馆出版

(五) 专辑

序号	作者	书名/篇名	刊名/出版社	出版时间
1	周谷平、赵卫平编	孟宪承教育论著选	人民教育出版社	1997
2	俞立中主编	师范之师：怀念孟宪承	华东师范大学出版社	2007
3	瞿葆奎主编,杜成宪副主编	孟宪承文集	华东师范大学出版社	2010
4	周谷平、赵卫平、盛玲编	孟宪承集	浙江大学出版社	2010